크리스천 코칭 디스커버리

＊ 별도의 표기가 없는 성경구절은 개역개정 성경을 인용한 것입니다.

크리스천 코칭 디스커버리

Discovery

한국기독교코칭학회 지음

아가페

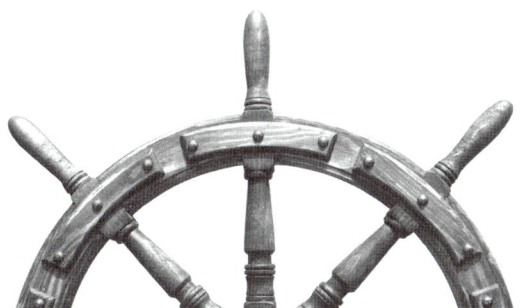

추천의 글

─── 한국기독교코칭학회의 '크리스천 영성코칭 시리즈' 첫 출간을 축하한다. 2018년 (사)한국코치협회 회장 당시, 기독교코칭센터를 세우면서 기대한 것이 있었다. 인간은 누구나 Holistic하고 Resourceful하며 Creative하다는 코칭의 기본 철학이 창조주 하나님을 고백하는 영성코칭으로 발전하기를 바랐던 것이다.

코칭 3.0으로 '대한민국 행복지수를 높이고 코칭 문화를 확산하겠다'는 것은 협회의 슬로건이며 내 비전이기도 했다. 이제는 다이나믹하고 파워풀한 성령의 사람 박중호 목사님을 만나 '신앙인의 행복지수를 높이고 기독교계에 코칭 문화를 확산하겠다'는 엄청난 비전으로 발전하는 것을 보게 되었다.

내 겨자씨만한 믿음이 하나님의 말씀 밭에 떨어져 새가 깃들 만큼 성장하고 자라 학회가 세워졌다. 그리고 전 세계적인 크리스천 코칭의 중심으로 우뚝 서는 것을 보게 된 지금, 모든 것이 하나님의 은혜임을 고백한다.

코칭이 더 세분화 전문화 되어 질적으로 고도화가 요구되는 이때 '크리스천 영성코칭 시리즈'는 전문코치가 갖추어야 할 기술뿐 아니라, 코치다움과 코칭다움을 실현할 훌륭한 저서가 되리라고 믿는다.

나아가 코칭을 체득하고 내재화할 뿐 아니라 이 시대에 '목자 없는, 길 잃은 양' 같은 많은 사람에게 훌륭한 길잡이가 될 것이라 생각한다. 주님의 마음을 회복하고 십자가의 비전을 세우는 한국기독교코칭학회의 무궁한 발전을 기원한다.

김재우
(사)한국코치협회 명예회장

───── 한국기독교코칭학회의 『크리스천 코칭 디스커버리』 출간은 참으로 반가운 소식이다. 새로운 전문 분야인 코칭에 헌신하던 크리스천 코치들은 일반 코칭에서 아우를 수 없는 크리스천 코칭 영역을 사역으로 강화하기 위해 노력해 왔다. 이에 따라 크리스천 코칭에 대한 훈련자료가 필요하던 중 이번에 '크리스천 영성코칭 시리즈'의 첫 저서를 12인의 공저로 출간하게 된 것은 한국기독교코칭학회에 중요한 전환점이 될 것이다.

심리학 중심의 일반 코칭이 기여하는 바가 크지만, 성경 중심의 예수 그리스도를 모델로 삼는 크리스천 코칭은 사람을 근본적으로 변화시키는 파워풀한 결과를 가져오기에, 영성코칭의 학문적 업적은 지속되어야 할 것이다.

사람들이 자신의 문제를 파악하고 해결할 수 있는 잠재적 능력을 스스로 발견하도록 돕는 코칭은, 고객에게 구체적이고 실제적인 삶의 변화와 성장을 가져온다. 그것이 성경을 근거로 성령께서 돕는 환경 안에서 이루어진다면 더욱 온전한 회복과 성장의 과정이 될 것이다.

크리스천 코칭이 성경을 바탕으로 하는 것이지만, 비신자를 포함하는 코칭이 되기를 바란다. 일반 코칭이 자연주의 세계관에 근거하기 때문에 간과할 수 있는 면을 크리스천 코칭이 보완하되, 일반 코칭과 활발히 교류함으로써 양쪽의 장점을 모두 선용해야 할 것이다.

크리스천 코칭은 잠재적 크리스천에게 복음의 문이 될 수 있다. 온 세상을 코칭의 대상으로 삼아 하나님나라 문화 안으로 사람들을 초대한다면, 이 세상은 그리스도로 인한 회복의 물결로 가득 차게 될 것이다.

코칭을 통해 학생들의 잠재력을 일깨우고, 그들 안에 있는 능력을 따라 최고의 삶을 살도록 도와주는 벤자민학교의 코칭 방식은 영성코칭의 기본 원리가 얼마나 중요한지를 깨닫게 한다. 영성코칭과 함께 세상을 향한 회복과 변화의 의지를 담은 『크리스천 코칭 디스커버리』 출간을 통해 기독교코칭학회의 영향력이 더욱 확대되기를 바란다.

임성진
World Mission University 총장

―― 시편 기자는 선포한다. "내가 주께 감사하옴은 나를 지으심이 심히 기묘하심이라 주께서 하시는 일이 기이함을 내 영혼이 잘 아나이다"(시 139:14). '신묘막측'이라는 사자성어는 어렵지만 멋스러운 표현인데, 영어로는 'fearfully and wonderfully'라 쓴다. 하나님이 신묘막측하게 지으신 인간은 말 그대로 추측할 수 없을

정도로 신기하고 영묘한 존재다.

　사람은 누구나 만개하려는 꽃봉오리처럼 무한한 삶의 가능성으로 충만하다. 잠재력을 가득 품고 발아하려는 씨앗 그 자체다. 가없는 가능성과 잠재력이 있어도 그것을 스스로 찾아 발현하기는 쉽지 않다. 열려진 가능성을 보고 깨달을 때 우리 속 거인은 혼곤한 잠에서 깨어난다. 후패하는 겉사람이 아닌 우리 안 가능태의 무한한 잠재력을 품은 속사람이 거인이다. 속사람을 깨워 인생과 문제의 본질에 새로운 시각을 갖도록 조력하는 이가 크리스천 코치다. 크리스천 코치는 열린 가능성의 세계로 인도하는 안내자다. 우리의 참사람과 조우해, 바라봄의 전환과 삶의 변화가 일어나도록 돕는 사역이 코칭이다.

　우리가 속한 교회와 사회의 혁신은 그것을 구성하고 있는 사람의 변화를 전제한다. 사람이 바뀌지 않으면 모든 피조물도 함께 탄식하며 고통한다(롬 8:22). 결국 사람의 근본, 즉 영성의 근본적 변화만이 이 세상을 샬롬으로 이끈다. 참사람은 하나님의 샬롬을 일상 속에서 체험하고 구현한다. 상처 대신 치유를, 죄성 대신 영성을, 카오스 대신 코스모스를 우리 속에서 자라게 할 때 우리는 새사람으로 거듭난다. 하나님 형상의 회복과 그리스도 닮기는 크리스천 코칭의 지향점이다.

　한국기독교코칭(KCCA) 학회장 박중호 목사님 외 탁월한 크리스천 코치 11인이 공저한 이 책은, 신묘막측하게 창조하신 하나님과의 관계 속에서 자신을 바라보도록 우리를 초청한다. 12공저자는 도서 제목이 함의하듯 늘 문제에 둘러싸여 있는 우리에게 해법(solution)이 아니라 발견(discovery)에 이르도록 각자의 전문성으로 코칭한다. 이 한 권의 도서는 크리스천 코칭 관련 도서관이라 할 수 있다.

발견은 기쁨이다. 발견은 관점의 전환이다. 가장 위대한 발견이란 바라봄과 마음가짐을 바꿈으로써 인생의 변화를 이끌어낼 수 있다는 깨달음이다. '크리스천 영성코칭 시리즈' 첫 저서인『크리스천 코칭 디스커버리』는 다면체 같은 우리 인생을 생각할 때 누구나 쉽게 떠올리는 주제를 다룬다. 이 한 권의 책 안에서 영성, 정체성, 성숙, 행복, 관계, 리더십, 예술성(창조성), 힐링, 감성, 갈등, 코칭 수퍼비전, 인성이라는 다양한 주제의 풍성한 열두 광주리를 만난다. 우리를 깨워 새로운 발견으로 인도하는 코치들의 글은 교육의 미래가 티칭이 아닌 코칭임을 역설한다.

우리의 가능성은 우리를 창조하신 하나님을 향해 열려 있다. 광대무변한 우주를 창조하신 하나님이 우리의 궁극적 코치다. 하나님 닮기를 사모하는 12공저자의 코칭은 하나님 안에서 우리 자신을 새롭게 볼 수 있도록 영적 시야를 넓혀줄 것이다. 하나님은 우리가 "그리스도의 장성한 분량이 충만한 데까지"(엡 4:13) 자라길 원하신다. 이 땅에서 호흡하는 동안 우리 신앙의 성장과 인격의 성숙은 마침도 중단도 없다. 겨자씨 한 알에서 하나님나라를 보는 크리스천은 하나님의 비전메이커와 코치로 살아야 한다. 참사람 크리스천으로 살기 원하는 이들과 탁월한 크리스천 코치가 되기를 원하는 이들에게『크리스천 코칭 디스커버리』를 강력히 추천한다.

이상명
PTSA 미주장로회신학대학교 총장

Prologue
프롤로그

지난 2018년 코칭계의 광야 같은 현실 속에서, 하나님은 길을 내주셨고 강을 만들어주셨다. 그리고 지금 우리가 여기 서 있다. 영성코칭으로 걸어온 지난 5년과 앞으로 가야 할 10년 그리고 그 너머를 불기둥과 구름기둥으로 인도하실 하나님의 따뜻한 손길을 기다린다.

우리는 예수 그리스도의 십자가를 푯대로 한 걸음 한 걸음 뚜벅뚜벅 걸어가고 있다. 2018년 3월 (사)한국코치협회 내에 '종교계 코칭확산 본부'가 생겼고, 그 산하에 '기독교코칭센터'가 발족되었다. 2년여의 인프라 구축기를 거쳐 크리스천 코칭 문화 보급과 영성코칭의 성장과 발전기를 지나왔다.

영성코칭의 지속성을 유지하기 위해 우리 주 예수 그리스도의 열두 제자를 닮은 영성 깊은 12인의 전문코치들과 함께 2021년 3월 19일에 '한국기독교코칭학회'를 발족했다. 그리고 1년여 성령 하나님의 폭포수 같은 은혜로 한국을 넘어 세계적인 학회로 우뚝 서게 되었다. 전 세계에 750만 해외 디아스포라가 있고, 3만여 명의 선교사님들이 전 세계에서 하나님나라와 그분의 의를 이루기 위해 헌신하고 있다. 우리 학회는 70여개 나라 해외 한인교회, 대학교, 선교지와 함께, 마치 엘리야 시대에 바알에게 무릎 꿇지 않은 7천여 명의 신실한 하나님의 종들처럼 세상의 빛과 소금으로 살아가고자 한다. 하나님의 형상을 회복하고, 하나님께서 주신 사명을 발견하고 이루어가며, 하나님나라가 땅 끝까지 전파되는 데 코칭이라는 도구를 사용할 것이다.

우리는 코칭을 'Dancing in the Moment'라고 한다. 코치와 고객이 함께 코칭 프레즌스(presence)를 즐기는 것이 코치의 최고 역량 중 하나다. 삼위일체, 즉 코치와 고객이 함께하는 현장에 성령님이 임재하시는 것이 크리스천 영성코치의 탁월한 역량이다. 고객의 해결할 수 없는 고통스러운 문제를 해결할 뿐 아니라 치유와 회복이 일어나고, 더 나아가 고객이 사명과 비전을 찾게 된다. 구원과 부활의 역사가 경험되는 예배의 현장으로 변하는 것을 전 세계에서 보는 것이 영성코칭의 최종 목표다.

주님의 마음을 회복하고 십자가의 비전을 세우는 한국기독교코칭학회가 '코칭 선교사 파송 프로젝트'를 추진한다. 코칭 선교사를 교육하고 훈련하기 위해 MSCL(Master of Spiritual Coaching Leadership) 2년 4학기 과정을 World Mission University(총장 임성진 박사)와 PTSA 미주장로회신학대학교(총장 이상명 박사)가 함께 준비하고 있다. 그 첫 과정으로 PTSA 미주장로회신학대학교에 MA in Professional Coaching 과정과 World Mission University에 MA in Global Leadership with Coaching 과정이 2022년 가을학기에 동시 개설되면서, 미주 지역에 코칭의 붐이 일어날 것을 기대한다. 우리 학회의 이사님 10여 명이 양교의 겸임교수로 임용받게 된 것도 큰 축복이다.

그리고 교육에 필요한 '크리스천 영성코칭 시리즈' 중 첫 책을 전문 코치 12인이 공저하여 출간하게 되었다. 이에 첫 책의 제목을 『크리스천 코칭 디스커버리』로 정했다. 아들러(Alfred Adler)의 심리학 중심의 일반 코칭은 한국에서 20여 년 이상 많은 실천적 학문적 업적을 이루었다. 그러나 성경을 기초해 예수 그리스도를 모델로 하면서 창조주 하나님을 고백하는 크리스천 영성코칭의 시작은 이제 5년 차다.

영성의 컬러, 프로그램의 차이, 각자의 신앙관, 세계관, 가치와 신념의 체계를 뛰어넘어, 전 세계적 크리스천 코치들이 하나님께서 주신 은사와 달란트를 사용하여 마음껏 뛰놀 수 있는, 우리 주님의 품만큼이나 넓은 운동장을 만들어 함께 손잡고 나아가고 싶다.

우리는 지금 하나님께서 주신 모든 선한 것을 발견하고 찾아가는 탐구 과정의 출발점에 서 있기에, '크리스천 영성코칭 시리즈'를 시작하게 되었다. 주님이 이 모든 과정에 개입하시고 행하실 것을 믿고 우리는 담대하게 나아간다

박중호
KCCA 한국기독교코칭학회장

Contents

추천의 글   004
Prologue   009

Part 1
영성코칭의 빛 속으로

01 트리니티 영성코칭 _박중호   017
02 정체성 코칭 _오규훈   036
03 성숙으로 가는 여행: 에니어그램 코칭 _최용균   065

Part 2
행복한 가정을 세우는 크리스천 코칭

04 행복의 열쇠, 부부 의사소통 코칭 _이명진   089
05 사이좋은 부모자녀 관계 코칭 _황지영   110
06 자녀를 탁월한 리더로 세우는 리더십 코칭 _원종순   136

Part 3
예술과 감성 코칭

07 K-Pop시대의 아티스트 코칭 _이혜정   163
08 다림줄과 힐링음악 코칭 _정은주   185
09 진선미 예술감성 코칭 _최수황   207

Part 4
선교적 미래 코칭의 블루오션

10 공학도의 조직갈등관리 STOP 코칭 _손용민   237
11 크리스천 코칭과 코칭 수퍼비전 _정희정   259
12 배워서 남 주는 행동하는 인성 코칭 _손미향   273

Epilogue   299

Part 1
영성코칭의 빛 속으로

Christian Coaching
Discovery

01

트리니티 영성코칭
_ 박중호

주 여호와께서 학자들의 혀를 내게 주사 나로 곤고한 자를 말로 어떻게 도와 줄 줄을 알게 하시고 아침마다 깨우치시되 나의 귀를 깨우치사 학자들 같이 알아듣게 하시도다 _ 사 50:4

코칭으로 부르시는 하나님 ──

숭실대학교 상도동 캠퍼스에 따뜻한 봄 햇살이 내리쬐던 2008년 5월 어느 날, 옆자리에 앉아 박사과정 강의를 함께 듣던 송두호 목사(KSC)가 리더십 전문가라는 것을 알게 되었다(나는 Audit Course 마지막 학기였다). 그리고 원우회 시간에 송 목사의 코칭 강의를 20분간 들었는데, 그 자리가 오늘의 나를 만들었다고 해도 과언이 아니다.

그로부터 한 달 뒤 "코칭과 목회"를 주제로 '여름 목회자 아카데미'가 장로회신학대학교에서 열렸다. 3박4일 동안 강의를 들으면서 일반 코치들이 목회자들에게 줄 것이 너무 적다는 느낌이 들었고, 이 일을 평생의 소명으로 품게 되었다. (그때 세미나를 주관한 장신대 평생교육원장 오규훈 교수님은 지금 우리 학회 학술원장으로 섬기신다.)

우선 아내 지청자 사모를 연세대학교 연합신학대학원 코칭 아카데미(Pastoral & Business 과정)에 등록시켜 코칭의 길을 향한 미약한 첫걸음을 떼었다. 때마침 한국을 방문한 『크리스천 코칭』(Christian Coaching)의 저자 게리 콜린스(Gary R. Collins) 박사 세미나에도 참석해 큰 도전을 받았다.

혼자만 알고 있기에는 너무 귀해서 배운 것을 잘 정리해 틈나는 대로 동료 목회자 모임에서 소개하기 시작했다. 그러던 중 2008년 11월 교육문화회관에서 열린 '제6차 한국코치대회'에서 아시아코치센터 정진우 목사(Dr. Paul Jung)와 국제코치훈련원 황현호 소장(KSC, ICF 코리아챕터 회장)을 만나 본격적으로 코칭에 입문했다.

> 보라 내가 새 일을 행하리니 이제 나타낼 것이라 너희가 그것을 알지 못하겠느냐 반드시 내가 광야에 길을 사막에 강을 내리니
> _ 사 43:19

내가 기획한 것은 아니나, 2010년 KPC를 취득하고 그해부터 2016년까지 KPC 인증심사위원을 역임했다. 2018년 기독교코칭센터 창설멤버로 들어가 대외협력국장을 시작으로, 교육인증국장을 거쳐 2020

년 협회이사에 당선되면서 제2대 기독교코칭센터장을 맡게 되었다. 2018년 초대 센터장인 홍삼열 목사의 추천으로 '올해의 코치상'을 수상하게 된 것도 하나님의 특별 은총이다.

　이런 큰 은총을 받은 하나님의 종으로서 하나님나라와 그 영광을 위해 코칭이라는 도구를 전 세계에 사용하기 위해 기도하고 있었다. 그러던 중 하나님은 한국기독교코칭학회를 세우셨고, 학회를 통해 곤고한 영혼을 말씀으로 돕고자 하는 간절함 속에서 광야에 길을 사막에 강을 내셨다.

　특별히 코로나 팬데믹 이후 하나님께서 주신 줌(zoom)이라는 온라인 도구를 이용해 9개 해외 지부가 개설되었다. 이제는 코칭으로 하나님께서 주신 비전을 찾고 나아가 사명까지 수행하여, 하나님의 잃어버린 형상을 회복하도록 도와주는 것에 대한 세계 선교의 큰 그림을 그려보게 되었다.

> 신부를 취하는 자는 신랑이나 서서 신랑의 음성을 듣는 친구가 크게 기뻐하나니 나는 이러한 기쁨으로 충만하였노라 그는 흥하여야 하겠고 나는 쇠하여야 하리라 _ 요 3:29-30

　올림픽 수영 종목 금메달리스트 박태환 선수의 감독인 노민상 코치의 말이 생각난다. "자신이 키워낸 선수가 메달을 따고 스포트라이트를 받는 모습을 바라보면서, 뒤에서 조용히 흐뭇한 미소를 지으며 이름도 빛도 없이 섬긴다." 이것이 진정한 코치의 자세라는 생각이 든다. 사도 요한이 말하는 '신랑의 친구'가 이런 모습일까 생각한다.

> 너는 하나님 앞에서 함부로 입을 열지 말며 급한 마음으로 말을
> 내지 말라 하나님은 하늘에 계시고 너는 땅에 있음이니라 그런즉
> 마땅히 말을 적게 할 것이라 _ 전 5:2

1919년, 20세기의 가장 위대한 신학자라 불리는 칼 바르트(K. Barth)는 『로마서 강해』 1판을 쓰고 이렇게 고백했다. "교회의 어두운 탑 속에서 계단을 손으로 더듬으면서 올라가려고 난간을 붙잡는다는 것이 그만 실수로 종을 치는 줄을 붙잡고 말았는데, 그때 굉장히 놀랐던 것은 내 머리 위에 엄청나게 큰 종이 댕, 댕, 댕 … 모든 사람들에게 울려 퍼지는 것을 듣게 되었다."

1922년 바르트는 『로마서 강해』 2판을 출간하면서 서언에 이렇게 강조했다. "하나님은 하늘에 계시고, 인간 너는 땅 위에 있다." 하나님과 인간의 융합을 강조하던 종교 개인주의, 자유주의, 신인동형론적인 인간중심주의를 바르트는 "하나님을 향해 가슴을 내미는 교만"이라고 표현했다. 그러고는 자유주의 신학자들이 놀고 있는 운동장에 던져진 폭탄 같은 엄청난 충격을 주며, 신학의 흐름을 바꿔놓는 신정통주의를 세우게 된다.

어쩌면 지금 우리가 서 있는 이 자리가 '내 안에 잠자는 거인이 있고 인간이 우주와 통한다' '내 안에 원석이 있으며 그것을 꺼내 다듬어 빛나는 보석으로 써야 한다'는 인간중심주의 뉴에이지 영성코칭의 한복판에서 목자 없는 양 같은 모습은 아닌지 생각해 본다.

하늘과 땅, 하나님과 인간, 영원과 유한한 시간이 섞여 혼재하는 코칭계에서 하늘과 땅은 다르다. 하나님과 인간은 질적으로 차이가 있

다. 영원과 유한한 시간의 분리에 대한 분명한 인식이 필요한 때다.

2017년 11월 제14회 대한민국코치대회가 상공회의소 국제회의장에서 열렸다. 그때 명강사인 K 선생님 강의에서 세션 사회를 맡아 진행하던 중 NLP Time-line therapy의 '전생' 이야기를 하는 것을 들으며 깜짝 놀랐다. '신실한 크리스천인 분이 전생을 이야기하다니…' 다음 날 다시 만났을 때 그 부분을 이야기했는데 전혀 인지하지 못하는 모습을 보며, 바른 영성코칭이 필요하다는 생각이 들었다.

2021년 3월 19일 에덴납골당에서 (사)한국코치협회 기독교코칭센터 국장단 워크숍을 하면서, 약식으로 한국기독교코칭학회(KCCA, Korea Christian Coaching Academy) 창립총회를 겸해서 열었다. 미약하게 시작한 우리 학회가 전 세계에 해외지부 9개를 연결하고, World Mission University, PTSA 미주장로회신학대학교와 MOU를 맺으며, 콜로키움과 학술대회 등을 통해 세계적인 클래스의 크리스천 코치들이 모이는 창대한 역사가 단기간에 진행되리라고는 상상하지 못했다. 모든 것이 하나님의 은혜요 축복이다.

인증코치 1만 명의 한국코치협회 기독교코칭센터가 여기까지 크리스천 영성코칭을 이끌고 왔다면, 앞으로 그 너머를 바라보고 나아가야 할 사명이 우리 학회에 있다. 주님의 마음을 회복하고 십자가의 비전을 세우는 전 세계적인 사명의 자리가 '지금 여기'라고 믿는다. 전 세계적으로 코칭이 진행되는 현장이 '성령님이 임재하시고, 예수 그리스도의 십자가와 부활이 경험되며, 하나님께 예배하는 성전으로 바뀌는 것'을 보고자 하는 꿈이 있다.

이것을 소명으로 받아, 한국 교회를 세우고 세계 선교를 이끌고 가실 삼위일체 하나님의 역사하심을 기대하며, 트리니티의 영성코칭으로 하나님을 높이고 예수 그리스도의 피 묻은 십자가 복음을 전파하며, 성령의 살아 역사하심을 경험하는 학회의 사명을 다짐해 본다.

코칭으로 말씀하시는 하나님

> 주 예수 그리스도의 은혜와 하나님의 사랑과 성령의 교통하심이 너희 무리와 함께 있을지어다 _ 고후 13:13

트리니티(Trinity)는 삼위일체 하나님을 나타내는 말로서, 성부, 성자, 성령 세 위격이 하나의 실체로 존재하신다는 뜻이다. 이것을 헬라어로 '페리코레시스'(perichoresis)라 하며, 삼위 하나님이 함께 춤을 추듯이 '네가 내 안에, 내가 네 안에' 있는 상태를 말한다. 따라서 트리니티 코칭은 성령님과 코치와 고객이 삼위일체 되어, 예수 그리스도의 십자가 구원의 복음을 유능하고 탁월하게 증거해 하나님나라를 땅 끝까지 확장하는 증인된 삶을 살도록 변화시키는 데 초점을 둔다.

트리니티 영성코칭이 일반 코칭과 다른 점은 코치와 고객이 모두 기독교인이라는 것, 코칭의 윤리와 철학이 성경을 기반으로 한다는 것이다. 특별히 트리니티 영성코칭은 개인마다 하나님께서 주신 은사와 달란트가 있으며, 우리는 모두 하나님의 특별한 섭리로 창조되었음을 믿는다.

트리니티 코칭 과정은 7단계다. 나는 KPC 인증심사위원을 하면서

GROW 모델이 성과(performance) 위주로 되어 있음을 알았다. 그래서 관계(people, person)에 초점을 두고 성령님이 개입하실 공간을 열어 놓기 위해 4단계와 6단계를 추가했다.

- Trust   신뢰 쌓기
- Reality   현실 인식하기
- Identity   정체성 찾기
- New Life   새로운 삶 그려보기
- Inspiration   영감 구하기
- Thanksgiving   감사기도 드리기
- Yearning   갈망하는 것 이루기

특별히 경청의 열매로 코치가 고객을 위해 기도해 주는 것에 많은 고객이 감동하는 모습을 보면, 코칭 세션 중에 성령님의 임재를 체험할 수 있다는 것이 트리니티 모델의 장점이다.

> 네가 자기의 일에 능숙한 사람을 보았느냐 이러한 사람은 왕 앞에 설 것이요 천한 자 앞에 서지 아니하리라 _ 잠 22:29

내가 공부한 장로회신학대학교의 학훈은 '경건과 학문'(Pietas et Scientia)이다. 신학을 공부하면서 학문적인 업적과 성과가 필요하지만, 인간의 이성을 넘어서는 영성 즉 경건이 앞서야 한다는 의미다. 경건만을 강조하면 신비주의로 나아갈 수 있기에 경건과 학문의 조화가 필요하다는 의미일 것이다.

　노트르담대학교의 역사학 교수인 마크 놀(Mark Noll)이 1994년에 출간한 『복음주의 지성의 스캔들』(The Scandal of the Evangelical Mind)은 복음주의의 반지성주의를 비평한 책이다. 스캔들은 추문, 치욕, 수치 등의 다양한 의미로 해석될 수 있으며, 복음주의에 지성이라 할 만한 것이 별로 없는 현실을 이 책은 '복음주의 지성의 스캔들'이라 명명했다. 현대 복음주의가 영성뿐 아니라 지성에 대해 끊임없이 탐구하고 결실을 보기까지 관심을 가져야 한다는 내용이다.

　우리가 영성코치로서 갖춰야 할 학문적 업적과 스킬이 있다고 생각한다. 철저한 '구조화'로 준비하되, 코칭할 때는 모든 것을 내려놓고 비워낸 후 오직 성령님이 개입하실 공간을 열어드리는 '반구조화'로 피코치 앞에 서는 것이 필요하다. 자기 일에 능숙한 사람은 존귀한 자 앞에 서게 되고, 그 모델로 다윗을 생각해 본다.

> 사울이 신하에게 이르되 나를 위하여 잘 타는 사람을 구하여 내게로 데려오라 하니 소년 중 한 사람이 대답하여 이르되 내가 베들레헴 사람 이새의 아들을 본즉 수금을 탈 줄 알고 용기와 무용과 구변이 있는 준수한 자라 여호와께서 그와 함께 계시더이다 하더라 _ 삼상 16:17-18

　여기서 말씀을 묵상하며 생각해 본다. 내 코칭 역량은 어떤 부분에 능숙한가? 오늘 하나님께서 내게 물으신다. "너는 무엇으로 코칭하니?" 나는 뭐라고 답할 수 있을까? 주변에서 나를 누군가에게 추천한다면 내 이력서에는 무엇이 적혀 있을까?

영성코칭의 기본 철학

크리스천 코치의 장점은, 코칭이 수평적 리더십이라는 것을 잘 이해하는 인격성에 있다. 또 고객의 눈높이에 맞추고, 어그러지고 찌그러진 현재의 모습에서 하나님의 형상을 찾도록 도와주는 창조성에 있다. 삼위일체에서 보듯이, 성령님과 코치와 고객이 관계를 맺으며 함께하는 여정이 영성코칭이다.

> 서로 이르되 꿈꾸는 자가 오는도다 _ 창 37:19

창세기에서 요셉은 꿈꾸는 자다. 하나님이 주신 비전을 바라보는 비저너리(visionary)였다. 안타깝게도 현대인들은 마치 배고픈 여우처럼 하루하루 살기에 급급해, 하나님이 위대하게 쓰실 5년 뒤 10년 뒤의 멋진 계획을 발견하지 못하는 경우가 많다. 이에 트리니티 영성코치는, 피코치에게 임하시는 성령님의 역사와 하나님의 비전 그리고 예수 그리스도의 십자가 능력을 통해 주시는 은사와 재능을 발견하게 하여 꿈을 품을 수 있도록 열정을 불러일으키는 사람이다.

다음은 트리니티 영성코칭의 가치관이다.

첫째, 모든 코칭세션은 하나님이 주관하신다. 우리는 그저 도구로 쓰임받는다.

둘째, 영성코칭은 스킬보다 그리스도를 본받는 성품에서 출발한다.

셋째, 하나님은 각 사람을 독특하게 창조하셨으며, 청지기로서 맡은 사역이 다름을 인정한다.

구약 성경 속의 코칭을 살펴보자. 생명을 회복시키는 코칭으로 나오미와 룻을 볼 수 있다.

이에 시어머니가 이르되 내 딸아 이 사건이 어떻게 될지 알기까지 앉아 있으라 그 사람이 오늘 이 일을 성취하기 전에는 쉬지 아니하리라 하니라 _ 룻 3:18

회개에 이르게 하는 코칭으로는 나단과 다윗을 볼 수 있다.

나단이 다윗에게 이르되 당신이 그 사람이라 _ 삼하 12:7상

민족을 구원하는 코칭으로 모르드개와 에스더가 있다.

이때에 네가 만일 잠잠하여 말이 없으면 유다인은 다른 데로 말미암아 놓임과 구원을 얻으려니와 _ 에 4:14상

이번에는 신약 성경 속 코칭을 보자. 열정을 불러일으키는 코칭으로 예수님과 엠마오로 가는 제자들을 볼 수 있다.

그들이 서로 말하되 길에서 우리에게 말씀하시고 우리에게 성

경을 풀어 주실 때에 우리 속에서 마음이 뜨겁지 아니하더냐 하고
_ 눅 24:32

사람을 세우는 코칭으로는 바나바와 바울을 볼 수 있다.

바나바는 착한 사람이요 성령과 믿음이 충만한 사람이라 이에 큰 무리가 주께 더하여지더라 바나바가 사울을 찾으러 다소에 가서 만나매 안디옥에 데리고 와서 둘이 교회에 일 년간 모여 있어 큰 무리를 가르쳤고 제자들이 안디옥에서 비로소 그리스도인이라 일컬음을 받게 되었더라 _ 행 11:24-26

리더를 양성하는 코칭 모델로는 바울과 디모데가 있다.

누구든지 네 연소함을 업신여기지 못하게 하고 오직 말과 행실과 사랑과 믿음과 정절에 있어서 믿는 자에게 본이 되어 내가 이를 때까지 읽는 것과 권하는 것과 가르치는 것에 전념하라 _ 딤전 4:12-13

코칭의 3중 직무

칼뱅의 직무론은 그리스도의 3중 직분(Munus Triplex Christi)을 말한다. '선지자'로서 그리스도는 교사의 직무를 실행하신다. 그리고 몸 된 교회에까지 이 직분을 주셨다. '왕'으로서 그리스도는 말씀과 성령으로 다스리시는 복음전파의 직무를 말한다. 이 직무로써 그리스도는

그의 나라를 확대하시며, 그의 복음을 홀(Scepter, 제왕의 상징)로 삼아 지상의 사역자들에게 영적인 왕권을 주셨다. '제사장'으로서 그리스도는 죄 사함과 중보기도의 사역을 하신다. 하나님은 지금도 이 3중직을 수행하신다.

이것을 코칭의 3중 직무에 적용해 보면, 선지자로서 코치는 성령님의 음성을 듣고 경청과 질문을 통해, 하나님이 주신 달란트로 사명을 감당할 수 있도록 코칭 과정으로 도와주는 직무를 행한다. 왕으로서 코치는 세상 속의 리더로 존재하며 또 다른 피코치를 리더로 세운다. 제사장으로서 코치는 하나님과 피코치 사이의 중보자로서 화해하게 하는 직무가 있다.

코칭으로 보내시는 하나님

> 여호와 하나님이 그 사람에게 명하여 이르시되 동산 각종 나무의 열매는 네가 임의로 먹되 _ 창 2:16-17

성경 속 하나님은 인간에게 말씀하실 때 두 가지 방법을 사용하신다. '하라' '하지 마라' '가라' '떠나라' 등의 명령형(imperative)을 사용하신다. 또 직설법(indicative, 암시하는), 즉 질문을 사용하시기도 한다.

하나님의 최초 명령은 "선악과를 먹지 말라"였다. 반면 하나님의 최초 질문은 "네가 어디 있느냐?"였다. 명령에는 '예'와 '아니오'의 답이 있을 뿐이다. 의사소통이 단절되어 있다. 그러나 질문은 다양한 탐색이 가능하고 열려 있다. 그래서 질문하면 답이 나오고, 질문을 받으면 생각을 자극하게 된다.

> 여호와 하나님이 아담을 부르시며 그에게 이르시되 네가 어디 있느냐 _ 창 3:9

여기서 말씀을 적용해 보자.

1. 아담이 있어야 할 장소는 어디였나? (동산 경작지였나? 동산 수풀 속이었나?)
2. 아담은 왜 수풀 사이로 숨었나?
3. 하나님은 그런 아담을 왜 찾으셨나?

이번에는 자신에게 적용해 보자.

1. 내가 있어야 할 장소는 어디인가?
2. 나는 지금 어디로 피하고 있는가?
3. 지금 하나님이 나를 찾으신다면 그 의미는 무엇일까?

서울대 배철현 교수는 자신의 책 『신의 위대한 질문』에서, "질문이란 첫째 한 단계 넘어가는 문지방이고, 둘째 미지의 세계로 들어가는 문을 열어주는 안내자이며, 셋째 지금까지 살아왔던 신념, 편견의 벽을 넘어 자신을 찾기 위한 사다리"라고 한다. 우리가 용기를 내고 도전하고 변화하기 위해서는 반드시 자기성찰의 질문에 답해야 한다.

여호와께서 그에게 이르시되 네 손에 있는 것이 무엇이냐 그가 이르되 지팡이니이다 _ 출 4:2

여기서는 질문하시는 하나님을 볼 수 있다. 말씀을 적용해 보자.

1. 40년간 광야에서 살고 있던 모세를 하나님은 불타는 떨기나무에서 왜 부르셨나?
2. 모세는 뭐라고 응답했나?
3. 모세가 손에 들고 있는 지팡이는 무슨 지팡이인가?

자신에게도 적용해 보자.

1. 세상에서 다른 일을 하며 살고 있던 나를 부르신 하나님의 불타는 떨기나무는 무엇으로 표현될 수 있나?
2. 나는 뭐라고 응답했나?
3. 내 손에 들려있는 하나님의 능력의 지팡이는 무엇으로 나타나는가?
4. 나는 하나님의 그 능력으로 10년 뒤에 어떤 성공을 이룰 것인가?

하나님은 세상의 미련한 것들을 택하여 지혜 있는 자들을 부끄럽게 하시고, 세상의 약한 것들을 택하여 강한 것들을 부끄럽게 하신다(고전 1:27).

성경 속의 NLP 언어 모델

> 경우에 합당한 말은 아로새긴 은 쟁반에 금 사과니라 _ 잠 25:11

신경언어프로그래밍(NLP: Neuro-Linguistic Programming)은 인간의 행동을 신경과 언어의 상호작용으로 프로그램화 된 작동 과정으로 탐구하는 기법이다. 구약 성경에 나타난 언어유형 세 가지를 살펴보자. 대체로 사람은 한 가지 언어유형을 사용하는데, 세 가지 언어유형을 고르게 상대방에 맞춤형으로 사용할 때 언어의 달인이 될 수 있다.

메타 모델(Meta Model)

상대방이 대화 가운데 숨기고 있는 삭제, 왜곡, 일반화를 찾아내 구체화하는 대화 유형이다.

아히도벨이 또 압살롬에게 이르되 이제 내가 사람 만 이천 명을 택하게 하소서 오늘 밤에 내가 일어나서 다윗의 뒤를 추적하여 그가 곤하고 힘이 빠졌을 때에 기습하여 그를 무섭게 하면 그와 함께 있는 모든 백성이 도망하리니 내가 다윗 왕만 쳐죽이고 모든 백성이 당신께 돌아오게 하리니 모든 사람이 돌아오기는 왕이 찾

는 이 사람에게 달렸음이라 그리하면 모든 백성이 평안하리이다 하니 _ 삼하 17: 1-3

밀튼 모델(Milton Model)
상대방을 기분 좋은 상태로 만들기 위해 문장의 일부를 삭제, 왜곡, 일반화하는 모호하고 흐릿한 대화 유형이다.

또 후새가 말하되 왕도 아시거니와 왕의 아버지와 그의 추종자들은 용사라 … 온 이스라엘을 단부터 브엘세바까지 바닷가의 많은 모래 같이 당신께로 모으고 친히 전장에 나가시고 우리가 그 만날 만한 곳에서 그를 기습하기를 이슬이 땅에 내림 같이 우리가 그의 위에 덮여 그와 그 함께 있는 모든 사람을 하나도 남겨 두지 아니할 것이요 또 만일 그가 어느 성에 들었으면 온 이스라엘이 밧줄을 가져다가 그 성을 강으로 끌어들여서 그 곳에 작은 돌 하나도 보이지 아니하게 할 것이니이다 하매 _ 삼하 17:8-13

메타포(Metaphor)
일반적인 스토리텔링 형식으로 직유, 비유, 풍자, 우화 등을 통해 상대방이 거부감 없이 의미를 깨달을 수 있도록 전달하는 대화 유형이다.

여호와께서 나단을 다윗에게 보내시니 그가 다윗에게 가서 그에게 이르되 한 성읍에 두 사람이 있는데 한 사람은 부하고 한 사람은

가난하니 그 부한 사람은 양과 소가 심히 많으나 _ 삼하 12:1-2

네 생각에는 이 세 사람 중에 누가 강도 만난 자의 이웃이 되겠느냐 이르되 자비를 베푼 자니이다 예수께서 이르시되 가서 너도 이와 같이 하라 하시니라 _ 눅 10:36-37

성령님의 코칭

오직 성령의 열매는 사랑과 희락과 화평과 오래 참음과 자비와 양선과 충성과 온유와 절제니 이같은 것을 금지할 법이 없느니라
_ 갈 5:22-23

성령의 9가지 열매 맺는 삶을 성찰해 본다. 영성을 하나님과의 수직 관계라고 한다면, 영성의 적용과 영성적 삶은 수평의 관계를 뜻한다.

성령의 9가지 열매를 하나님과의 관계 속에서 보면, 첫째 사랑은 하나님의 아가페 사랑을 받고, 이웃에 그 사랑을 나누는 의미로 해석한다. 둘째, 희락은 하나님 안에서 기뻐하고, 이웃에게 희락의 삶을 나타내는 세상의 빛과 소금으로서 삶에 나타나는 기쁨이다. 셋째, 화평은 세상의 정욕과 부귀영화보다 가정과 사회와 화평할 수 있는 능력의 도구다. 넷째, 충성은 하나님께 충성하고, 하나님나라 확장을 위해 충성하는 일꾼이 아닐까 생각해 본다.

성령의 9가지 열매를 이웃과의 관계 속에서 보면, 첫째 오래 참음

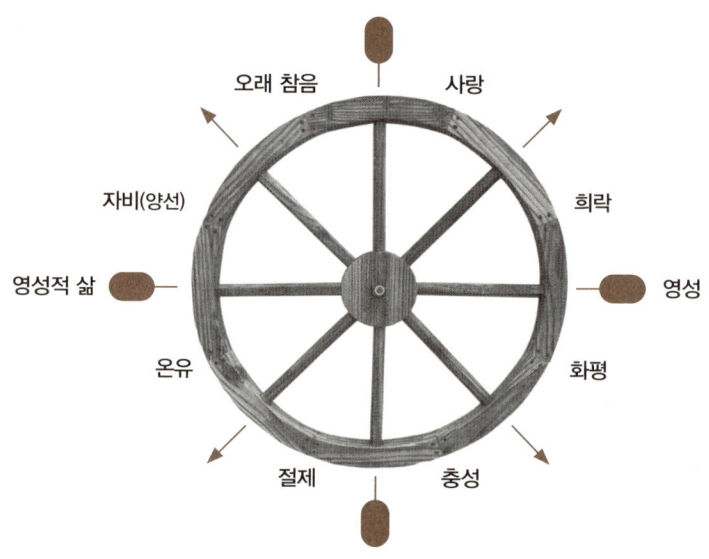

[그림1] 성령의 9가지 열매를 주제로 한 삶의 수레바퀴

은 하나님의 구원 역사가 '때가 차매' 그때를 바라보는 눈인 '영안'을 가지고 그때를 알아차리는 선지자적인 삶을 인내하며 사는 것이다. 둘째, 자비(양선)는 자비를 베푼 선한 사마리아인의 교훈을 실천하는 삶이 그리스도를 본받아 사는 삶이라는 의미에서 자비로운 삶이다. 셋째, 온유한 자가 땅을 차지하듯 모세의 온유함과, 소망에 관한 이유를 묻는 자에게 대답할 것을 항상 준비하되 온유한 마음으로(벧전 3:15-16)하는 온유한 삶이다. 넷째, 모든 것에는 절제가 필요하다. 세상 욕심과 이기심은 물론 헌신과 사랑도 절제하지 않으면 경계가 무너지고 하나님의 거룩한 뜻이 훼손된다. 인간의 삶에 무척이나 중요한 절제는 자기 삶에 울타리를 치는 것이다. 그 안에서는 안전하나 넘어가면 폐

를 끼친다는 의미의 절제다. 여기서 셀프코칭을 해볼 수 있다.

1. 나는 매일의 삶에서 하나님과의 영성을 어떻게 채우고 있나?
2. 나는 매일의 삶에서 이웃과의 영성을 어떻게 나누고 있나?
3. 내 영성의 강점은 어느 분야인가?
4. 내 영성의 보완할 부분은 어느 분야인가?

박중호

수원명성교회 담임목사, 한국기독교코칭학회 학회장
(사)한국코치협회 이사, 2대 기독교코칭센터장
PTSA 미주장로회신학대학교 객원교수
World Mission University 겸임교수
숭실대학교 숭목회 공동회장, 전)백석문화대학교 강의교수
장로회신학대학교 신학대학원, 숭실대학교 기독교학대학원 Th. M
Ph.D/H Verginis C. University 경기성서신학원 교수
Trinity Christian Coaching Leadership 개발자(TCL, TSL)

수상 2018 올해의 코치상

저서 『코칭 Aleph』(2013, UCN)

02

정체성 코칭
_오규훈

21세기 포스트모더니즘 문화

정체성 코칭이란

영성연구가 그렉 브레이든(Gregg Braden)은 그의 저서 『잃어버린 기도의 비밀』(*Secrets of the Lost Mode of Prayer*)에서 경험을 하나 소개한다. 출근길에 신호등에 걸려 횡단보도에 대기하고 있는데, 신호가 바뀌기를 기다리던 사람들 중에 중증지적장애인이 눈에 들어온 것이다. 그는 남들이 길을 건너기 시작하자, 팔다리가 뒤틀려 몸을 가누기 힘든 상태로 발걸음을 내딛기 시작했다. 그는 입이 일그러질 정도로 한 걸음 한 걸음 내딛는 데 온 신경을 집중했다. 그에게 걷는 것은 하나의 과제였고, 그 일을 진지하게 열심히 하고 있었다. 브레이든은 그 기억을 떠올리며, 그 장면이 자신이 받은 귀한 선물이었다고 한다. 그 선물은 바깥세상으로 나가겠다는 한 장애인이 의지와 용기였다고 적고 있다.

보통 사람이라면 장애인을 애처롭게 바라보았을 텐데, 브레이든은 그 장애인의 모습에서 삶의 결연한 의지와 용기를 발견한 것이다. 브레이든은 이 경험을 소개하면서 우리가 아름다움을 발견하는 눈을 가져야 한다고 말한다. 그 아름다움은 새로운 아름다움을 창조하는 것이 아니라 이미 존재하고 있는 아름다움이다. 그러면서 브레이든은 아름다움에 대한 한 가지 사실을 덧붙인다. 그 아름다움은 평소에 잠자고 있지만, 우리가 혼탁한 삶 속으로 초대할 때 잠에서 깨어난다는 것이다.

코치가 고객 안에 숨어 있는 아름다움을 발견하는 것도 이와 다르지 않다. 코칭은 아름답다. 고객 안에 있는 잠재력과 창의력을 끄집어내는 예술이기 때문이다. 혼란스러운 삶의 문제를 가지고 코치 앞에 앉아있는 고객의 잠재력과 창의력은 숨겨 있어서 직접 볼 수 없지만, 코칭 대화를 통해 현실에서 조금씩 드러나고 힘과 용기로 발휘된다. 코치는 그 잠자고 있는 아름다움을 발견할 수 있는 눈이 필요하다. 프란치스코 수도회를 창시한 성 프란시스(St. Francis of Assisi)는 "우리 안에는 야성의 힘이 존재한다"고 설파했다. 주님의 마음으로 볼 수 있는 숨겨진 보석 같은 힘이다.

코칭에는 라이프 코칭, 비즈니스 코칭, 부모 코칭, 청소년 코칭 그리고 커리어 코칭 등이 있다. 여기에 정체성 코칭을 하나 더하고자 한다. 정체성 코칭이란 한 마디로 '나는 누구인가?' 하는 질문에 답을 찾아가도록 돕는 코칭이다. 고객이 코칭받고 싶어하는 주제 대부분은 인간의 본질적 질문에 뿌리를 두고 있다. 따라서 이 질문에 적절하게 코칭해 나갈 수 있다면, 여러 코칭에서 다루는 다양한 문제도 함께 다룰 수 있다.

정체성 코칭은 부모 코칭, 자녀 코칭, 커리어 코칭 등 각 코칭 분야가 주제의 범위를 정해서 다루듯 구체적인 영역이나 주제를 정해서 다루지는 않는다. 용어를 따른다면 정체성을 다룬다고 할 수 있지만, 다른 코칭이 다루는 여러 영역의 문제를 모두 다룬다고도 말할 수 있다. 그렇다면 왜 정체성 코칭이 굳이 필요한지 의문을 제기할 수 있다. 그 이유는 바로 앞에서 언급한 대로 고객이 다루는 모든 주제가 정체성과 직간접적으로 연관되기 때문이다. 따라서 그 문제들을 정체성 관점에서 접근할 때 고객의 문제를 더 근원적이고 깊이 있게 다룰 수 있다.

21세기 포스트모더니즘 문화와 정체성

오늘의 21세기 포스트모더니즘 문화를 살펴보자. 인류 역사는 18세기 후반 산업혁명을 계기로 농경사회에서 산업사회로 바뀐 지 200여 년 만에, 인터넷 혁명을 통해 정보화 사회를 맞이했다. 과학기술은 정보화 사회 속에서 획기적인 발전을 거듭해 인공지능(AI) 시대를 열기 시작했고, 지금 세계는 인류 역사 초유의 변혁을 맞이하고 있다. 인공지능은 인간의 단순 노동 영역뿐 아니라 인간다움을 나타내는 감성과 창조성 및 예술성의 영역까지 확장되면서 음악, 미술, 의료, 법조 등 인간의 감정과 고차원적 기능까지 감당하고 있다. 과연 인공지능이 어디까지 진화할 것인지 알 수 없지만, 신의 기능까지 대신하는 수준에 이를 수도 있다는 황당하고 끔찍한 상황을 상상하지 않을 수 없게 되었다.

　이는 신인간(神人間)이냐 인간신(人間神)이냐의 논쟁을 상기시킨다. 현재까지 세상은 창조주 하나님이 인간을 만드셨고, 인간은 하나님의 피조물이라는 정체성으로 존재해 왔다. 그런데 이제는 인간이 컴퓨터의 인공지능을 이용해 신의 능력에 버금간다고 여기는 존재를 만들어 낼 수 있게 되었다. 이는 인간이 만든 인공지능이 역으로 사람을 지배하게 된다는 비극을 암시한다. 우리는 이런 현상을 보면서 다시 바벨탑을 쌓는 교만한 모습이라고 말하지만, 세상은 그런 비판에 아랑곳하지 않고 끊임없이 진화를 거듭해간다.

　이런 급진적인 변화는 결국 정체성의 문제를 제기한다. 우리가 믿는 하나님은 우주만물을 만드신 창조주 하나님이다. 우리는 그 창조주 하나님의 피조물인 인간이다. 그런데 세상은 이 기본적인 신앙고백에 근본적인 물음을 제기하기 시작한다. 세상 사람들에게 더는 신이 필요하지 않으며, 혹시 필요하면 신적인 존재를 만들면 된다고 생각한다. 그렇다면 인간은 더는 피조물이 아니고 타락한 존재도 아니며 죽을 수밖에 없는 죄인도 아니다. 결국 예수 그리스도 보혈의 공로로 죄 사함을 받고 하나님 자녀라는 신분을 획득했다는 기독교 복음의 진리가 부인되고, 우리의 기본 정체성이 흔들리게 된다.

　정체성 문제는 신의 논쟁에 국한된 문제가 아니다. 몇몇 서구 사회에서는 자신의 성별을 표시하는 난에 남녀 외에 제3의 성으로 표시하는 난이 등장했다. 스웨덴에는 남녀 구별 없는 공용 화장실이 설치되었다. 이는 단순히 동성애 혹은 사회적 성(gender)에 국한된 문제가 아니다. 근본적으로 정체성 혼란의 문제다. 최근 한국 사회에서 MZ 세대의 직장 내 상사와의 갈등이 심각하다. MZ 세대가 직장을 떠나는 이유를 묻는 설문조사에 따르면, 관계에서 오는 스트레스 때문에 직장을 떠나는 경우가 60퍼센트를 넘는다. 이 역시 단순한 상사의 갑질 문제가 아니다. 세대차로만 볼 것도 아니다.

최근 부모와 심각한 갈등을 겪는 30대 초반의 청년과 상담했다. 청년은 부모가 자신을 낳고 길러주었다는 표현이나, 부모와 자녀 관계는 하늘이 맺어준 운명적 관계라는 표현이 자본주의 사회에서 자신을 옭아매는 전제조건 같은 말이라며 받아들이기를 거부했다. 부모와 자녀가 갈등을 겪을 수 있고 자녀가 부모를 거역할 수도 있지만, 그 갈등으로 부모와 자녀의 본질적 관계성까지 부인하는 것은 갈등이 정체성 문제와 관련이 있음을 말해 준다.

신의 존재 문제, 세대차이 문제, 동성애 문제, 관계성의 갈등 문제 등 모든 문제가 정체성 문제와 연결되어 있음을 알 수 있다. 포스트모던 시대는 물질적 풍요 속에 미아(迷兒)를 양산해 낸다. 21세기 포스트모던 문화는 사상이나 이념 같은 거대 담론을 거부하고, 개인의 풍요로운 삶을 추구하면서, 개인의 자유와 권리를 극단적으로 중요하게 여긴다. 그러나 그 문화는 역설적으로 개인의 행복과 풍요로운 사회를 보장해 주지 못한다. 오히려 더 소외감을 느끼고 삶의 만족도 누리지 못하며 관계성은 더 피폐해지고 있다.

안타깝게도 21세기의 기독교도 포스트모던 문화의 영향 속에서 자유롭지 못하다. 교회가 세상의 빛과 소금으로서 정체성 그리고 그리스도 제자로서의 정체성을 분명하게 선언하고 삶을 살아내지 못하면서, 포스트모던 문화의 영향 속에서 신앙의 정체성 혼란을 겪고 있다.

이상의 내용을 고려할 때 정체성 코칭은 정체성이 혼란한 포스트모던 시대에 꼭 필요한 코칭이다. 고객이 가진 모든 문제를 정체성의 관점에서 뿌리부터 바라보며, 혼돈 상태에 있는 정체성을 바로 세워주고, 구체적인 문제를 해결해 나갈 수 있도록 안내하는 코칭이다. 특별히 크리스천 정체성을 선언하기가 어렵고 남에게 전하기는 더 어려워진 이 시대에, 신앙을 정체성의 주요 구성요소로 보는 정체성 코칭은 꼭 필요한 코칭이라고 말할 수 있다.

정체성 코칭

정체성(Identity) 개념

정체성 개념은 정신분석학자이자 사회심리학자인 에릭슨(Erik H. Erikson)이 처음 주창했다. 그는 제2차 세계대전 후 상이군인 병원에서 부상당한 병사를 치료하면서 병사들의 자기이해에 혼란이 있음을 발견했다. 병사들은 현역 군인이었을 때의 자신과 전쟁이 끝난 후 민간인으로서의 자신을 혼동하고 있었다. 전쟁이 끝난 후 민간인으로 살아가면서도 여전히 자신이 군인이라고 생각하며 행동하는 증상을 보인 것이다. 그런 자기이해 혼란이 사춘기를 지내는 정상적인 청소년에게도 동일하게 나타나는 것을 알게 되면서 정체성이라는 용어를 사용하기 시작했다. 사춘기 아이들은 신체가 급격하게 성장하자 자신이 성인이라고 생각한다. 그러나 법적 사회적으로는 성인으로 인정받지 못하는 현실 속에서 혼동에 빠지는 것이다.

모든 사람이 사춘기 때 정체성 혼란을 겪는 것은 정상적인 과정이다. 대부분 어느 정도의 혼란을 거쳐 자신의 건강한 정체감을 찾아가지만, 각자 환경에 따라 이 정체감을 갖지 못하고 정체성 혼란에 빠지는 경우도 많다. 에릭슨은 이 정체성을 자아정체감(sense of ego identity)이라는 용어로 자세히 설명한다. 자아정체감을 설명하면서 "내면의 동일성(sameness)과 연속성(continuity)을 지탱하는 능력은 타인을 향한 자신의 존재 의미에 대한 동일성 및 연속성과 일치한다는 확신의 느낌"이다. 동일성이란 어제의 나와 오늘의 내가 다르지 않은 모습이다. 어제까지 불량학생으로 살다가 갑자기 모범생처럼 살려고 한다면, 자신이 생각해도 이상하고 남이 봐도 이상할 것이다. 연속성이란 어제 공부를 열심히 하려고 했다면 오늘도 계속해서 그런 모습으로 사는 것을 말한다. 자신에게 솔직하고 자기다워지려고 할 때 남이 자신을 봐도 이상하지 않게 생각한다는 것이다. 한 마디로 내가 나를 생각하는 내용과 남이 나를 생각하는 내용이 같다는 것이다.

자아정체감에는 세 가지 요소가 포함된다. 변화가 심한 내적 욕구(리비도), 타고난 재능에서 발달한 적성, 그리고 사회적 역할의 기회 세 가지를 모두 통합할 수 있다는 느낌이 축적되어 있다. 하고 싶은 것, 잘할 수 있는 것, 그리고 그것을 행할 수 있도록 사회가 허락하는 기회 이 세 가지가 하나로 맞아떨어지는 것이다. 쉽게 표현하자면 '당신은 누구인가요?'라는 질문에, 자신이 만족하면서 동시에 공개적으로 다른 사람에게도 받아들여질 수 있는 대답을 갖고 있음을 의미한다. 역으로 이 질문에 제대로 답하지 못하는 사람은 건강한 정체감이 형성되지 못했음을 의미한다.

최근 몇 년간 청년들이 명절에 귀향하면 어른들이 결혼과 취업에 대해 물을 때 제대로 대답하기 곤란해 귀향을 꺼린다는 내용이 매스컴에 보도되고 있다. 자신은 문제가 없고 능력도 있다고 생각하지만, 사회가 기회를 주지 않음으로 인해 정체감에 문제가 생긴다. 사회적 성취의 큰 증거인 직업이 확정되지 않아 정체성 혼란이 생긴 것이다.

대부분의 아이들은 초등학교를 졸업하고 중고등학교에 입학하면서 사춘기가 시작되는 데, 이때는 남이 자신을 어떻게 생각하느냐가 대단히 중요하다. 아이들이 외모, 복장, 성적, 친구, 특기활동 등을 중요하게 여기는 이유다. 이전에 집에서 경험했던 반응과 다른 반응을 사회에서 겪으면 혼란스러워하는 정체성 혼란을 겪는다. 자신은 가정에서 늘 잘한다고 인정받아왔고 그렇게 생각했는데, 중고등학교에 들어가면서 학업성적 등으로 계속 인정받지 못하거나 친구에게 따돌림을 당하면, 사회가 자신을 인정해 주지 않는 것이 된다. 에릭슨은 이 내적 갈등을 정체성 혼란(identity confusion)이라고 부른다.

정체성과 관련해 정체성 유보(moratorium) 그리고 정체성 조기정리(foreclosure)라는 개념도 있다. 에릭슨의 연구에 따르면, 위대한 인물들이 사춘기 때 건강한 정체성을 제대로 확립하지 못하는 경우가 있는데, 이를 정체성 유보라고 한다. 보통 사람들과 달리 사춘기부터 인생에 대한 근본적인 질문을 던지면서, 자신이 어떤 존재이며 어떤 삶을 살아야 하는지 고민하게 되면서, 정체성을 남들처럼 제때 확정하지 못하는 경우를 가리킨다. 종교개혁을 일으킨 마틴 루터가 그랬다. 정체성 조기정리는 어려서부터 자신이 아주 좋아하는 선생님이나 주위 인물을 닮겠다고 결정한 후에 자신의 정체성을 너무 일찍 마감해

버리는 것을 말한다. 앞으로 더 다양하게 발전하고 성장할 수 있는 기회를 닫아버린다는 점에서 바람직하지 않은 현상이다.

정체성의 3요소

정체성은 세 가지 요소로 구성된다(McAdams, 1980). 성격(be), 직업(do) 그리고 신앙(make)이다. 성격은 자기가 세상을 바라보고 세상과 관계하는 반응 패턴을 말하고, 직업은 삶에서 행동하는 측면을 가리키며, 신앙은 적극적으로 자신을 종교적 혹은 철학적인 차원에서 이해한다는 뜻이다. 자기가 누구인지 인식하거나 말할 때 보통 이 세 가지 요소가 모두 포함되는데, 한 인간을 총체적으로 대변한다고 할 수 있다. 이 세 가지 요소가 정체성 코칭을 진행해 나가는 데 핵심 역할을 한다(그림2 참조).

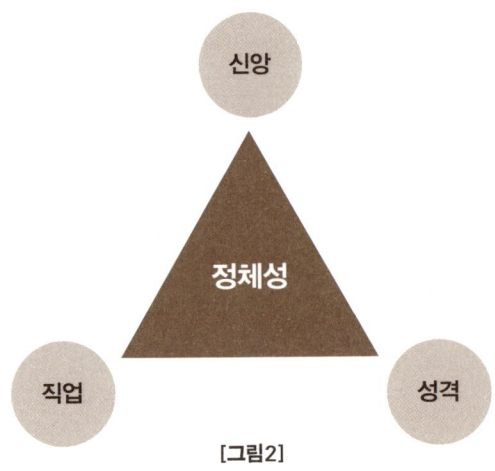

[그림2]

정체성 코칭의 정의

정체성 코칭은, 고객이 코칭받고자 하는 주제를 정체성 개념을 근거로 하여 고객을 총체적으로 바라보고 접근해, 문제의 핵심을 진단하고 균형 있게 해결해가도록 돕는 행위다. 정체성 관점에서 접근할 때 문제의 뿌리까지 깊이 있게 문제를 다룰 수 있다. 정체성 코칭의 정의에서 '총체적'이라는 표현을 쓴 이유는, 고객이 겪는 문제를 문제로만 접근하지 않고 현실 세계에 사는 삶의 실제적 측면, 즉 직업 현장, 내면의 심리 그리고 신앙적 차원을 모두 고려하기 때문이다. 이런 접근은 고객의 문제를 다각적으로 다룰 수 있으며, 의미의 깊이를 더해 준다는 점에서 매우 유용하다.

정체성 코칭의 핵심

대부분 코칭 과정은 기본적으로 목표설정(Goal), 현실 파악(Reality), 대안 선택(Options), 의지 실천(Will)의 순서로 진행된다. 기독교 코칭 모델인 트리니티(Trinity) 모델도 7단계로 되어 있지만 큰 흐름에서는 다르지 않다. 이 코칭 프로세스에서 가장 중요한 부분은 목표설정 단계다. 이 단계에서 코치와 고객이 함께 주제를 명확하게 그리고 구체적으로 정하는 것이 가장 중요하다. 목표설정은 SMART 원리를 따라 정하기 때문에 구체적이고(specific), 측정 가능하고(measurable), 고객과 코치가 합의하며(agreeable), 실현 가능한(realistic), 그리고 주어진 시간(timed)에 성취 가능한 목표여야 한다.

정체성 코칭의 특징은 이 과정에서 주제의 깊이와 의미를 폭넓게 탐색한다는 점이다. 이 과정은 코치의 숙련된 기술이 요구되는 과정이다. 코칭 프로세스를 감안할 때 성격, 직업 그리고 신앙의 3요소로 구성된 정체성 개념을 잘 활용하여 주제를 풍성하게 이해하고 의미를 부여하는 데 큰 도움을 줄 수 있다. 이제 정체성의 3요소인 성격, 직업 그리고 신앙을 간략하게 설명한다.

● 성격

모든 코칭에서 성격은 공통적으로 다루는 주제 가운데 하나다. 고객을 파악하는 기초 자료가 되기 때문이다. 성격을 파악하는 데는 MBTI, DISC, 에니어그램 등 다양한 성격유형 검사를 이용한다. 이 검사는 고객의 성격을 파악하여, 세상과 사람을 대하는 방식과 패턴을 짐작할 수 있다. 세상을 바라보는 관점, 문제를 다루는 방식, 사람과 관계하는 패턴, 선택을 앞둔 결단의 모습 등을 알게 한다. 검사결과는 코치에게 도움이 될 뿐 아니라 고객에게도 자신을 객관적으로 보게 해준다. 동시에 자신의 장점뿐 아니라 한계를 깨달아 극복하고, 바꿔야 할 점이 무엇인지 알게 한다.

그런데 성격검사에서 주의할 점이 있다. 성격 혹은 행동유형 검사는 심리학에서 유형론(typology)으로 분류된다. 검사결과로 자신이 어떤 유형의 사람인지 알게 되는데, 이 검사결과를 결정론적으로 받아들이지 말아야 한다. 자신을 그 속에 가두는 결과가 되면 자신의 변화나 새로운 발전을 가로막을 수 있기 때문이다. 따라서 고객이나 코치는 이 검사결과를 자신에 대한 안내지침 정도로 활용하는 것이 바람직하다.

성격유형 검사가 실제 코칭에서 유용한 실전적인 도구이긴 하지만, 코칭 대화를 통해 고객을 더 심도 있게 이해하려면 에릭슨의 생애주기이론(life cycle theory)을 공부할 것을 적극 권한다. 심리학 이론 중 출생부터 노년까지 전 생애를 균형 있게 소개하는 이론은 에릭슨의 생애주기이론이 유일하다. 발달 과정, 성격 형성의 배경, 덕목(virtues)과 악덕(vices)의 습득, 부모의 역할 등을 총체적으로 이해하는 데 결정적으로 도움이 된다. 에릭슨의 *Childhood and Society*를 참조하면 좋다. 프린스턴신학대학원 목회상담학 교수였던 도널드 캡스(Donald Capps) 교수는 에릭슨의 이론을 토대로 *Deadly Sins and Saving Virtues*라는 더 깊이 있는 책을 저술했다. 한국어 번역본은 『대죄와 구원의 덕』이라는 제목으로 출간되었다.

고객 중에는 자신의 성격을 긍정적으로 생각하지 못하는 경우가 많다. 이 부분에 대해 코치는 성격과 관련한 다음 내용을 기본적으로 견지하고 있어야 한다. 성격은 기본적으로 유전자와 환경에 의해 결정된다. 유전자는 부모에게서 물려받은 생물학적 인자다. 이는 자신이 선택한 것이 아니라 주어진 것이기에 불평하거나 원망할 일이 아니다. 성격은 하나님이 주신 것으로 받아들이는 수용적 자세가 필요하다. 성격 형성에 후천적으로 영향을 미치는 환경도 하나님이 나를 훈련하시기 위해 섭리 중에 주신 것이라고 긍정적으로 생각하고 수용하는 것이 지혜롭다. 그리고 살아가면서도 성격과 관련해 자신에게 왜 이런 성격이 주어졌고 왜 이런 환경 속에서 자라게 되었는지를 더 깊이 성찰하면서, 긍정적이고 진취적인 태도를 갖는 것이 중요하다.

● **직업**

직업은 정체성의 사회적 측면을 구성하는 요소다. 인생에서 가장 많은 시간과 관심과 에너지를 기울이는 영역이다. 직업과 관련해 코치는 고객의 직업만족도를 확인할 필요가 있다. 직업만족도는 연봉, 적성, 직무만족도 등으로 결정된다. 이런 부분을 점검하면서 고객의 강점과 약점이 어떤 것인지 조심스럽게 파악할 수 있다.

적성검사는 커리어넷(www.career.go.kr)이나 워크넷(www.work.go.kr)에서 다양한 검사도구를 쉽게 활용할 수 있다. 검사결과를 전혀 무시하는 것도 바람직하지 않지만, 무조건 결정적인 것으로 받아들이는 것 역시 바람직하지 않다. 모든 검사가 그렇듯 검사결과는 결정적인 것이 아님을 설명할 필요가 있다. 진로를 정하는 데 참조할 안내사항 정도로 받아들이는 것이 바람직하다. 코치는 고객으로 하여금 자신을 잘 설명하는 부분, 자신과 아주 다르다고 느끼는 부분, 전혀 알지 못했던 새로운 부분을 살펴보게 하고 그 내용을 나눈다.

직업은 개인의 인생 성취목표, 자기실현의 꿈, 적성, 대학 전공, 경제 문제, 사회적 자긍심 그리고 결혼 등의 문제와 긴밀하게 연결되어 있다. 고객이 다루려는 많은 코칭 주제와 관련이 있는 것이다. 정체성 코칭의 강점은 이런 관련 주제를 연결해서 다룰 수 있다는 것이다. 직업, 성격 그리고 신앙이라는 세 가지 요소를 연결한 정체성 개념 자체가 이런 다양한 문제를 하나의 문제로 연결해 다룰 수 있게 한다.

직업에 대해서는 커리어 코칭 혹은 진로 코칭이 있는 만큼 고객의 필요에 따라 더 자세하게 직업 문제를 코칭해 나갈 수 있다. 진로를 위한 미래 계획을 세운다든지 또는 자신의 역량을 제고하기 위해 많은 것을 배우고 충전하는 과제도 함께 코칭하며 제시할 수 있다.

- **신앙**

 신앙은 정체성의 3요소 중 가장 상위의 가치체계다. 이 세상뿐 아니라 이 세상 다음까지도 고려하기 때문이다. 그런 점에서 신앙은 이 세상의 가치관을 초월한다. 크리스천 코칭에서는 이 신앙이 중요한 축을 이룬다. 코치는 고객이 하나님을 알고 믿고 따르는 신앙의 성숙도를 점검한다. 기독교인으로서 구원의 확신, 즉 하나님의 자녀라는 확신이 있는지를 확인할 수 있다. 거듭난 그리스도인인지 아니면 명목상 크리스천인지는 인생을 살아가는 자세에 큰 차이를 가져오기 때문이다.

 그러나 코칭은 전도나 신앙훈련이 아니기에 구원에 관한 직접적인 질문이나 확인은 코칭에 도움이 되지 않을 수 있다. 코칭이 설교 혹은 신앙적인 권면으로 흐르지 않도록 조심해야 한다. 그리고 고객의 기도, 말씀, 예배 참석, 성경공부, 교회 봉사 등을 살펴서 신앙의 성숙도가 어느 정도인지 파악하는 것도 중요하다. 이는 나중에 코칭 과정에서 고객을 위해 기도하는 것과 문제를 해결하는 데 있어서 신앙적인 권면 등을 어느 정도 활용할 수 있는지 파악하는 데 도움이 된다.

 고객이 비신자일 경우에는 특별한 접근이 필요하다. 현실적으로 신앙을 빼놓고 코칭할 수도 있다. 정체성 코칭은 3요소를 고려한 코칭이기에 신앙을 대신할 수 있는 고객의 철학 혹은 신조를 고려하여 코칭할 수 있다.

 크리스천 코칭은 항상 하나님을 소개하고 하나님이 개입할 수 있는 여지를 가지고 진행하는 것이 바람직하다. 그러나 비신자 고객에게는 하나님 혹은 절대자의 존재가 삶에서 어떤 비중을 차지하는지 파악할 수 없기에, 명시적인 신학적 개념을 가지고 코칭을 진행하는 것은 바람직하지 않다. 이 경우 고객의 영적 상태를 심리학 차원에서 파악할 수 있는 접근이 더 유용하다. 여기서 '영적 상태'는 신의 존재를 인정하거나 받아들일 수 있는 가능성을 가리킨다.

이 접근에는 폴 프루이저(Paul Pruyser)의 『생의 진단자로서의 목회자』(*The Minister as Diagnostician*)라는 책이 매우 유용하다. 프루이저는 하나님을 알지 못해도 심리 차원에서 신의 존재를 인정하거나 받아들일 여지를 파악할 수 있는 요인을 7가지 소개한다. (1)거룩함의 인식(Awareness of the Holy), (2)섭리(Providence), (3)믿음(Faith), (4)은혜(Grace/Greatfulness), (5)회개(Repentance), (6)교제(Communion) 그리고 (7)소명감(Sense of Vocation)이다. 이 7가지는 모두 신학 용어지만 각 개념을 경험의 심리적 차원에서 해석해 제시한다. 예를 들면, 거룩함의 인식은 어떤 신비스러운 경험을 말한다. 말로 설명할 수는 없지만 결코 부인할 수 없는 특별한 경험을 말한다. 모든 사람은 다른 사람이 감히 접근할 수 없는 거룩한 영역을 가지고 있다. 혹은 아무리 위급한 상황이라도 절대 희생할 수 없는 것이 있다. 어떤 사람은 그것이 자기 가족일 수 있고, 어떤 사람은 그것이 명예나 어떤 가치관일 수 있다. 그렇다면 그 사람은 하나님을 그렇게 경험할 수 있는 여지를 갖고 있다고 해석할 수 있다는 것이다.

프루이저는 섭리를 이렇게 설명한다. 하나님을 모르지만 자신이 살아온 삶을 이야기하면서 어떤 신비한 존재 혹은 섭리에 의해 그렇게 된 것 같다는 고백을 하는 것이다. 우연이 아닌 것 같다고 생각한다는 말이다. 하나님을 모르지만 대화 중에 목사라는 사람을 인정하고 신뢰할 수 있다면, 적어도 심리적으로는 하나님의 섭리에 대한 신뢰도 있다는 것이다. 문제가 발생했을 때 목회자가 기도하고 돌봄을 제공하는 것에 열린 태도로 감사하는 것도 마찬가지다. 비록 비신자의 태도지만 하나님과 연결될 수 있는 가능성을 볼 수 있는 것이다.

많은 내용을 다 설명하지 못하지만 코치는 코칭 과정을 통해 고객의 심리상태를 파악하고 신학적으로 해석할 수 있다. 고객이 복음의 교리나 신학적 차원에서 직접 신앙고백을 하지 않아도, 심리적으로 그런 공간이 존재한다는 것을 파악하고 코칭 과정을 진행할 수 있다.

정체성 코칭의 심화

정체성의 3요소인 성격, 직업 그리고 신앙을 가지고는 고객을 1차적으로 파악할 수 있는 사실 차원의 코칭이 진행된다. 이 내용은 필수적이지만 고객을 충분히 심도 있게 파악하는 데는 한계가 있다. 정체성을 좀 더 입체적으로 파악하기 위해서는 3요소의 상호연계성 속에서 진행하는 2차적 코칭 작업이 필요하다. 신앙과 직업, 직업과 성격 그리고 성격과 신앙의 연계 차원에서 코칭을 진행하는 것이다. 신앙과 직업을 연결하면 소명을 알 수 있고, 직업과 성격을 연계하면 관계성을 볼 수 있으며, 신앙과 성격을 연결하면 영성을 파악할 수 있다. 이 연계는 정체성을 입체적으로 볼 수 있게 한다(그림3 참조).

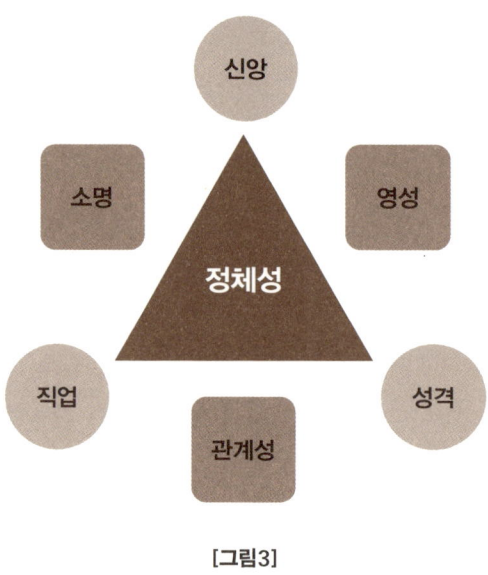

[그림3]

- **신앙과 직업 연계: 소명**(calling, vocation)

직업과 신앙이 각각 사실(facts) 차원의 정보를 일차적으로 제공해 준다면, 소명은 그 사실이 실제 고객의 삶에서 얼마나 역동적으로 나타나고 있는지를 보여준다. 그런데 소명은 지극히 주관적이다. 누군가가 하나님이 자기를 부르셨다고 고백하면 그 사람은 소명을 받은 거다. 그런데 그 소명이 하나님과 하나님나라를 위한 것이 되려면 객관성을 담보해야 한다. 자기 혼자만의 고백에 그쳐서는 안 되기 때문이다. 그래서 그 소명을 건강하게 펼쳐나가기 위한 보완과 지지가 있어야 한다. 이 경우 소명을 객관적으로 이야기하려면 소명을 직업과 신앙의 연계라는 차원에서 확인할 수 있다. 직업과 하나님 어느 쪽이라도 분명한 실체를 확인하기 어렵다면 진정한 소명이 아닐 수 있다.

예를 들어, 하나님의 부르심을 받았다고 하는데 구체적으로 하는 일 없이 지내는 사람들이 있다. 물론 하나님의 시간을 기다려야 할 때가 있다. 그러나 소명을 실천하는 데 있어 하나님의 뜻과 관계없이 세상의 기준으로 직업을 구하려는 사람들이 있다. 보수가 중요하다든지 힘들고 어려운 일은 회피하는 등의 태도를 보이는 것이다. 아니면 좋아하는 직업을 갖고 열심히 일하지만, 하나님의 영광을 나타내기보다는 세상적 유익과 성공에만 관심 있는 모습을 보일 때, 하나님이 주신 소명이라는 고백을 인정하기 어렵다. 정체성 코칭에서 직업과 신앙을 연계해서 소명 차원에서 더 깊이 있게 코칭을 진행하는 것은 고객이 선택한 코칭 주제를 더 깊이 있게 다룰 수 있게 해준다.

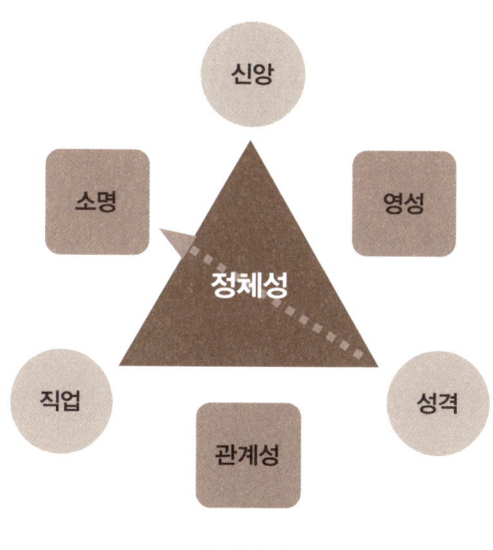

[그림3-1]
소명에 영향을 미치는 성격

소명을 더 깊이 있게 다루기 위한 또 하나의 방법은 소명을 성격과 연계해 점검하는 것이다. 소명에 대한 확신을 가지고 사역을 감당하는 데도 눈에 보이는 열매가 잘 나타나지 않는 경우가 있다. 그럴 때 성격과 연계해 소명을 살피기 위한 코칭을 진행할 수 있다.

성경에서 아브라함, 이삭, 야곱, 모세, 다윗, 베드로, 바울 등 여러 인물의 삶을 살펴보면, 하나님의 부르심과 부르심을 통해 사역이 진행되는 모습이 각각 다르다. 예를 들면, 모세가 하나님의 부르심을 받고 애굽으로 가기를 결단하기까지의 과정에서 모세의 성격을 살펴볼 수 있다. 이는 솔로몬이 하나님의 뜻에 따라 왕이 되어 정치를 해나가는 과정과 매우 다르다. 이런 차이를 DISC 혹은 에니어그램 같은 성격유형검사를 통해 살필 수 있다. 코칭할 때도 마찬가지다. 성격을 소명과 연결할 때, 하나님이 고객과 일하시는 방법이나 고객이 하나님의 인도하심에 반응하는 태도 등을 살펴볼 수 있다.

● 직업과 성격 연계: 관계성(relationship)

관계성은 전문용어가 아닌 일반적인 용어다. 우리는 일상생활에서 날마다 만나는 사람들과 관계성을 맺으며 살아간다. 가정에서는 부부관계, 부모자녀 관계, 직장동료 관계, 목회자와 성도의 관계, 친구 관계 등 모든 만남이 관계성이다. 그만큼 관계성은 우리 일상생활에서 보편적이기에 역설적으로 깊은 의미를 부여하지 않는다.

그런데 이 관계성이 인생의 성패를 좌우할 만큼 중요하다. 관계가 깨지면 목회도 없다. 부부 관계가 깨지면 결혼생활이 파탄에 이른다. 목회자와 성도 관계에 문제가 생기면 교회가 분열된다. 그만큼 관계성은 인생 성공에 결정적으로 중요하다. 관계성을 세밀하게 점검하려면 한편으로 일의 현장, 즉 직업과 또 다른 한편으로는 성격의 관점에서 바라보면서 관계성을 세밀하게 파악할 수 있다.

관계성에 문제가 있을 때 직업의 현장 그리고 성격을 점검하는 것이 관계성 문제를 다루는 데 좋은 방법이다. 직업 현장에서는 동료 사이의 경쟁과 자존감 등이 중요하다. 승진 같은 성취목표도 미묘하게 작용한다. 관계성의 문제는 감정이 많이 작용하기 때문에 공감과 격려 및 지지 등 마음 문을 여는 대화 기법을 잘 활용해야 한다.

성격 면에서는 마음의 습관이나 상처 등이 중요한 역할을 한다. 성격은 주로 가정에서 형성되는 것이기에 가정에서 부모와의 관계성 및

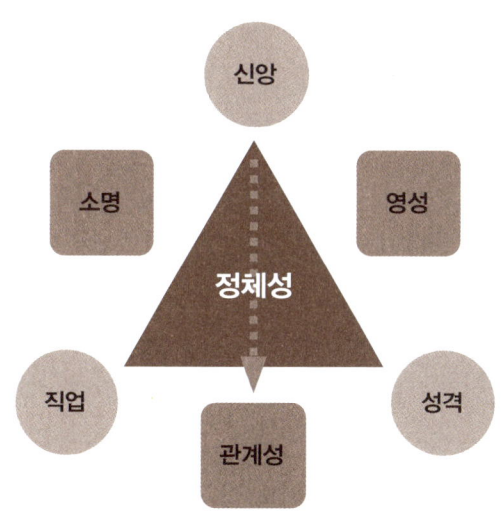

[그림3-2]
관계성에 영향을 미치는 신앙

형제 관계나 출생순서 등을 점검하는 것이 필요하다. 출생순서에 관한 내용은 관련 서적이 많이 있으므로 참조하면 도움이 될 것이다.

고객이 다루고 싶어하는 코칭 주제 가운데는 관계성과 직간접적으로 관련 있는 것이 대부분이다. 관계성에는 다양한 이슈가 얽혀 있기 때문에 실타래를 풀듯 하나씩 풀어나가는 것이 필요하다.

직업 현장에서 자신의 모습을 점검하고 자신의 성격을 돌아보는 데도 한계가 있다. 자신이 어떤 조치를 취할 수 없는 이미 주어진 상황도 있으며, 자신의 성격도 변하기 쉽지 않다는 것을 경험적으로 알기 때문이다. 이처럼 주어진 상황과 문제 앞에서 아무것도 할 수 있는 게 없다는 생각이 들 때, 신앙의 관점에서 관계성을 풀어갈 수 있다. 하나님의 음성을 세밀하게 듣고 적용하면 새로운 해결책을 찾아낼 수 있고 더 성숙한 관계성을 만들어갈 수 있다. 신앙은 모든 판단과 상황을 초월해 스스로 양보하거나 손해를 볼 수 있게 하기 때문이다. 코칭 대화를 통해서 신앙적으로 도전해 볼 수 있다.

코칭으로 모든 것이 해결되는 것은 아니다. 신앙으로 자신이 수용하고 받아들이는 태도가 필요하다. 세상은 불합리와 불공정이 존재하는 곳이다. 모든 것을 공정하고 합리적으로 해결하려는 태도가 우선 중요하다. 그러나 그 모든 노력이 통하지 않는 곳이 세상이고 인생의 현장이다. 그때는 신앙적 태도가 해결의 열쇠다.

● **신앙과 성격의 연계: 영성**(spirituality)

영성은 신앙의 성숙도를 가리킨다. 하나님과의 관계에서 하나님과 얼마나 깊이 교제하며 말씀대로 순종하며 사는지를 나타내는 말이다.

그런데 이 용어가 좀 애매하다. 성경에 나오는 용어도 아니다. 기독교 역사에서는 영성이 신학적으로 많이 연구되어 왔고 실천되기도 했다. 그리고 다른 종교에서도 영성이라는 단어를 쉽게 사용한다. 불교 영성, 가톨릭 영성 등의 용어도 있다. 영성은 하나님을 경외하는 것이라고 할 수 있는데, 이는 예배와 말씀 그리고 기도를 일상에서 얼마나 실천하는지로 알 수 있다. 그런데 이 실천이 경건의 모양만 있는 것일 수 있다.

영성은 겉모습이 아니라 내면의 깊이가 더 중요한데 이는 눈으로 판단하기 어렵다. 그래서 하나님의 사랑을 직업 현장에서 얼마나 성숙한 모습으로 보이는지로 재점검할 수 있다. 영성의 깊이는 성격과 깊

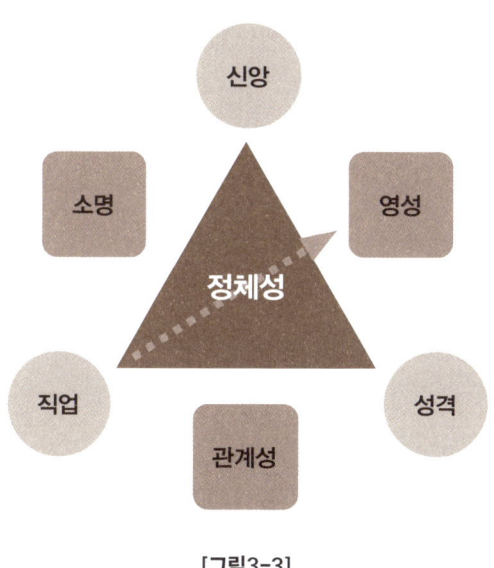

[그림3-3]
영성에 영향을 미치는 직업

은 연관이 있다. 성격에 따라 하나님을 믿고 따르는 모습이 다르기 때문이다. 다혈질이지만 순수하면서 덤벙대는 베드로, 철저하지만 율법적인 바울, 평생 성전건축과 왕궁을 지은 솔로몬 등의 영성은 나름대로 다르다.

『수도원에 간 CEO』(Business Secrets of the Trappist Monks)라는 책을 보면, 어거투스 투랙이라는 CEO가 회사를 경영하면서 1년에 몇 주씩 미국 사우스캐롤라이나의 맵킨 수도원에 들어가 지내는 이야기가 나온다. 트라피스트 전통을 잇는 수도원에는 주로 70세가 넘은 20여 명의 수도사들이 거주한다. 수도원의 8무 성과를 철저하게 지키며 살아가는 하루 일과는 양계, 버섯 기르기, 그리고 그 넓은 수도원을 관리하는 일이다. 그런데 그곳에서 생산되는 달걀이 출하되는 날이면 사람들이 2-3킬로미터씩 줄을 서는 일이 벌어진다. 달걀의 질이 좋아 주위의 제빵제과업자들이 모두 그 달걀을 사려고 하기 때문이다.

〈USA Today〉는 경영의 ABC도 모르는 노인 수도사들이 어떻게 그렇게 최고의 품질을 만들어내는지 질문을 던진다. 그들의 분석 결론은 경건함이었다. 닭을 치고 버섯을 기르는 일을 하나님께 예배드리는 거룩한 일처럼 하는 것이 핵심 요인라는 분석이다. 벨기에의 트라피스트 전통의 수도원에서 나오는 맥주도 마찬가지다. 맥주가 출하되는 날이면 4-5킬로미터의 줄이 늘어선다고 한다. 최고 수준의 맥주가 만들어지는 것은 단순히 기술이 아니라 맥주를 만드는 사람들의 신앙적 자세 때문이다.

우리는 보통 영성을 물질과 분리되거나 서로 상충되는 것으로 이해한다. 영적이려면 물질을 멀리해야 하고 물질을 가까이하면 하나님과의 관계가 멀어진다고 생각한다. 그런 면이 분명히 존재한다. 그런데 물질이 육신의 만족을 위한 것이 아니라 하나님이 주신 거룩한 선물이며, 그 속에 욕심이 배제될 때 거룩한 것이 된다. 영성을 경제와 직결된 직업과의 관계 속에서 점검할 때 영성의 깊이를 재확인할 수 있다.

정체성 코칭의 과정

어떤 코칭이든 코칭의 과정은 크게 다르지 않다. 코칭의 기본 모델인 GROW 모델 과정을 거친다. 정체성 코칭도 기본적으로 코칭의 일반 과정을 따른다. 따라서 코칭 과정을 여기서 다시 설명할 필요는 없다. 다만 개인적인 코칭 경험을 통해 코칭 과정에서 중요하다고 여기는 내용을 강조하고자 한다.

성공적인 코칭의 핵심은 고객이 다루고 싶어하는 주제를 깊이 있게 의미를 확장해 충분히 다루는 것이다. 그 주제가 신앙, 직업 그리고 성격의 관점 중 어느 것과 가장 가까운지 먼저 판단한다. 3요소는 상호 연관성이 있기 때문에 어느 하나만 분리해서 생각하지 않고 모두 연결해서 생각한다. 이 과정을 통해 고객과 코치는 코칭의 목표를 구체적으로 확정하게 된다. 그리고 무엇보다 코치는 고객이 다루려는 주제에 대한 책임의식(ownership)이 있어야 한다.

코칭 과정은 위의 정체성 구성 3요소와 연계해서 소명, 관계성 그리고 영성의 세 가지 면도 고려하며 진행한다. 고객이 나누고자 하는 주제에 따라 주제와 가장 연관성 있는 것부터 코칭을 시작할 수 있다.

요약

정체성 코칭은 총체적이다

이제까지 살펴본 대로 신앙, 직업, 성격 그리고 소명, 관계성, 영성이라는 여섯 가지 개념은 인생 대부분의 문제를 다룰 수 있다. 정체성의 3요소는 인생의 내면적 사회적 그리고 초월적 차원을 대표하기에 우리가 살아가는 인생의 모든 차원을 다룬다. 소명, 관계성, 영성은 정체성 3요소 간의 연계를 통해 이루어지는 개념이기에 시간과 공간의 구체성을 가지고 접근하는 것이 가능하고 효과적이다.

어떤 문제를 다루더라도 그 문제가 개별적으로 존재하는 것이 아니라 정체성의 일환으로 다루어지기에 자기이해를 질서 있게 확립할 수 있다.

정체성 코칭은 삶의 목표에 힘을 다해 헌신하게 만든다

에릭슨의 생애주기이론에 따르면 사춘기 때 정체성이 바로 서면 충성(fidelity)이라는 덕목이 형성된다. 자신이 누구인지 어떤 사람인지 확신이 서면 힘과 에너지를 모아 헌신하는 충성의 덕목이 생긴다는 것이다. 사춘기 때 하나님을 만나고 직업적 정체성을 갖추는 것이 중요한 이유다. 내적 혼란이 정리되면 내면의 힘을 모아 헌신하는 효과가 나타난다.

코칭에서도 마찬가지 효과를 기대할 수 있다. 코칭의 시작과 과정 그리고 마무리를 통해 정체성 확인과 세움이 제대로 이루어지면, 고객은 자신의 힘을 어디에 집중해야 할지 명확히 알게 된다. 코칭의 목표는 코칭을 통해 고객이 자신의 삶을 올인하는 변화가 일어나는 것이다. 정체성이 그 역할을 하게 한다.

셀프코칭이 가능하다

생육하고 번성하여 땅에 충만하라는 하나님의 문화명령은, 인간을 스스로 행동하는 존재로 창조하셨기에 가능한 것이다. 선악과를 만들고 먹지 말라는 금지명령을 내리신 것도, 하나님의 명령을 어기고 따 먹을 수 있는 가능성까지 허락하면서 자율적인 존재로 만드신 것이다. 그런 점에서 인간은 자신에 대해 스스로 생각하고 도전하며 질문을 던질 수 있다. 셀프코칭이 가능한 이유다.

해 아래 새 것이 없다는 성경말씀을 생각하면, 코칭이 정말 새로운 것이라고 말하는 데 어폐가 있음을 느낀다. 그렇다면 '코칭은 내게 새롭다'고 말하는 것은 가능할 것이다. 코칭은 처음 접하고 배워가면서 우리에게 새로운 경험을 하게 하고, 그러면서 하나의 새로운 도구(tool)로 주어졌다. 그 새로운 도구로 고객의 변화를 기대하며 코칭 사역을 시작한다. 그것이 고객을 변하게 하는 훌륭한 도구가 될 수 있는 것은 단지 새로움 때문만은 아니다. 도구를 활용하는 코치의 자질이 크다.

가끔 서커스를 보면 곡예사의 곡예에 감탄을 금하지 못한다. 공중그네타기, 곤봉이나 공을 5-6개씩 돌리며 받고 던지기, 접시 돌리기, 한 바퀴 자전거 타기 등 그야말로 스릴 넘치는 행동을 능수능란하게 한다. 감탄사를 연발하는 이유는 우리가 아무리 노력해도 흉내조차 낼 수 없기 때문이다. 서커스 곡예사들이 관객에게 최고의 흥미와 만족을 줄 수 있는 이유가 바로 여기 있다. 코칭에는 서커스 곡예사와 비슷한 면이 있다. 서커스 곡예사처럼 코칭이라는 도구와 하나가 되는 능숙한 코치가 되어야 하기 때문이다.

여기서 서커스 곡예사를 한 번 생각해 본다. 얼마나 많이 연습해야 도구와 곡예사가 하나처럼 실행할 수 있을까? 자전거를 타건 불이나 모자를 돌리건 그들의 몸과 도구가 둘이 아니라 하나인 것처럼 움직인다. 파푸아뉴기니의 속담에 "근육 속으로 직접 체득하기 전에는 어떤 것을 진정으로 안다고 할 수 없다"는 말이 있다.

우리의 코칭 실력이 사고와 행동을 바꾸기까지는 우리 몸의 일부가 된 것이 아니다. 코칭 대화는 단순한 말의 기술이 아니다. 언어가 의식적 무능력의 단계에서 의식적 능력의 단계로, 그리고 그다음 무의식적 능력의 단계로 활용되어야 한다. 한 마디로 자연스럽게 그리고 저절로 되어야 비로소 우리 몸에 체득된 것이다. 코칭에서 우리에게 그런 수단은 곧 말(言)이다. 말의 질서와 조화와 힘이다. 말이 우리의 능력이고 인격이고 영성이어야 한다.

성경은 다윗이 이스라엘 백성을 다스린 것에 대해 이렇게 기술한다. "또 그의 종 다윗을 택하시되 양의 우리에서 취하시며 젖 양을 지키는 중에서 그를 이끌어 내사 그의 백성인 야곱, 그의 소유인 이스라엘을 기르게 하셨더니 이에 그가 그들을 자기 마음의 완전함으로 기르고 그의 손의 능숙함으로 그들을 지도하였도다"(시 78:70-72). 자연 속에서 양을 사랑하는 마음을 길렀고, 양을 사랑하는 마음으로 돌보는 기술이 능숙함이 되었다. 그 마음과 기술이 이스라엘 백성을 다스리는 왕의 능력이 된 것이다.

미래 과제

코칭은 일반 코칭에서 시작되었기 때문에 크리스천 코칭의 정체성을 분명히 세우는 데 애매한 점이 많다. 정체성 코칭은 모델 자체에 신앙이라는 요소가 분명하게 포함되어 있기에, 명확한 크리스천 코칭 모델을 세우는 데 유용한 기초가 될 수 있다. 그리고 정체성 개념 자체가 인간의 본질을 포괄적이고 실제적으로 대변하기 때문에, 각 요소마다 더 세밀한 연구로 내용을 추가하고 발전시킬 수 있는 여지가 많다.

참고문헌

- 안남섭 외. 『현장 실전 코칭』. 서울: 동화세상 에듀코, 2021.
- 그렉 브레이든. 『잃어버린 기도의 비밀』. 황소연 역. 서울: 김영사, 2021.
- 도널드 캡스. 『대죄와 구원의 덕』. 김진영 역. 서울: 한국장로교출판사, 2008.
- 어거스트 투랙. 『수도원에 간 CEO』. 이병무 역. 서울: 다반, 2014.
- 이언 맥더모트, 웬디 제이고. 『코칭 바이블』. 박정길, 최소영 역. 서울: 웅진윙스, 2007.
- Capps, D. Erikson. *Deadly Sins and Saving Virtues*. OR: Wipf and Stock Publishers, 2000.
- Erikson, E. H. *Young Man Luther*. NY: W. W. Norton & Company, 1962.
- Erikson, E. H. *Childhood and Society*. NY: W. W. Norton & Company,

1963.

- Hunter, J. H. *Dictionary of Pastoral Care and Counseling*. TN: Abingdon Press, 1990.
- McAdams, Dan P. *The Person: An Introduction to the Science of personality Psychology*, Harcourt Brace College Publishers, 1994.
- Pruyser, P. W. *The Minister as Diagnostician*. Louisville, KY: The Westminter John Knox Press, 1976.

오규훈

현)한국기독교코칭학회 이사 / 학술원장, 153크리스천 상담코칭센터장
한국코치협회 KACC, 목회상담협회 감독
PTSA 미주장로회신학대학교 객원교수, World Mission University 겸임 교수

전)한동대학교 교수 / 교목실장, 장로회신학대학교 목회상담학 교수
영남신학대학교 총장, 한국목회상담학회 부회장
삼성테크원, 이문동교회 담임목사, 제주 드림교회 개척 등

연세대학교 경영학과(BA), 장로회신학대학교(M.Div)
Princeton Theological Seminary(Th.M)
Chicago Theological Seminary(D.Min), Northwestern University(Ph.D)

03

성숙으로 가는 여행: 에니어그램 코칭

_ 최용균

에니어그램 개요

인간의 행동과 성격을 객관적으로 진단하고 해석하는 여러 도구가 있다. 겉으로 드러난 행동 유형에 따라 네 가지 타입으로 분석하는 DISC, 상호 반대되는 성격의 차이로 구분해 16가지 유형으로 나누어 보는 MBTI, 어른, 성인, 아이의 자아상태 특성으로 구분하는 TA(교류분석), 그리고 인간 내면의 본질을 9가지 성격유형으로 나누어보는 에니어그램이 대표적인 성격진단 도구다. 그 가운데 에니어그램은 인간의 삶 전체를 조망해 볼 수 있는 매우 유용한 도구다. 자신과 주변 인물의 삶을 더 지혜롭게 이해하며 살 수 있도록 안내받을 수 있기 때문이다.

에니어그램이란

에니어그램은 그리스어의 9를 뜻하는 'ennea'와 그림, 이미지를 나타내는 'gram'의 복합어로, 직역하면 '9가지 그림'이라는 뜻이다. 즉, 에니어그램은 '9가지 인간의 성격'을 뜻한다. 인간에게는 9가지 본질이 있고, 모든 인간은 그중 하나를 다른 것보다 더 많이 가지고 살게 된다.

에니어그램의 역사

에니어그램의 기원은 정확히 알 수 없으나, 대략 2,500년 전 고대 근동에서 지혜를 추구하던 사람들이 인간 이해와 영성 수련에 사용했다. 오랜 기간 구전으로 전해 온 에니어그램을 서구 사회에 소개한 것은 러시아의 구르지예프(G. I. Gurdjieff)였고, 그 후 1970년대 예수회가 미국에 소개하면서 더 많은 사람이 알게 되었다.

에니어그램의 특성

에니어그램은 인간의 유형이 9가지라고 설명한다. 이것은 다양한 사람들을 전부 9가지로 구분한다는 의미가 아니라, 사람을 이루고 있는 가장 밑바닥의 기본 성향이 같다는 것을 의미한다. 같은 성향이라고 해서 성격이나 취향이 같다는 것이 아니다. 조금씩 다르나 좌우 양쪽의 어느 날개를 더 많이 사용하는지에 따라 다르게 나타나고, 그 유형 에너지의 크기에 따라서도 다르게 나타난다. 특히 의식 수준의 정도에 따라 동일 유형이라 하더라도 삶의 태도가 다르다.

에니어그램의 목적

사람을 9가지 유형 중 하나로 구분하는 것은 그 사람을 자칫 잘못 해석할 수도 있다. 에니어그램을 배우는 사람은 자신의 성격 유형에 집착하게 된다. 에니어그램의 유형을 알고서 자기의 행동을 정당화하거나, 하나의 성격 특성에 더 고정되도록 하는 것은 에니어그램을 잘못 사용하는 것이다. 에니어그램의 진정한 목적은 성격 유형을 인식함으로써 그 성격 유형에서 나오는 자동적인 반응을 잠시 멈추고, 다시 한번 생각해 보는 시간을 갖게 하기 위함이다.

에니어그램 활용

에니어그램은 가정에서 부부 갈등의 문제를 극복해 가정불화를 해결하는 것에서부터 학교생활, 비즈니스에 이르기까지 많은 사람이 생활이나 업무 수행의 지침으로 삼고 있다. 특히 최근에는 많은 기업이 인사관리, 조직운영 등에 에니어그램 연수를 채택해 효과를 보고 있다.

자기 유형은 자기가 찾아야 한다. 다른 사람이 찾아주면 자기 번호는 알게 되지만 통찰이 일어나지 않는다. 자신을 끊임없이 들여다보는 가운데 자기 유형을 찾아야 한다. 자기 성격의 긍정과 부정 양면을 솔직하게 인정하는 것에서 출발해야 한다. 에니어그램을 통한 자아발견의 여행에 있어서 요청되는 것은 자기 자신을 있는 그대로 인정하는 것이다. 자기 내면의 소리에 정직해야 한다. 외견상 똑같은 행동을 하더라도 유형에 따라 그 동기는 다르다. 예를 들면, 3번과 1번은 일 중독에 걸리는 경우가 많은데, 3번은 성공해 남들에게 인정받기 위해 일에 매달린다면, 1번은 일을 더 완벽하게 처리하기 위해 일에 매달린다. 같은 행동을 한다고 유형이 같은 것이 아니다. 어떤 번호가 더 우월하거나 열등한 것은 아니다. 모든 번호에는 그 번호만의 장점과 단점이 있다. 그러나 비즈니스 상황에서 자기의 직무특성에 따라 어떤 유형은 다른 유형보다 더 인정받기도 한다. 예를 들면, 품질검사나 회계감사 업무의 경우 1번 개혁가 유형이 다른 유형보다 꼼꼼하게 일처리를 할 수 있고, 서비스상담 업무는 가슴형 2번 조력가 유형이 고객에게 친절하게 더 잘 응대할 수 있다.

힘의 중심

에니어그램은 인간의 9가지 성격 유형을 세 그룹, 즉 머리, 가슴, 장 중심으로 분류한다. 우리의 성격에는 세 가지 요소가 모두 들어 있지만, 부모나 환경의 영향으로 세 힘의 균형이 깨져 어느 하나가 지배적으로 남게 된다. 한 사람이 세 부분을 같은 비율, 즉 33퍼센트씩 사용한다면 그 사람은 잘 통합되는 사람이다. 전체 상황에 따라서 힘을 써야 할 때는 힘을 쓰고, 마음으로 끌어들여야 할 때는 가슴을 쓰고, 사고하거나 아이디어를 내야 할 때 머리를 쓸 수 있다면, 그 사람은 균형잡힌 사람이다. 세 중심의 기능을 골고루 사용할 수 있는 사람이야말로 진정 자유로운 인간이다.

장형(8유형, 9유형, 1유형)
의식의 신체적 기관으로 식도에서 항문에 이르는 소화기관을 갖

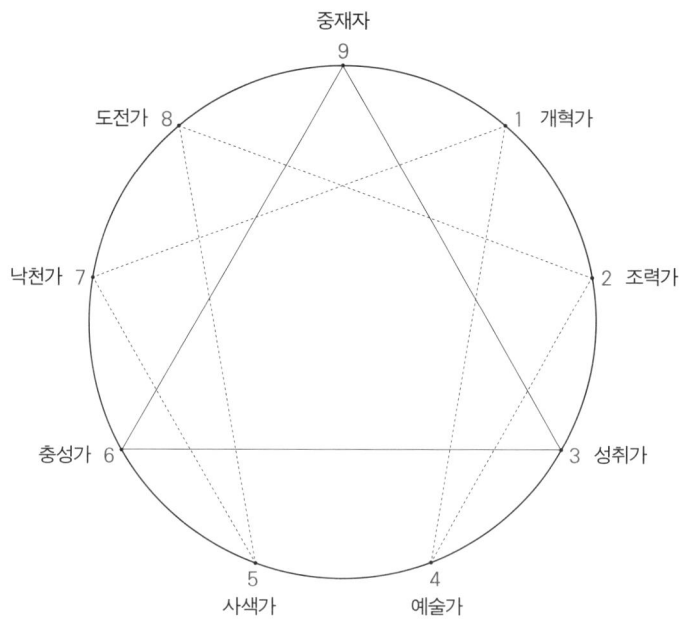

[그림4] 에니어그램 유형별 별칭

고 있다. 스트레스를 받으면 소화기 계통에 이상이 생긴다. 무게 중심이 하복부에 있으며 본능적으로 움직인다. 대체로 체격이 크고 튼튼하다는 느낌을 준다. 잘 발달된 근육이나 툭 튀어나온 광대뼈가 아주 인상적이다. 청각과 후각이 잘 발달되어 있다. 현실에 대한 저항을 유지하는 데 관심이 있다. 자신을 방어하는 행동 밑에는 많은 분노가 있다. 분노를 드러낼 때 8유형의 사람들은 상대에게 직접 표현하고, 9유형의 사람들은 내면으로 억압, 1유형의 사람들은 일어나는 분노를 숨기려다 폭발한다. 이들의 관심사는 일이며, 일할 때 자신의 의지를 관철시켜야 하므로 추진력이 있다. 의지를 관철시키는 방법으로 8유형은 상대와 대결하는 자세로, 9유형은 수동적인 공격(고집 부림)으로, 1유형은 자신과 남을 비판함으로 관철하려 한다.

　의사표시를 할 때도 단도직입적이며 때로는 독선적인 언사도 서슴지 않는다. 남의 눈치를 보지 않는다. 급한 상황에서는 몸을 던져 뛰어들고, 매사에 행동이 먼저다. 장형은 본능에 따라 움직이므로 복잡하게 생각하지 않는다. 결정이 단호하며 행동이 빠르다. 단순 솔직하다. 때로 자신은 솔직하게 말하고 행동한다며 뒤끝이 없다고 하나, 주위 사람들이 자신에게 상처받는 것을 이해하지 못할 수도 있다. 침묵하면서 자신의 분노를 들여다 볼 수 있어야 한다.

가슴형(2유형, 3유형, 4유형)

　의식의 신체적 기관으로 심장, 피순환계를 가지고 있다. 긴장하면 심장이 벌렁거리고, 문제가 발생하면 가슴이 답답하다는 사람도 많다. 크지도 작지도 않은 체격에 계란형 얼굴이 많고, 미소 띤 부드러운 용모는 타인에게 편안함을 준다. 미각과 촉각이 발달되었다. 이야기하며 옆 사람을 건드리기도 한다. 인간관계에 관심이 많다. 주로 타인에게로 에너지가 움직인다. 사람들과 함께 있는 것을 좋아하고, '저 사람은 무엇이 필요한가?' 고민하며, 낯선 사람을 만나도 '저 사람이 나를 좋아할까?'를 먼저 생각한다. 문제가 발생했을 때 문제의 내용보다는 관계가 나빠질까 걱정이 되어 먼저 화해를 청한다. 만일 일의 추진 과정에서 회의를 한다면 주제나 결과보다는 소외된 사람은 없는지 배려한다. 지배하는 감정은 불안이다. 내면에 존재하는 불안을 2유형은 도와줌으로, 3유형은 친절하고 적극적으로 잘해 주는 것으로, 4유형은 자신의 독특함을 이해받아서 감추려고 한다. 불안이라는 존재의 근원(하나님)과 단절 혹은 분리되는 데서 오는 정서적 반응이다.

하나님과 분리된 이후 인간에게는 분리에 대한 불안의식이 있다. 이것은 모태에서 분리될 때 다시 한번 경험되며, 살아가면서 특히 관계에 예민한 이들의 마음을 괴롭힌다. 이야기할 때는 주변 상황을 많이 설명한다. 급한 상황에서는 허둥지둥하며 감정조절이 잘 안 된다. 소유욕(애욕)이 많지만 남에게 맞추면서 자신의 진정한 욕구는 잃어버린다. 활동은 많고 생각이 적은 이들은 스스로 결정하는 습관을 길러야 하고, 혼자 있는 조용한 시간을 갖고 기도하는 것이 도움이 된다.

머리형(5유형, 6유형, 7유형)

머리형의 의식이 나오는 신체 기관, 즉 관제탑은 뇌와 중앙신경조직이다. 머리형은 두뇌에서 모든 힘이 나온다. 체격을 보면 몸이 허약하고 가냘픈 편이며 시각이 발달되어 있다. 목이 길고 빈약한 근육발달 등이 특징이다. 신경을 많이 쓰면 뒷골이 뻐근하다. 어떤 상황을 만났을 때 모든 에너지를 머리로 쓰고, 오지 않은 상황을 머리로 미리 생각하다 보니 에너지가 다 빠져나가 근육으로 갈 틈이 없기 때문이다. 그래서 먹어도 살이 찌지 않아 다이어트에 신경 쓸 필요가 없다. 소심해서 수줍음을 많이 탄다. 논리적이고 합리적이어서 관찰, 분석, 비교, 대조하는 사고의 과정을 통해 상황을 파악한다. 어떤 상황을 만났을 때 절대로 먼저 행동하지 않는다. 대체적으로 어떤 일을 결정할 때도 논리적이고 이성적이면서 타당성이 있는지 여부를 많이 따진다. 감정 문제조차도 이성으로 해결하려 하여 남의 감정에 공감하기 힘들어한다. 무슨 일이 터지면 성찰을 위해 한 걸음 뒤로 물러서는 자세를 취한다. 일이 주어지면 일단 거절하고 '이 일을 내가 해야 하나?' 생각한다. 실제로 하기보다는 먼저 보는 것을 중요시한다. 정보수집도 보는 것에서 시작하고 보지 않고는 믿으려 하지 않는 의심이 많은 사람이다. 긴급한 상황이 되면 냉정해진다. 주로 느끼는 감정은 두려움(공포)이며, 미래에 대한 걱정이 많다. 한 가지가 아니라 여러 가지를 걱정한다.

    5유형은 내면이 공허할까봐, 6유형은 안전하지 않을까봐, 7유형은 고통스러울까봐 두려워한다. 머리보다 가슴을 많이 쓰고, 의심을 믿음으로 바꾸어야 한다. 두려운 마음을 이야기할 수 있어야 하고, 촛불이나 십자가 등의 상징물을 바라보며 기도하는 것이 도움이 된다.

구분	머리	가슴	장
의식기관	뇌	심장, 피순환계	위, 식도, 창자
감각	시각	미각, 촉각	청각, 후각
감정	(안전에 대해) 공포, 두려움	(인간관계에서 오는) 불안, 걱정, 수치심	(뜻대로 되지 않을 때) 분노
관심사	미래, 사고	과거, 사람	현재, 힘
일할 때	논리적, 합리적 (내가 해야 하나)	인간관계중심 (좋아하는 사람인가)	의지의 관철 (내 뜻은 이래)
말투	간단명료하다	주변 상황을 설명한다	단도직입적이다
욕망	명예욕	애욕	지배욕
급한 상황에서	물러서서 관찰 (생각 먼저)	허둥지둥 (인간관계에 의해서)	몸을 던져 뛰어든다 (행동 먼저)

[표1] 힘의 3중심

9가지 성격의 특징

9가지 성격 유형별 긍정/부정의 모습

유형		긍정적으로 발전할 경우	부정적으로 퇴화할 경우
1	개혁가	높은 인격과 고결한 품성을 지니고 이상적인 세상을 구현하기 위해 성실하게 노력하는 사람	자기중심적인 의를 구하기 때문에 사람에 대한 배려가 약하고 완벽주의와 분노를 지님
2	조력가	다른 사람을 편안하게 해주는 사람으로 관대하게 돕는 사람	사람들에게 아첨하고 소유욕이 있으며 자기중심적인 사람
3	성취가	유능하고 자신이 원하는 삶을 적극적으로 추구해 감	권력과 야망을 맹목적으로 추구하면서 기회주의적인 태도
4	예술가	가장 감성적인 사람으로서 독창적이고 직관력이 뛰어난 특별한 사람	방종하고 시기심이 많으며 감정에 휘둘리는 우울한 사람
5	사색가	가장 이지적인 사람으로서 지성과 창의력이 뛰어남	괴팍하고 생각의 세계 속에만 살며 사람들과 고립
6	충성가	공동체 속에서 협력과 인화를 창출하며 헌신적	불안과 두려움이 커서 맹목적으로 순종하거나 무모하게 반항적
7	낙천가	긍정적이고 밝고 순발력이 있으며 재주가 많은 사람	충동적이고 피상적이며 인내심이 없고 제멋대로 함
8	도전가	마법의 카리스마를 지닌 위대하고 관대한 지도자	자기주장이 강해 주위 사람에게 두려움을 주는 통제적인 사람
9	중재자	사람들을 화합하게 하고 중재해 주며 힘을 실어주는 사람	게으르고 수동적이며 숙명론자인 성향이 강하고 고집스러움

[표2] 9가지 성격 특성

9가지 유형별 화살(성숙과 분열)

• **스트레스 방향** 유형이 불건강해지면서 나타나는 반응

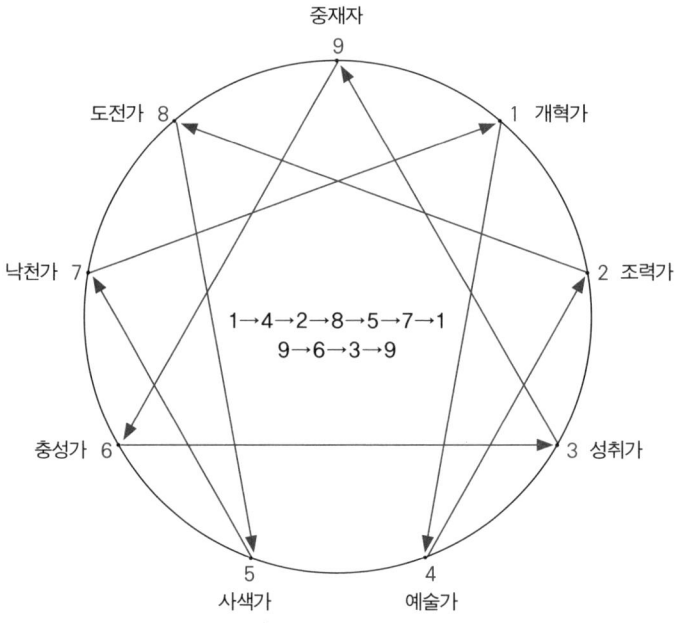

[그림5] 스트레스 방향 화살표

1번 유형 → 4번 유형 부지런히 원칙을 지켜 일하던 사람이 자신의 이상에 대한 환상이 깨지고 더는 완전을 이룰 수 없음을 발견하게 되면, 4번의 불건강한 방향으로 이동할 때 우울하고 비이성적이 되며 자기 파괴적이 된다.

2번 유형 → 8번 유형 친절하고 남을 배려하던 사람이 자신의 사랑을 알아주지 않는 주변 사람들에 대해 매우 분개한다. 이들이 8번의

불건강한 방향으로 이동하면 공격적이 되고 화를 내며 다른 사람을 지배하려 든다.

3번 유형 → 9번 유형 의욕적이고 적극적이던 사람이 적대감 때문에 에너지가 소진되어 더는 환경 속에서 자신의 역할을 수행할 수 없게 된다. 이들이 9번의 불건강한 모습으로 이동하면 아무 일에도 상관하지 않고 폐쇄적이며 무력해지고 무감각해진다.

4번 유형 → 2번 유형 고고하게 자신의 품위를 지키던 사람이 인생에서 자신의 꿈을 실현하는 것에 줄곧 절망한다. 이들이 2번의 불건강한 방향으로 이동하면 다른 사람에게 잘해 주거나 의존하려 하고 사랑을 얻으려 한다.

5번 유형 → 7번 유형 집중력이 높았던 사람이 고립되어 자신의 환경에서 효율적으로 행동할 수 없게 된다. 이들이 7번의 불건강한 모습으로 이동하면 충동적이고 예측할 수 없는 행동을 하거나 말초적인 쾌락을 추구하며 만족하려 한다.

6번 유형 → 3번 유형 충직하던 사람이 좌절에 빠지고 극단적인 열등감을 느끼게 된다. 이들이 3번의 불건강한 방향으로 이동하면 자신에게 상처 입힌 사람에게 보복하고자 경쟁적이 되고 거만해지면서 격렬하게 다른 사람을 공격한다.

7번 유형 → 1번 유형 여유롭고 개방적이던 사람이 조증을 나타내며, 자신의 생각과 행동을 통제하는 것을 불안해한다. 이들이 1번의 불건강한 방향으로 이동하면 깐깐하고 비판적이며 남을 비난하거나 자신의 삶에 제멋대로 질서를 부여하고, 도에 지나친 강박관념에 사로잡힌다.

8번 유형 → 5번 유형 과단성을 보이며 일을 추진하던 사람이 지나치게 환경을 통제하려고 하여 사람들을 적으로 만든다. 이들이 5번의 불건강한 방향으로 이동하면 은닉하고 생존에 대한 두려움을 보이며 깊이 생각하거나 자책하게 된다.

9번 유형 → 6번 유형 스스로 자족하며 평안하게 지내던 사람이 분열되고 무기력해져서 더는 자기의 역할을 감당하지 못하게 된다. 이들이 6번의 불건강한 방향으로 이동하면 좌절에 빠져 다른 사람에게 더 의존하거나 걱정을 많이 하며 생각이 복잡해진다.

- **성숙 방향** 유형이 건강할 때 의식적 성찰을 통해 나타나는 성숙

1번 유형 → 7번 유형 현실의 피할 수 없는 불완전성을 받아들여 더욱 생산적이 된다. 이제 더는 모든 것을 완벽하게 하기 위해 끊임없이 투쟁해야 한다고 느끼지 않기 때문에 관대해지고 비로소 인생을 즐기게 된다. 더 개방적이고 즉흥적이며 밝고 유쾌해진다.

2번 유형 → 4번 유형 진실하게 자기 내면의 모든 감정과 동기에 직면하게 된다. 그리하여 자신의 욕구가 충족될 만한 가치가 있는 정당한 욕구임을 깨닫는다. 그리고 모든 면에서 선해야 하며 끊임없이 타인에게 도움이 되어야 한다는 의무감에서 벗어나, 더욱 진정한 자신이 됨으로써 진실하게 사랑 받을 수 있는 존재가 된다. 또 상대방에게 가장 도움이 되는 진실한 사랑을 베풀고, 자신에게도 그와 동일한 사랑을 베풀게 된다.

3번 유형 → 6번 유형 공동체 안에서 헌신하고 주변 사람들과 인화

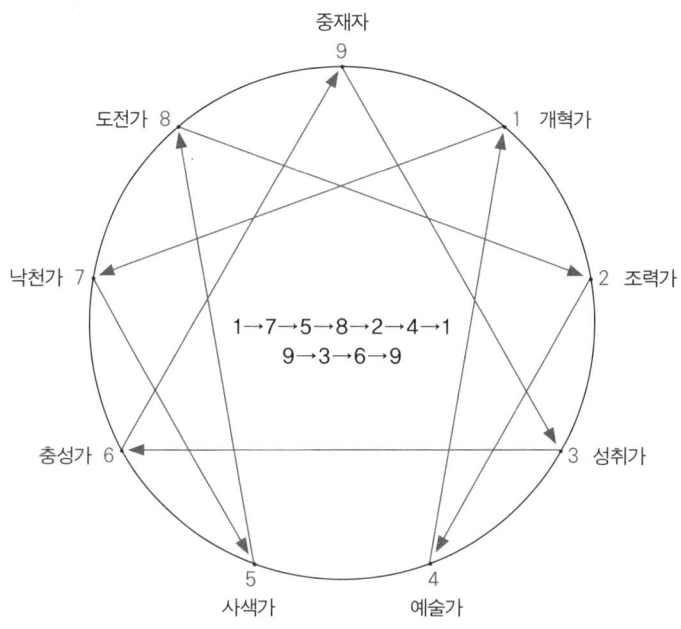

[그림6] 성장 방향 화살표

와 협동을 구축한다. 이러한 과정에서 자신이 더욱 깊이 있게 발전하고 있음을 깨닫는다. 더는 다른 누구와도 경쟁하지 않고 그들과 지속적이고 친밀한 관계를 형성하면서 그들을 지원하고 격려한다.

4번 유형 → 1번 유형 자신을 직시하고 감정을 단련하며 현실 원리에 입각해 삶을 충실하게 살아간다. 자기 훈련이 되어 객관적인 원칙에 따라 행동한다. 그리하여 더는 자신을 특별하게 생각하지 않고, 자기 방종과 면제의 욕구에서 벗어나 능동적으로 현실에 참여하며 진정한 자아를 발견한다.

5번 유형 → 8번 유형 용기 있게 결단하고 현실에 뛰어들어 체험을 통해 실천적 지혜를 학습한다. 특히 자신의 전문적인 지식을 실현하고 뛰어난 수완을 발휘할 만큼 충분히 터득하여 확신을 가지고 다른 사람을 지도한다. 더는 자신이 환경에 압도당하리라는 두려움을 느끼지 않게 되어 어떠한 상황에도 대처할 수 있음을 깨닫고 도전하게 된다.

6번 유형 → 9번 유형 담대하고 마음이 평안해지며, 상황을 다각도로 볼 수 있는 힘과 타인에 대한 수용력이 생긴다. 자신을 입증하거나 타인에게 보호받아야 한다는 생각에서 벗어나, 더욱 자신감 있고 인생을 긍정적으로 보게 된다. 타인을 수용하고 지지해 주면서 자신의 불안과 부정성을 극복한다.

7번 유형 → 5번 유형 어떤 일이든 진지하게 개입하며, 주변 환경 속에서 단순히 소모하는 존재가 아니라 공헌하는 존재가 된다. 그리고 새로운 일과 경험을 하지 못하면 행복이 사라져버릴 거라는 두려움에서 벗어나, 진정한 만족을 주는 자원을 발견하게 된다. 또 자신이 선택한 일에 집중하고 인내력과 책임감이 생긴다.

8번 유형 → 2번 유형 자신의 이익과 지위를 강화하는 대신, 이웃을 관대하게 배려하고 보살피며 타인의 행복에 관심을 갖게 된다. 더는 환경을 공격적으로 지배하지 않고, 자신의 감정에 솔직해지고 친밀감을 형성할 수 있는 능력이 생겨, 타인의 사랑과 헌신을 이끌어낼 수 있다.

9번 유형 → 3번 유형 주의력이 높아지고, 자기 확신이 생기며, 자신과 재능을 발전시키는 데 흥미를 갖게 된다. 내적 동기가 유발되면서 더 의욕적으로 자신의 삶에 뛰어 들어 활기찬 삶을 실천한다. 그리하여 누군가를 의지하며 살아야 한다는 의식을 버리고, 자신의 모습을 찾아 꿋꿋하고 강한 인물이 된다.

성경인물과 에니어그램 코칭

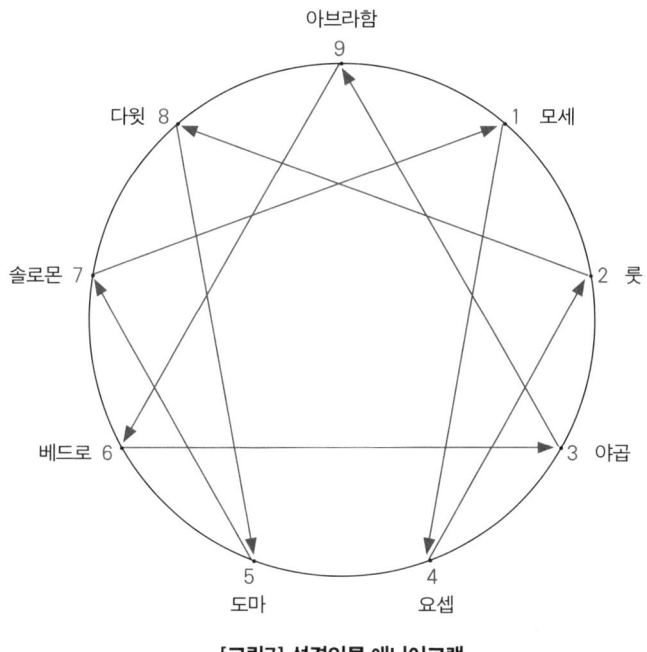

[그림7] 성경인물 에니어그램

장형(8번 다윗, 9번 아브라함, 1번 모세)

8번 도전가 유형의 대표적 성경인물은 다윗이다. 이웃나라들과 전쟁을 벌이면서 땅을 넓힌 것이나, 자기가 좋아하는 여인을 취하려고 장수 우리야를 전쟁에서 죽게 하고 그의 아내 밧세바를 후궁으로 취한 것을 보면, 정복욕이 많은 8번 기질임을 추측할 수 있다. 다윗이 성장 방향으로 살아온 모습은 전쟁터에 나간 형들에게 도시락을 가져다 준 것이나, 물맷돌로 골리앗을 물리친 장면에서 잘 볼 수 있다. 다윗의 삶 가운데서 8번 유형이 교훈을 얻는다면, 지나친 용감함이 남을 힘들게 할 때가 있고, 겸손히 섬기는 리더십을 발휘할 때 오히려 다른 사람에게 매력적인 리더의 모습으로 비춰질 수 있다는 것이다.

9번 중재자 유형의 대표적 성경인물은 아브라함이다. 조카 롯의 종과 자신의 종이 다투는 모습을 보고 평화를 위해 기꺼이 롯에게 먼저 좋은 땅을 양보한 것에서 중재자의 느긋함을 볼 수 있다. 애굽 왕을 만났을 때 왕에게 아내를 누이라고 속인 것은 겁이 많고 우유부단한 9번의 분열모습 사례로 볼 수 있다. 더 건강한 모습은 조카 롯이 북방 왕에게 잡혔을 때 군사를 데리고 작전을 세워 구출했을 때다. 아브라함의 삶 가운데 9번 유형이 얻을 교훈은, 결정해야 할 때 남에게 미루는 모습은 없는지, 책임져야 할 순간에 어려움을 피해 도망가는 모습은 없는지 살피는 것이다.

1번 개혁가 유형의 대표적 성경인물은 모세다. 불의를 참지 못하는 모세는 애굽 사람과 이스라엘 사람이 다투는 모습을 보고 분을 참지 못해 애굽 사람을 죽인다. 또 출애굽하는 과정에서 산에 올라가 십계명을 받았는데, 백성들이 우상 섬기는 것을 보고 3천 명을 죽이라고 명한다. 이러한 것은 1번 개혁가의 분노에 가득 찬 모습이다. 1번의 성장 방향은 7번 낙천가의 에너지를 얻는 것인데, 하나님을 찬양하며 즐겁게 사는 것이다. 모세의 삶 가운데서 1번 유형이 얻을 교훈은, 자신과 주변 사람에게 자주 화를 내지는 않는지 살펴보고, 즐겁게 시간을 보내는 방법과 다른 사람을 기쁘게 해주는 것에 더 관심을 갖는 것이다.

가슴형(2번 룻, 3번 야곱, 4번 요셉)

2번 조력자 유형의 대표적 성경인물은 룻이다. 결혼한 지 얼마 되지 않아 남편이 죽고 홀시어머니를 오랫동안 모시고 사는 섬기고 돕는 유형이다. 어머니가 머무시는 곳에 자신도 머물겠다는 고백은 지고지순하다. 타인을 위해 기꺼이 희생도 마다하지 않는 모습은 아름다울 수 있지만, 새로운 것을 시도하고 도전하는 용기도 필요하다. 봉사가 희생까지 가는 것보다는 하나님이 허락하시는 새로운 복된 자리가 나타날 때 그것을 받아들이는 자세도 필요하다. 자신에게 숨겨진 재능이 무엇인지 스스로 묻고 새로운 도전을 시도해 보면 좋을 것이다.

3번 성취가 유형의 대표적 성경인물은 야곱이다. 야곱은 장자에게 내리는 축복권을 얻기 위해 형과 아버지를 속이고 결국 장자의 축복을 받는다. 자기가 원하는 것은 반드시 얻어내는 승부욕이 강한 기질이다. 환도뼈가 부러지는 부상을 입으면서도 천사와 싸워 이기는 장면이나, 삼촌의 딸을 아내로 맞이하기 위해 14년 동안 삼촌 밑에서 충성스럽게 일하는 모습에서 야곱에게 3번 기질이 있음을 짐작해 볼 수 있다. 형을 만나러 고향에 갈 때, 아내와 종들은 먼저 보내고 자기는 맨 나중에 강을 건너는 장면은 위험과 갈등을 회피하는 것으로 해석된다. 주인공이나 리더의 자리가 아닌 팀원으로 섬기는 자세가 더 필요하다고 할 수 있다.

4번 예술가 유형의 대표적 성경인물은 요셉이다. 어린 시절부터 꿈을 잘 꾸고 그것을 해몽하는 능력이 있었고, 애굽에 팔려가 억울한 옥살이를 하면서도 꿈 해몽 능력을 인정받아 애굽의 총리가 되는 여정이 참 특별하다. 아버지의 사랑을 독차지하다 형들에게 미움받아 죽을 뻔한 위기도 있었고, 보디발의 집에서 보디발 아내의 유혹을 뿌리쳐 억울하게 옥살이도 하지만, 그 일은 총리가 되는 전환점이 된다. 요셉의 삶 가운데서 4번 유형이 얻을 교훈은, 특별한 존재로 사는 것은 좋지만 남들이 불편을 느끼지 않도록 배려하는 마음이 필요하고, 특별할 때만 만족하는 것이 아니라 일상에서 감사를 느끼고 표현하는 것이 필요하다는 것이다.

머리형(5번 도마, 6번 베드로, 7번 솔로몬)

5번 사색가 유형의 대표적 성경인물은 지적 호기심이 많은 도마다. 도마는 예수님의 공생애 3년을 바로 옆에서 본 제자임에도, 예수님이 부활의 몸으로 다시 오셨을 때 직접 예수님의 옆구리에 손을 넣어 만져보고 난 다음에야 부활하신 예수님을 인정했다. 도마의 삶에서 5번 유형이 얻을 교훈은, 지적 교만을 다른 사람들에게 과시하고 있지는 않은지 살펴보고, 보지 않고도 믿을 수 있는 신앙의 세계가 있음을 인정하고 용기 있게 선언해 보는 것이다.

6번 충성가 유형의 대표적 성경인물은 베드로다. 예수님의 열두 제자 중 예수님이 수제자로 인정하고, 중요한 순간마다 옆에 두거나 부탁했던 장면이 성경에 여러 번 나온다. 예수님이 사역하시는 동안 늘 옆에서 보좌하며 충성을 다했지만, 겁과 두려움이 있을 때도 많았다. 예수님 말씀을 의지해 바다 위를 걷다가 두려움에 바다에 빠지는 모습이나, 예수님이 십자가에 달릴 때 모르는 사람이라 부인하고 닭이 울자 깨닫고 크게 울었던 모습을 보이기도 했다. 베드로의 삶 가운데서 6번 유형이 얻을 교훈은, 자신의 안일을 위해 거짓을 말하지 말아야 하고, 더 큰 평화를 위해 기꺼이 헌신하는 자세가 필요하다는 것이다.

7번 낙천가 유형의 대표적 성경인물은 솔로몬이다. 솔로몬은 삶을 즐기며 사는 사람이었다. 열정 있게 적극적으로 세상을 살았지만, 나중에는 후궁을 천 명이나 거느릴 정도로 쾌락을 탐하고, 하나님이 금하신 이방 여인들과도 정략적으로 결혼했다. 한 아기를 두고 두 여인이 서로 자기 아이라고 우기며 재판을 요청했을 때, 칼로 아이를 나누어주라고 했던 이야기에서 솔로몬의 지혜로움을 볼 수 있다. 솔로몬의 삶에서 7번 유형이 얻을 교훈은, 삶이 편안할 때 나태함에 빠져 죄악의 길로 들어서지 않도록 끊임없이 공부하고 골방에서 홀로 기도하며 하나님과 교제의 시간을 가져야 한다는 것이다.

성경 에니어그램 코칭

고객의 잠재능력을 극대화하여 고객이 원하는 지점으로 갈 수 있도록 안내하는 것이 일반 코칭이라면, 성경 에니어그램 코칭은 고객의 본질적 기질과 특성에 맞추어 개인의 의식수준을 높이고, 하나님이 주신 달란트와 사명을 발견하여 하나님이 원하시는 삶을 살도록 돕는 코칭이다.

일반 코칭의 철학을 성경 에니어그램 코칭 철학으로 바꾸어 보자.

코칭의 제1철학: 모든 사람에게는 무한한 가능성이 있다.
▶ 모든 유형에는 하나님이 허락하신 존재의 탁월함이 있다. (성부)

코칭의 제2철학: 그 사람에게 필요한 해답은 모두 그 사람 내부에 있다.
▶ 그 유형에는 예수 그리스도께서 인도하시는 삶의 방식이 있다. (성자)

코칭의 제3철학: 해답을 찾기 위해서는 파트너가 필요하다.
▶ 유형에 맞는 삶의 길을 찾으려면 성령님의 도우심이 필요하다. (성령)

결론적으로 성경 에니어그램 코칭은 성부 성자 성령 삼위일체 하나님을 의지하여, 각 사람에게 허락하신 탁월한 은사를 믿고 삶의 중심에 예수님을 모시며 사는 삶인데, 그렇게 살기 위해 성령의 도우심을 요청하는 삶으로 안내하는 것이다.

참고문헌

- 돈 리처드 리소, 러스 허드슨.『에니어그램의 지혜』. 주혜명 역. 서울: 한문화, 2012.
- 록산느 머피.『에니어그램 코칭』. 김환영 역. 서울: The9, 2010.
- 엘리 잭슨 베어.『영혼의 자유 에니어그램』. 이순자 역. 서울: 슈리크리슈나다스아쉬람, 2005.

- 진저 래피드 보그다.『리더십 성격이 결정한다』. 김환영 역. 서울: 비즈니스북스, 2008.
- 김영운.『에니어그램으로 보는 성서 인물 이야기』. 서울: 삼인, 2008.
- 윤운성.『에니어그램의 이해』. 서울: 한국에니어그램 교육연구소, 2001.
- 윤운성.『한국형 에니어그램 사례집 1』. 서울: 한국에니어그램 교육연구소, 2012.

최용균

현)한국코치협회 이사(KPC), 코치합창단 지휘자
PTSA 미주장로회신학대학교 객원교수, World Mission University 겸임교수
한국기독교코칭학회 사무총장(KPCC), 이화여대 최고명강사과정 코칭교수
NLP Trainer, 에니어그램 트레이너, MBTI 일반강사, 대한민국 산업현장교수

전)한양여자대학교 외래교수, (사)한국강사협회 부회장

Part 2
행복한 가정을 세우는 크리스천 코칭

Christian Coaching
Discovery

04

행복의 열쇠, 부부 의사소통 코칭
_이명진

행복을 파괴하는 건강하지 못한 의사소통 방식

나는 크리스천 코치로 부름받기 전 이미 20년 가까이 기독교 상담사 및 부부가족 상담사로, 또 상담과 가족치료를 강의하는 교수로 섬기고 있었다. 그 당시에도 내 임상은 기독교 상담의 영성적 깊이와 가족 상담의 체계적 관점이 어우러져 상당히 효과를 발휘하고 있었다. 그러나 뭔가 2프로 부족하다는 느낌이 있었다. 첫째는 내 상담에서 내담자에게 통찰을 일으키고 방향을 제시하는 것까지는 잘 되는데, 그들이 깨달은 것을 실천에 옮겨 구체적으로 목표까지 이르게 하는 데는 미흡함이 있었다. 둘째는 내 상담이 개인과 가족까지는 변화로 이끌 수 있지만, 문제가 있는 학교, 기업, 교회까지 변화시킬 수는 없었다. 내담자의 문제를 해결하는 데 한계가 있다는 아쉬움이 있었다.

그러던 어느 날, 신실한 코치 한 분을 만나 코칭을 소개받았다. "코칭은 하나님께서 마지막 시대에 이 세상을 하나님의 나라로 변화시키기 위해 택하신 하나님의 전략입니다." 이 말은 내 가슴을 뛰게 만들었고, 나는 겸손한 마음으로 또다시 새로운 배움의 길로 들어섰다. 10년이 지난 지금, 나는 크리스천 코칭을 열심히 전파하는 사람이 되었고, 크리스천 코치를 훈련하는 일로 섬기게 되어 하나님께 감사드린다.

나는 기독상담사, 가족치료사, 라이프코치에 더하여 연동교회 권사로 섬기면서, 상담 사역과 가정 사역을 지속해 왔으며, 수많은 교회에서 결혼예비교육, 부부대화교실 등으로 부부 의사소통 코칭을 해왔다. 나는 이 장에서 그간의 다양한 임상경험과 코칭 현장에서 얻은 지혜를 나눌 것이다. 부부는 가족의 가장 중심이 되는 중요한 하위 체계로, 부부의 행복은 온 가족의 행복을 위한 초석이 된다. 이 장에서는 관계 갈등 속에 있는 부부를 행복하게 만들기 위해 코치들이 사용할 수 있는 몇 가지 접근 방법을 제시하려고 한다. 주로 바람직한 상호작용을 위한 코칭인데, 우선 부부가 일상 속에서 어떻게 역기능적인 의사소통을 하고 있는지 점검하는 것부터 시작할 것이다. 코칭에서는 목표로 가기 전 현실에 대해 점검하는 단계가 중요하므로, 이 부분은 고객이 현재 어떻게 의사소통하고 있는지 현주소를 파악하는 데 도움이 된다. 역기능적 의사소통의 유형과 그로 인한 파괴적 영향을 살펴보자.

첫째, 가장 보편적으로 나타나는 역기능적 의사소통 방식은, 상대방이 말할 때 그 의도를 헤아려가며 잘 듣지 않고 자기 생각에 빠져 감정적으로 대응하는 것이다. 여기에는 상대방에 대한 존중이나 배려는 전혀 없으며, 상대방이 말하고자 하는 것을 정확히 이해해 보려는 어떠한 기본적인 노력도 없다. 그저 들리는 대로 듣고 기분 내키는 대로 생각 없이 말하는 것이다. 이것은 모든 대인관계에 있어 오해와 다툼의 원인이 되며, 극히 사소한 문제가 커다란 문제로, 기분 좋게 시작한 부부간의 대화가 폭력 사태로 비화되는 원인이 된다.

둘째, 마음에 있는 부정적인 감정을 그때그때 말로 솔직하게 표현하지 않고 쌓아두었다가 행동으로 표출한다. 즉, 입으로는 말하지 않지만 뭔가 불만이 있음을 몸으로 강하게 말하는 것이다. 주로 신체적인 질병이나 반항적인 비행, 방황, 삶의 회피, 정신질환의 양상으로 표현된다. 자신도 왜 그런 결과에 이르렀는지 모르는 경우가 많으며, 다른 사람은 더욱 알 수가 없다. 갈등상황은 여전히 해결되지 않은 채 더 심화되면서 결국 자기 자신과 다른 사람을 망가뜨리고, 가정도 파괴되는 결과를 가져온다. 이런 경우는 문제가 곪아서 크게 터진 다음에야 외부의 치료적인 도움을 받아들이게 된다.

셋째, 입으로 하는 말과 얼굴에 나타나는 표정이나 행동이 다르다. 즉, 언어적 메시지와 비언어적 메시지가 다르게 나타나는 것이다. 이럴 경우 비언어적 메시지가 더 진실을 표현하는 경우가 많은데, 입으로는 전혀 다른 말을 하기 때문에 주변 사람들은 그 사람이나 현 상황을 이해하는 데 혼란을 겪는다. 또 일상생활에서 동시에 서로 모순되는 메시지를 보내는 경우가 많다. 이러한 이중구속적 의사소통 속에서 살아가는 사람은 눈치를 보게 되고, 무엇을 해도 결코 성공할 수 없다는 혼란스러움과 무력감에 빠지게 된다.

넷째, 말을 꺼내놓고는 아무런 정보도 없이 흐지부지 얼버무린다. 자신이 느끼는 감정이나 자신이 원하는 것에 대해 스스로 자각하지도 못하고 제대로 표현하지도 않으면서, 상대방이 스스로 알아서 해주지 않는다고 섭섭해하며 토라진다. 자신의 불행이 상대방의 탓이라는 태도를 보이면서, 어떻게 하면 자신이 행복해질 수 있는지에 대해 노력해야 할 책임을 모두 상대방에게 떠넘기는 것이다. 자기를 주장하지 못하고 수동공격적인 사람이 자주 사용하는 의사소통 방식으로, 상대방의 눈치를 보며 답답함과 심지어는 죄책감에 시달리다가, 결국에는 매우 부담스러운 관계가 되어 완전한 정서적 단절에 이르게 된다.

다섯째, 간접적으로 대화하는 것이다. 자신의 생각을 상대방에게 직접 이야기하고 그것에 대한 정확한 피드백 받는 것을 피하고, 제3자를 통해 전달함으로써 모호한 상황과 삼각관계를 초래한다. 특히 부부간에 사이가 나쁠 때 서로 힘의 균형을 맞추려는 의도에서 자녀가 도구로 희생되는 경우가 있다. 또는 자신의 힘만으로는 상대방을 통제할 수 없다고 느낄 때 다른 사람의 힘을 빌리는 수단으로 간접적인 대화가 사용되기도 한다. 이것은 자신은 위험한 관계에 직접 휘말려들지 않으려는 비겁한 태도에서 나오는 것이며, 때로 오해를 불러일으켜 사람들 간의 관계를 이간시키는 결과가 초래되기도 한다.

사람들이 이처럼 병적인 대화를 하는 것은 위험한 관계로 빠져들 것이 두려워서 피하려 하기 때문이다. 거부당하거나 무시당할까봐, 반대에 부딪칠까봐, 보복이 두려워서, 시끄러워질까봐, 비웃을까봐 대화의 위험을 감수할 용기가 나지 않는 것이다. 그러나 건강하고 친밀한 관계를 맺고 부부관계를 개선하기 원한다면, 새로운 의사소통 방식을 배워 위험한 관계로 빠져들 것을 감수하고라도 악순환의 고리를 끊겠다는 용기 있는 결단과 노력이 필요하다. 이러한 노력은 단순히 부부의 행복을 위해서만이 아니라, 자녀에게 바람직한 의사소통 방법을 가르치기 위해 반드시 필요하다. 아이들은 부모가 의사소통하는 방식을 보고 그대로 배우기 때문이다.

이마고 부부대화: "안전하면, 행복해진다"
H. 헨드릭스(H. Hendrix)와 H. L. 헌트(H. L. Hunt), 2003

이마고 모델의 이해

관계가 어려워진 부부에게 가장 많이 적용하는 의사소통 코칭 방법은 임상 현장에서 직접 이마고 부부대화를 실습하게 하는 것이다. 이마고는 라틴어로 '이미지'인데, 우리 마음 한가운데 자리 잡고 있는 심상을 의미한다. 이는 어린 시절 초기 양육자들과의 관계에서 받은 영향과 사회화 과정에서 받은 영향이 개인의 주요 성격적 특징으로 자리 잡게 된 것이다. 이렇게 무의식 속에 자리 잡고 있는 복합적인 이미지가 부부관계에 영향을 미친다. 이마고 모델은 어린 시절 발달단계에서 입은 상처에 초점을 많이 맞추므로, 정신분석이론, 대상관계이론, 발달이론에 주로 근거하고 있다.

이마고 부부치료의 목적은 '무의식적 결혼'을 '의식적 결혼'으로 변화시키는 것이다. 완전히 다른 사람이 부부로 만나 반복적으로 갈등하는 것은 아직까지 채워지지 않은 어린 시절의 결핍된 욕구를 채우려고, 미해결된 무의식의 과제를 해결하기 위해 진심으로 몸부림치고 있는 것이다. 치료사의 역할은 무의식이 하려고 하는 그 작업을 바람직한 대화의 방식을 통해 의식적으로 인식할 수 있도록 도와주는 것이다.

이마고 모델을 적용하는 코치의 역할은 부부가 서로 치료사 역할을 잘 할 수 있도록 도와주고, 두 사람의 관계가 강화될 수 있도록 촉진하는 것이다. 이마고 모델에서는 부부간의 연결감이 회복되고 안전감이 생기면 개인적 병리나 체계적인 병리가 사라지게 된다. 안전하게 느끼는 부부는 스스로 행복을 만들어낸다는 가정에서 출발하며, 관계개선을 위한 구체적 접근 방법이 바로 새로운 '이마고 대화과정'의 도입이라고 믿는다.

이마고 부부대화

효율적인 의사소통은 한쪽에서 보낸 메시지가 그 사람의 의도대로 다른 쪽에 받아들여질 때 비로소 가능하다. 이마고 부부대화법은 헌신적인 사랑의 관계를 만들어갈 수 있는 가장 효율적인 의사소통의 기술이다. 이 대화법이 배우자와의 일상생활 속에 자연스럽게 자리 잡을 수 있도록 많이 연습하는 것이 좋다. 실제로 나는 코칭 현장에서 방법을 말로 설명하는 것에 그치지 않고, 부부가 마주보고 앉아 그들이 갈등하고 있는 주제로 대화하게 하고, 그 과정을 지켜보면서 대화가 잘못 진행될 때 수정하도록 코칭한다. 이마고 부부대화법은 반영(Mirroring), 인정(Validation), 공감(Empathy)의 3단계로 구성된다.

- **반영**

상대방이 보낸 메시지 내용을 거울로 비추는 것처럼 정확하게 되돌려주는 과정이다. 반영의 가장 보편적인 방식은 '다시 말해 주는 것' (paraphrasing)이다. 다시 말하기란 상대방의 말이 무슨 의미인지 자신의 말로 다시 말해 주는 것이다. 이는 상대방의 말을 잘 듣고 이해했다는 의미다. 상대방의 메시지가 뜻하는 바를 정확히 이해하기 전에는 자신의 어떠한 반응도 상대방에게 반응한 것이라 할 수 없다. 반영의 단계에서는 상대방이 보낸 메시지를 명확하게 이해할 수 있을 때까지 반복해서 다시 말해 주어야 한다.

● 인정

듣는 사람이 말한 사람에게 자신이 들은 정보가 일리 있다고 말하는 것이다. 이는 상대방의 관점에서 그 정보를 바라볼 수 있으며, 상대방에게는 그 말이 진실임을 받아들인다는 것을 의미한다. 인정은 자신의 관점을 잠시 유보하거나 초월하여, 상대방의 경험이 실제로 존재하도록 허용하는 것이다. 전형적인 인정의 표현은 '~라는 것을 알겠어요' '당신이 ~하게 생각하고 느낀다는 것을 이해할 거 같아요' '당신으로서는 그럴 수 있겠네요. 이해할 수 있어요' 등이다. 이런 표현은 상대방에게 그의 주관적인 경험이 이상하지 않고, 나름 논리가 있음을 인정해 주는 것이다. 그러나 상대방의 말을 인정해 준다고 해서 그 관점에 전적으로 동의한다거나, 자신의 주관적 경험을 철회한다는 것은 아니다. 단지 모든 상황에서 객관적으로 바라보는 것은 불가능하다는 사실을 인정하는 것일 뿐이다. 두 사람 간의 의사소통에서는 언제나 두 가지 다른 관점이 존재하며, 어떤 경험에 대한 해석은 각자에게 진실일 뿐이다. 반영과 인정의 과정은 상대방을 세워주는 과정이고, 상호 간에 신뢰와 친밀감을 증진시킨다.

● 공감

공감은 상대방이 말하는 사건 속에서 경험했을 법한 감정을 그의 입장이 되어 상상해 보고 비쳐주는 절차다. 이 깊은 차원의 소통은 말하는 상대방의 내면에 깊이 들어가서 그의 감정을 일정 수준에서 접촉해 보려고 시도하는 것이다. 공감은 두 사람 모두 잠시만이라도 분리 상태를 초월해 진솔한 만남을 경험하도록 허용한다. 이런 경험에는 대단한 치유의 능력이 있다. 누군가 우리를 정확하게 듣고 이해하면 우리의 어린 시절의 상처는 치유된다. 우리는 "그렇게 느끼지 마라" "그렇게 생각하지 마라"라고 말하는 부모, 교사, 친척에게 상처 받았다. 배우자가 만약 "당신이 정말 그렇게 느끼고 생각하는 것을 이해해요" 하고 말한다면, 우리의 전존재가 인정받는 것이다. 우리는 비로소 복잡하고 다양한 면의 우리 자신으로서 있는 그대로 받아들여지고 존재할 수 있게 된다.

이마고 부부대화 실습 방법

- 말하는 사람이 먼저 짧은 문장으로 자신의 생각이나 감정을 표현한다.
- 듣는 사람은 분석하거나 자신의 관점을 말하지 말고, 거울로 비쳐주듯이 들은 그대로 다시 말한다. 문장이 너무 길어서 다시 말하기 어려우면 짧게 말해 달라고 요청하라. 앵무새처럼 흉내 내지 말고, 이해하고 있다는 것을 보여준다.

- 말하는 이는 듣는 사람이 분명하게 이해하지 못한 것 같으면 고쳐주고, 잘 들은 것 같으면 맞다고 말해 준다.
- 듣는 이가 말한 사람의 내용에 동의하든 안 하든 그 말을 인정해 준다.
- 이번에는 듣는 이가 말한 사람의 감정에 공감을 표현한다.

비상구 닫기(Closing the Exits)

비상구(Exit)라 함은 그게 무엇이든 친밀해야 할 관계에서 둘이 함께하는 것을 줄이거나 피할 수 있게 돕는 활동을 말한다. 예를 들면, 상대방과 같이 있지 않으려고 운동하러 간다거나, 교회에서 자원봉사로 시간을 보내는 것이다.

비상구에는 세 가지 범주가 있다. 첫째 범주는 살인, 자살, 이혼, 정신질환 등 결혼생활의 재앙에 이르는 출구로, 이런 출구는 반드시 닫아야 한다. 둘째 범주는 약물남용, 알콜중독, 외도, 심각한 질병 등으로 이 역시 심각한 회피 출구다. 셋째 범주는 일, 자녀양육, 취미, 운동, 인터넷, 스마트폰 등 일상의 활동이다. 이런 행동은 그 자체가 도피를 위한 비상구는 아니지만, 이러한 행동이 상대방과의 친밀감 형성을 피하면서 같이 있지 않으려는 목적으로 사용되면, 무의식중에 회피를 위한 비상구가 되어버린다.

상대방을 회피하는 것은 결국 자신을 회피하는 것이다. 가장 깊은 상처는 어린 시절 우리를 길러준 사람들보다 배우자와의 관계 안에서 치유될 수 있다. 배우자와의 문제에 더 많은 정서적 에너지를 집중할수록 어린 시절의 문제를 효과적으로 치료할 수 있다. 이제는 무의식적인 소원을 의식화 된 친밀한 관계 속에서 다루어 나가야 한다. 무의식적으로 회피를 위해 사용했던 비상구를 닫음으로써, 치유가 일어날 수 있는 친밀한 대인관계에 좀 더 에너지를 집중할 수 있게 된다. 변화가 일어나려면 우리는 상대방과 안전하다고 느낄 수 있어야 한다. 회피하려는 비상구를 닫고 관계의 울타리 안에 머무르기로 결정할 때 우리는 새로운 안전감을 누릴 수 있다.

그러나 익숙한 도피 출구를 닫으면 아무래도 긴장감이 생길 것이다. 처음에는 관계가 더 어렵게 느껴질 수도 있다. 그러므로 비상구를 닫을 때는 어려운 것은 천천히 하고 쉬운 것부터 닫기 시작해야 한다. 코치는 고객이 자기도 모르게 열고 있던 비상구가 무엇인지 발견하게 하고, 그 비상구를 순차적으로 닫게 함으로써 새로운 관계로 출발할 수 있도록 돕는다.

마법의 5시간: 대화 시간을 구조화하라

존 가트맨(John M. Gottman)과 낸 실버(Nan Silver), 2002

존 가트맨과 낸 실버 박사는 어떻게 하면 부부간에 애정이 식는 것을 막고 잃어버린 애정을 되찾을 수 있는지, 부부관계 개선을 위한 7가지 원칙을 제시했다. 새출발하는 신혼부부를 위한 교육에서 이 내용을 자주 언급하곤 하는데, 이는 부부가 어떤 자세로 배우자와 의사소통해야 하는지 잘 가르쳐준다.

행복한 부부를 위한 7가지 의사소통의 원칙

■ 부부만의 '애정지도'(love map)를 최신 정보로 상세하게 그리라

상대방의 생활에 완전히 무관심한 부부들이 있다. 애정지도란 상대방의 인생과 관련된 정보를 머릿속에 그려놓는 것으로, 상대방에 대한 애정이 강하면 강할수록 도면이 정확하고 상세하게 그려진다. 친밀한 부부는 상대방의 인생 목적, 사소한 고민이나 걱정, 오랜 꿈이나 희망 등 거의 모든 것을 알고 있다. 상대방을 모르면서 그를 사랑한다고 말할 수 없다. 그러므로 아무리 바쁘더라도 그날 있었던 일을 상대방에게 이야기하는 것을 대화 내용의 우선순위에 두어야 한다. 평소에 상대방에 대한 지식이나 정보를 갖고 있지 않던 부부들은 갑작스러운 변화에 부딪치면 당혹스러워한다. 서로 상대방을 잘 알고 이해할수록 실직, 질병, 퇴직 등 어려움이 찾아올 때 한층 더 굳게 결합한다.

■ 상대방을 배려하고 존중하는 마음을 유지하기 위해 처음 사랑을 기억하라

부부가 살아가면서 인격적인 결함이 보이면 존중하기가 점점 어려워진다. 그러나 자신이 선택한 상대방은 존중받아야 마땅한 존재임을 늘 기억해야 한다. 상대방을 존경하는 마음이 있으면 의견이 어긋나고 그 속에 비난과 모욕의 말이 끼어들더라도 화나는 일이 줄어든다. 상대방을 배려하고 존중하는 마음을 높이려면 처음 만났을 때 받았던 좋은 인상과 장점을 자주 이야기하고, 과거에 즐거웠던 추억을 생각해내 그때 일에 감사를 표현하면서, 파묻혀 있던 플러스 감정을 되살려내는 노력을 해야 한다.

- **상대방을 피하려 하지 말고 함께 있는 것을
  즐거워하며 진심으로 대하라**

　일상생활 속에서 서로 피하지 않고 진심으로 대하는 부부는 많은 애정예금을 갖게 된다. 그런 부부는 심한 스트레스 상황에서 충돌해도 애정예금을 인출해 손상된 부분을 복구할 수 있다. 상대방과 같이 있는 것을 좋아하고, 빨래를 개거나 함께 TV 보는 것을 즐기거나, 상대방을 최고의 친구라고 여기며 이야기 나누는 것을 즐거워할 수 있다면, 이들은 일상 속에서 이미 로맨스를 쌓아가고 있는 것이다. 이처럼 사소한 일을 함께 나누고 돕는 것이 2주간 호화로운 여행을 떠나는 것보다 부부애를 더 돈독히 해준다. 매일 20-30분 정도 서로 스트레스 받은 일을 들어주는 시간을 마련하는 것이 좋다. 차례로 이야기하면서 진지하게 들어준다. 들으면서 상대방의 감정을 이해하고 있음을 표현하며 사이좋은 친구처럼 편이 되어주면, 부부의 애정은 날로 깊어질 수 있다.

- **의사결정 시 상대방의 의견을 물어보고 반영하라**

　남편이 아내의 의견을 들어주지 않는 부부는 들어주는 부부보다 네 배나 이혼율이 높다. 남편이 아내와 결혼생활의 크고 작은 결정권을 나눠 갖는 부부의 경우, 아내가 화가 나더라도 남편에게 불평불만을 적게 하며 비난하는 말도 하지 않고 타협점을 찾아낸다. 상대방의 의견을 듣는다는 것 자체가 그를 존경하고 있다는 표시이기 때문이다. 상대방의 의견에 서로 귀 기울이는지 아닌지에 따라 결혼생활의 성패가 좌우된다.

- **해결 가능한 문제는 타협해서 해결하고,
  해결 불가능한 문제는 있는 그대로 수용한다**

결혼생활의 문제 중에는 해결될 수 있는 것과 끝까지 지속되어 결혼생활의 일부가 되어버리는 것이 있다. 가트맨은 불행하게도 69퍼센트 정도의 부부싸움은 해결되지 않은 채 지속된다고 말한다. 해결할 수 있는 문제와 해결할 수 없는 문제를 처음부터 구분할 수 있는 것은 아니다. 노년에 이르러 원만한 결혼생활을 하는 부부는, 살아가면서 다툼을 통해 많은 아픔을 겪은 후 해결되는 문제와 해결되지 않는 문제를 구별하게 된 경우다. 이들은 해결 가능한 문제는 타협하는 기술을 통해 정면으로 다루면서 문제를 줄여나가고, 해결할 수 없는 문제는 더 이상 확대해 상처를 주고받는 일이 없도록 서로 조심하면서 갈등을 피해간 사람들이다.

- **막다른 골목에 부딪친 문제는 각자 어린 시절의 상처와
  마음에 품어온 꿈을 이야기함으로써 극복한다**

어린 시절의 경험을 통해 마음속에 자리 잡은 꿈은 매우 소중하다. 상대방이 그 꿈을 우습게 보거나 부정하면 부부관계에 문제가 생긴다. 크든 작든 막다른 골목에 부딪친 문제에서 부부가 벗어날 수 있는 유일한 방법은 인생의 꿈을 서로 이야기해서 알고, 각자의 꿈에 차이가 있음을 이해하는 것이다. 그러면 상대가 그 문제를 그렇게 바라보는 이유와 서로 부딪치게 되는 근원적인 이유가 무엇인지 알게 된다. 실현하기 어려워 보이는 꿈일지라도 상대방의 꿈에 관심과 지지를 보이고, 그 꿈을 이룰 수 있게 도와주고 싶다는 마음이 생긴다면, 부부간의

애정은 더 깊어진다.

■ 함께 공유할 인생의 의미를 발견하고, 같은 방향을 바라본다

부부가 일상의 문제를 해결하며 살아가는 것을 넘어, 인생에 대해 같은 생각을 공유할 수 있다면 결혼생활은 훨씬 풍요롭고 의미 있게 된다. 결혼생활에서 중요한 목표 중의 하나가, 서로 정직하게 자신의 신념을 이야기하고 서로 귀 기울여 들어주는 분위기를 만들어내는 것이다. 어느 한 사람이 무리하게 자신의 가치관과 목표를 버리고 상대방에게 맞추는 것이 아니라, 마음이 맞는 오랜 친구처럼 상대방의 관점에 귀 기울여주는 관대함을 가지면서 서로간의 거리가 점차 줄어드는 것이다.

의사소통 시간 마련하기: 마법의 5시간(Magic 5Hours)

부부관계 개선을 위해서는 의사소통의 시간을 확보하는 것이 무엇보다 중요하다. 특히 바쁜 일상을 살아가는 현대인은 대화해야 한다는 마음만 있을 뿐 언제 대화하겠다는 실천 계획을 세우지 않아 결국에는 대화하지 않게 된다. 가트맨 박사는 자신의 연구소를 거쳐 간 부부 중 행복한 부부관계를 유지하는 부부를 장기간에 걸쳐 추적 조사한 결과, 이들이 일주일에 평균 5시간 정도 부부관계 개선과 친밀감 증진에 투자했음을 발견했다. 가트맨 박사가 제안한 5시간의 실천 덕목은 코칭에 유용하게 적용할 수 있다. 코치는 질문을 통해, 부부가 삶에서 어떻게 마법처럼 행복하게 만들어줄 시간을 마련할 수 있을지 그들만의 상황에 맞춰 찾아낼 수 있도록 도와주고, 실천 여부까지 확인해 줄 필요가 있다. 5가지 실천 항목과 이를 위한 시간 분배다.

- 출근 시 다녀온다고 말하기 전에 그날의 일정을 1분씩 간단히 말한다. (2분×5일=10분)
- 집에 와서 그날 있었던 일을 이야기하며 스트레스를 푼다. 이때 조언이나 충고를 하지 말고, 공감적으로 경청하며, 서로 편들어 주는 대화를 한다. (20분×5일=1시간 40분)
- 상대방에게 어떤 형태로든 존경, 칭찬, 인정, 감사의 표현을 자주 한다. (5분×7일=35분)
- 함께 있을 때 키스나 신체접촉 등으로 애정을 표현한다. 잠자기 전에는 잊지 말고 키스한다. 이를 통해 그날 다툼으로 생긴 나쁜 감정들이 없어진다. (5분×7일=35분)
- 일주일에 한 번 정도 부부만의 즐거운 데이트 시간을 마련하여, 애정지도를 최신의 지식으로 다시 보완하고, 좋은 추억거리를 만들면서 친밀감을 높인다. (2시간×1회)

긍정적 상호작용 계약 맺기: 되로 주고 말로 받는다
리처드 스튜어트(Richard Stuart), 1980

행동주의 부부 치료의 원리

리처드 스튜어트는, 부부가 상담받으러 오는 이유는 현재의 결혼생활에서 독신으로 살거나 지금의 배우자가 아닌 다른 사람과 살 때 얻을 수 있는 만큼의 강화물을 제공받지 못한다고 느끼기 때문이라고 했다. 따라서 남편과 아내가 문제 영역에 초점을 맞춰 불평과 공격을 일삼던 것을 그치고, 서로 자신의 행동을 조금씩 변화시켜 상대방이 좋아하는 것을 좀 더 많이 해주기로 약속한다면, 즐겁고 효율적인 방식으로 부부의 친밀감을 증진시킬 수 있다고 보았다. 부부가 서로 사랑을 느끼며 하나가 되어 삶이 풍요로워지기 위해서는 스스로 상대에게 무엇인가를 베풀어야 한다. 사랑이나 행복은 추상적인 것이 아니라 특정한 상황에서 부부 각자의 구체적인 행동으로 형성되어 가는 것이다. 상대에게 더 많이 존중받을수록 자신도 상대에게 더 잘해 주고 싶은 마음이 생긴다. 마찬가지로 자기가 상대에게 잘해 줄수록 상대에게서도 더 좋은 대우를 받게 된다. 즉, 되로 주고 말로 받는 것이다.

부부는 처음부터 상대를 자기 식으로 변화시키려고 힘겨루기를 하다가 안 되면 더는 서로 인정하지 않게 된다. 서로 벌 주는 행동을 통해 관계를 점점 악화시키며, 급기야 강박 프로세스로 들어가게 된다. 강박 프로세스란 부부가 서로 벌 주고 공격하는 악순환의 덫에 걸려드는 과정을 말한다. 이 과정에 들어가면 상대가 잘해 주는 것은 당연하게 여기고 서로 단점에만 초점을 맞추게 되어, 조금만 거슬리는 행동을 해도 민감하게 반응한다. 또 부부관계는 긴장되고 적대적인 분위기가 되며, 친밀감과 편안함은 사라지고 다정한 신체접촉과 성생활도 사라진다.

강박 프로세스가 지속되면 긍정적 경험은 줄어들고 불쾌한 자극만 늘어나 부부가 함께 있는 것이 더는 즐거운 경험이 되지 않는다. 관계 통장에 입금은 하지 않고 계속 인출만 해서 마이너스통장이 되어버리는 것이다. 위기에서 벗어나는 첫 걸음은 관계통장에 자기가 먼저 입금을 시작하는 것이다. 또 상대방이 입금하기 시작했다는 것을 알아보는 눈이 있어야 한다. 즉, 상대방의 좋은 면과 관계개선 노력을 인정하는 눈이 있어야 한다.

긍정적 상호작용 코칭 단계

■ **1단계: 코칭 목표를 달성하기 위해 부부를 동기화한다**

오랫동안 악순환의 덫에 걸려 있던 부부는 새로운 상호작용을 하는 것에 다음과 같은 이유를 대며 저항한다.

- 그동안 노력해도 안 되었으니 이번에도 소용없을 거라 생각한다.
- 자발적인 것이 더 가치 있고 계약에 따른 것은 필요 없다고 말한다.
- 사랑한다면 표현하지 않아도 자기 마음을 알고 있어야 한다고 생각한다.
- 비난하기와 이름 붙이기를 통해 상대방 행동의 동기를 의심한다.
- 절차가 복잡해 시작하기가 어렵고 계속 실천하기도 어렵다고 말한다.

코치는 따뜻하지만 단호한 태도로 이 방법이 틀림없이 좋은 결과를 만들어낼 것이라는 믿음을 주어야 한다. 부부 코칭에서 이 기법을 많이 사용하는데, 처음에는 저항하던 부부도 마지못해 실행하다 보면 잃어버렸던 희망을 되찾고 사이좋은 부부로 거듭나는 것을 경험할 수 있다.

- **2단계: 부부가 각자 자신의 기대 리스트를 작성해 서로 알려주어야 한다**

일주일 동안 종이와 펜을 들고 다니면서, 생각날 때마다 자기가 좋아하는 것과 상대방이 좋아하리라 생각하는 것을 20가지 정도 적어오라는 과제를 준다. 이때 어떤 기대를 어떻게 적어야 하는지 분명한 지침을 제시하는 것이 중요하다. 기대 리스트 작성 지침은 다음과 같다.

- '하지 마세요'가 아니라 '해주세요'라고 능동적으로 표현한다.
- 과거에 심각한 갈등을 일으켰던 항목은 쓰지 않는다.
- 배우자가 아주 큰 노력을 해야만 할 수 있는 항목은 쓰지 않는다.
- 더 구체적으로 세부조항을 정확히 기록한다.
- 태도가 아니라 행동에 초점을 맞추는 단어를 사용한다.

상대방에게 부탁하는 것은 상대방이 언제, 무엇을, 어떻게 해야 하는지 분명히 쓰고, 자기가 요구하는 것을 상대방이 제대로 파악했는지 확인하는 과정을 꼭 거친다. 단, 요구사항이 상대방에게 큰 희생이 되지 않고 실행하기 쉬운 것이어야 한다. 시행되지 않았을 경우 거기에는 갈등요인이 내재해 있는 것이므로 재차 요구하지 말고, 그 문제는 차차 갈등해결의 방법으로 해결하도록 한다.

■ 3단계: 행동변화의 계약을 체결한다

부부 각자는 상대방이 기록한 목록에서 자신이 할 수 있는 것과 할 수 없는 것을 알려주고, 매일 상대방에게 요구받은 행동 몇 가지를 실천하기로 약속한다. 부부 각자는 자기가 먼저 결혼생활에 충실하려고 노력한다는 증거로, 상대방이 원하는 행동을 하면서 매일 어떤 행동을 서로 주고받았는지 행동의 종류와 빈도를 기록한다. 또 부부는 싸움을 조정하는 전략을 짤 수도 있다. 즉, 상대방에게 싸움을 그만두고 싶다는 의사를 표현하는 신호를 정하는 것이다. 여기서 서로 상대방에게 신뢰를 증진시킬 수 있는 변화에 대해 협의할 수도 있다. 명시적이든 묵시적이든 행동계약은 호혜의 원리에 따라 맺어져야 한다.

■ 4단계: 목록이 확정되면, 상대방이 가장 좋아할 거라 생각되는 것을
상대방에게는 알리지 않은 채 하루에 한두 가지씩 실행하며
반응을 관찰한다

일주일쯤 시행한 후 상대방이 자신의 배려를 알아차렸는지, 그것을 고맙게 여기는지 등에 대해 긍정적인 피드백을 교환한다. 그러는 동안 서로 긍정적인 감정이 커져간다. 그동안 시행했던 것을 바탕으로 상대방을 좋게 해주기 위해 언제 무엇을 얼마나 자주 할 것인지에 대해 계약을 맺는다. 두 사람이 잘 볼 수 있는 곳에 계약서를 두고 실행한다. 실행하면서 협상을 통해 계약내용을 수정하거나 추가하기도 한다. 계약이 잘 지켜지기 시작하면 이제는 둘 다 좋아하는 것을 더 많이 함께 할 계획을 세운다. 각자의 목록에서 서로 일치하는 것부터 우선하며, 둘 다 좋아했는데 오랫동안 해오지 못한 것이나 새로운 취미활동 같

은 것을 머리를 맞대고 생각해낸다. 할 일이 정해지면 언제, 무엇을, 어떻게, 얼마나 오랫동안 할 것인지 세부적인 것도 합의한다.

부부관계 갈등을 개선하고 행복한 부부로 거듭날 수 있도록 도와주는 몇 가지 코칭 방법론을 살펴보았다. 가정은 하나님의 사랑이 시작되는 곳이고, 하나님나라가 구체적으로 실현되는 곳이다. 부부는 가정의 시작이고 가정의 중심이기도 하다. 부부가 행복해야 자녀도 행복할 수 있다. 부부의 행복은 가정 행복의 초석이며, 바람직한 의사소통과 상호작용은 부부 행복의 열쇠가 된다.

참고문헌

- 김영애.『사티어 빙산의사소통』. 서울: 김영애가족치료연구소, 2010.
- 로버트 셔만, 노만 프레드만.『부부 가족치료기법』. 김영애 역. 서울: 김영애가족치료연구소, 2006.
- 릭 브라운.『이마고 부부관계치료』. 오제은 역. 서울: 학지사, 2009.
- 마셜 B. 로젠버그.『비폭력 대화』. 캐서린 한 역. 서울: 바오, 2004.
- 존 가트맨, 낸 실버.『행복한 부부 이혼하는 부부』. 임주현 역. 서울: 문학사상사, 2002.
- Hendrix, H. & Hunt, H. L. *Getting the Love You Want*. NY: Atria Books, 2003.
- McGraw, Phillip C. *The Relationship Rescue Workbook*. NY: Hyperion, 2000.

- McKay, M. & Fanning, P. & Paleg, K. *Couples Skills*. CA: New Harbinger Publications, 1994.
- Stuart, Richard B. *Helping couples change*. NY: Guilford Press, 1980.

이명진

현)다움상담코칭센터 원장. 경희대학교 겸임교수
PTSA 미주장로회신학대학교 객원교수, World Mission University 겸임교수
기독교상담 감독, 사티어가족치료 전문가
한국기독교코칭학회 부회장. 한국기독교상담심리학회 부회장
전문크리스천코치. 학습진로코치(KPC/KPCC/KEPC)
NLP Master Practitioner

전)연세대학교 겸임교수, 연세상담코칭지원센터 임상책임교수, 명지대학교 겸임교수

한국외국어대학교 불어과(BA)
University of Cincinnati 대학원 정치학 석사(MA)
연세대학교 연합신학대학원 신학 석사(Th.M)
연세대학교 대학원 상담코칭학 박사(Ph.D)

05

사이좋은 부모자녀 관계 코칭
_ 황지영

"내가 오늘 명하는 모든 명령을 너희는 지켜 행하라 그리하면 너희가 살고 번성하고 여호와께서 너희의 조상들에게 맹세하신 땅에 들어가서 그것을 차지하리라"(신 8:1). 하나님은 우리 자녀들을 통해 하나님의 의와 구원이 다음세대까지 이어지기를 간절히 바라신다. 부모가 하나님의 말씀을 따라 살고, 자녀도 약속의 자녀로서 하나님의 말씀을 품고 살아가기를 원하신다. 하나님의 바람, 하나님의 이런 소원은 어떻게 이루어질까? 가정에서 믿음의 전수를 통해 이루어진다.

그러면 부모가 어떻게 소통하고 양육해야 이런 은혜를 누릴 수 있을까? 부모가 좋은 코치가 되면 가능해진다. 코치는 '선수를 잘 뛰게 하는 존재'다. 자녀를 잘 뛰게 하는 부모, 자녀가 영적 인격적 사회적으로 성숙한 사람으로 살아가게 하는 부모가 된다면 얼마나 멋지겠는가.

어린 자녀와 사이좋은 부모 코칭:
애착, 자존감, 용기, 길러주기 ─

"하민아 속상했지? 네가 잘 때 엄마가 외출해서 많이 놀랐지?" 딸이 둘째를 임신한 후, 딸 가정과 합가한 지 1년쯤 되었을 때다. 우리는 살림을 합칠 때 몇 가지 규칙을 정했다. 규칙이라고 해서 대단한 것은 아니고, 큰아이 하영이는 할미인 내가 데리고 자기, 아직 아기인 둘째 하민이가 울면 처음에는 엄마가 달래기, 10분이 지나도 안 그치면 아빠도 달래기, 20분이 지나도 안 그치면 할미인 나까지 동원하여 달래기 정도였다. 부모인 딸과 사위의 자녀양육 잠재력을 믿고 코치의 기본자세를 견지하는 것이었다.

어느 토요일 밤 생후 6개월이던 하민이가 한밤중에 울기 시작하더니 그치지 않았다. 20분이 넘도록 운 것 같은데, 처음에는 서럽게 울더니 나중에는 화까지 내며 북받쳐 울었다. 자다가 깨어 달려가 보니 엄마 아빠가 어쩔 줄 몰라 허둥대며 응급실에 가려고 준비하고 있었다. 문득 아이가 이렇게 우는 데는 이유가 있다는 생각이 들어, 낮에 무슨 일이 있었는지 물었다. 토요일 아침 사위가 딸을 위해 아기를 몇 시간 봐주기로 해, 딸이 큰아이를 데리고 외출했던 것이다. 외출할 때 마침 아기가 자고 있어서 조용히 나갔고, 사위는 아기가 깬 후 딸이 미리 짜 놓은 모유를 데워 먹였다. 외출에서 돌아온 딸은 모처럼 큰아이와 좋은 시간을 보냈다며 사위에게 고마워했고, 사위도 별일 없이 육아를 감당했다고 뿌듯해했다. 그런데 한밤중에 아기가 울기 시작한 것이다.

아기는 울음을 그치지 않았다. 열도 나지 않았고 먹은 게 잘못 된 것 같지도 않았다. 응급실에 가기 전 아기를 안고 딸에게 물어보았다. "나갈 때 아기와 소통하고 가지 않은 게 이번이 처음이지?" 딸은 무슨 말인지 알아듣고는 아기에게 말했다. "하민아, 낮에 네가 잘 때 엄마가 말도 안하고 외출해서 속상했니? 다음부턴 꼭 너에게 말하고 외출할 게." 딸은 아기에게 사과했다. 그리고 "엄마는 하민이를 정말 사랑해!" 하고 말해 주었다. 아기는 마치 그 말을 알아듣기라도 한 듯 금방 울음을 그쳤다.

엄마가 종일 아기를 돌봐야 한다는 말이 아니다. 둘 사이에 신뢰와 애착이 형성되어 있으면, 엄마가 부재중이어도 불안감 없이 기다릴 수 있다. 다만 대상을 항상 신뢰할 수 있는 '대상항상성'(Object Constancy)이 생길 때까지는 아기를 떠나지 않는다고 안심시켜주어야 한다.

영아기에 가장 중요한 것

아기가 태어나 세 살이 되기 전까지를 일컫는 영아기에는 애착이 가장 중요하다. 애착은 사랑하는 사람과 관계를 맺고 유지하는 것을 말한다. 아기에게는 엄마와의 애착관계가 삶의 기반이 된다. 애착관계를 바탕으로 평생 다른 사람과 신뢰관계를 형성해 가기 때문이다.

에릭슨(E. Erickson)은 자녀의 영아기 발달과제로 '기본신뢰'를 꼽았다. 이 기본신뢰는 애착을 통해 형성된다. 애착은 영국의 정신분석학자인 존 볼비(J. M. Bowlby)가 처음 고안해낸 개념으로, 아기와 엄마 사이가 대표적인 애착관계다. 아기와 엄마는 서로 사랑하는 애착관계를 형성하려고 애쓰는데, 이것은 하나님이 주신 본능이다. 애착을 형성하려면 부드러운 피부접촉과 따스한 시선으로 바라보고 웃어주고 안아주는 것이 필요하다. 그래서 자녀가 아기일 때 엄마는 몸을 움직여 안아주고 놀아주고 만져주어야 한다.

애착이 건강하게 형성된 아기는 자신이 사랑받을 만한 존재라고 느낀다. 안정된 애착이 형성된 아기는 엄마에게 신뢰감을 가지고, 그것을 바탕으로 자신 있게 주변을 탐색하며 사람들과 안정된 관계를 발전시킬 수 있다. 그러나 애착이 불안정한 아기는 엄마와 떨어지지 않으려 하고, 다른 사람과 관계도 잘 맺지 못하며, 공격적인 행동을 보이기도 한다. 또 부정적인 자아상을 갖게 되며 사람에 대한 신뢰도 없다. 그러다 보니 지나치게 눈치를 보고, 필사적으로 친근감을 가지려고 하며, 어른스럽게 보이려 애쓰고, 인정욕구와 애정욕구도 지나치다. 따라서 부모는 애착 형성에 성공해 자녀와 신뢰를 쌓고 자녀의 자존감 형성에 애쓸 필요가 있다(전성수, 『자녀교육혁명 하부르타』, p.50).

어릴 때 부모가 너무 바빠서 혹은 부모 자신이 애착이 형성되지 않아서 아이를 안아주지 못한 경우, 그 아이가 자라 어른이 되면 자기 때문에 다른 사람이 힘들까 신경 쓰느라 무척이나 힘들어한다. 인간관계에 어려움을 겪는 사람 대부분이 애착문제가 있다.

애착 형성에 도움이 되는 것

애착 형성에 필요한 것은 사랑과 관심과 믿음이다. 아기들이 애착 형성에 실패하면 불안과 두려움에 시달리게 된다. 불안정 애착의 대표적 증상이 바로 분리불안이다. 애착 실패는 '반응성 애착장애'를 일으키는데, 자폐 같은 무반응, 다른 사람에 대한 무관심 등이 대표적인 장애다. 애착 실패를 겪은 아이들은 애착 대상을 선택하는 능력도 부족해 그 대상을 무분별하게 선택하기도 한다. 낯선 사람에게도 지나치게 친근감을 나타내 위험한 상황에 놓이는 일도 있다. 애착 실패는 공격성과 폭력성을 보이는 반항성 장애, 틱 장애, 강박 장애, 편집 장애, 주의력결핍 과잉행동 장애(ADHD), 공황 장애, 선택적 함묵증 등 다양한 심리 장애로 나타날 수 있다(『자녀교육혁명 하부르타』, p.62).

애착 형성을 돕는 데는 모유수유가 도움이 된다. 모유수유가 불가능하더라도 주양육자가 아기를 심장 가까이 안고 시선을 맞추며 젖병을 물려야 한다. 또 주양육자가 고정되는 게 애착 형성에 좋다. 아기에게 주양육자가 바뀌는 것은 마치 지진이라도 난 것처럼 아이를 불안과 스트레스 상황에 노출시킨다.

생후 3년까지는 부모가 직접 키우는 게 가장 좋고, 그러지 못하다면 적어도 생후 3년까지는 주양육자가 바뀌지 않아야 한다. 출생 후 1년이 되기 전에 무관심 가운데 방치된 아기는 분리불안이 크게 자리를 잡아 아이의 잠재력을 빼앗는다. 전성수의 『자녀교육혁명 하부르타』에 따르면, 안정된 애착이 형성되지 않으면 전두엽 발달에 장애가 생겨 자제력이 떨어지고, 반사회적인 행동을 억제하는 능력도 낮아 충동적이고 공격적이며 반항적인 아이가 된다. 애착이 불안정한 아이는 낯선 사람이 나타나면 필사적으로 부모에게 매달리는데, 시간이 가도 그런 태도를 버리지 못하면 만성적인 내적 불안으로 고통을 겪는다. 이런 아이는 심한 우울증이나 심각한 공포증을 겪기도 하고, 공격적인 성향을 보이기도 한다.

애착을 형성하는 데는 놀아주는 게 가장 좋다. 3세까지 부모와 좋은 경험을 쌓으면 그 경험이 무의식에 저장되어 긍정적인 정서와 성품이 형성된다. 3세 미만의 아이와 함께 놀기 위해서는 눈높이를 맞추고 아이와 교감하면서, 아이가 하고 싶어하는 것을 함께 즐기면 된다. 거창한 놀잇감도 대단한 전문지식도 필요 없다.

긍정적인 자아상 형성하기

애착은 평생이 걸린 삶의 기반이다. 안정된 애착은 긍정적 자아상을 형성한다. 아기는 엄마와 자신을 구분하지 못하기 때문에 배고파서 울 때 엄마가 달려오면 자신이 젖(엄마)을 창조해냈다고 여기는 '전능한 자아상'을 갖게 된다. 이것이 긍정적 자아상의 기초다. 아기가 자라면서 칭찬받고 격려받으며 엄마와 안정된 애착을 형성하면, '나는 무엇이든 할 수 있다'는 전능한 자아상이 '나는 할 수 있다'라는 유능한 자아상(긍정적 자아상)으로 변한다.

애착이 이렇게 중요한 것은 애착은 본능이자 하나님이 주신 안정장치이기 때문이다. 아기가 태어나 3년 이내에 안정적인 애착을 형성하지 못하면, 기본신뢰를 형성할 수 없어 평생 아무도 신뢰하지 못하게 된다. 옛날에는 손 탄다고 아무 때나 아기를 안아주지 못하게 했는데, 사실 그러면 안 된다. 아기들은 필요하니까 안아달라고 하는 것이다. 그러니 아기를 훈련한다고 안아주지 않거나 충격을 가하거나 때리면 절대 안 된다. 정서적 충격은 뇌의 변연계에 영향을 미쳐 충동 조절에 문제가 생기곤 한다. 애정 결핍은 다음세대까지 영향을 미친다. 안정된 애착이 형성된 아기는 다른 사람을 존중하고 공감하며 올바르게 판단할 수 있고, 감정을 조절할 수 있으며, 긍정적 자아상을 갖게 된다.

이런 사례를 볼 때 자녀가 어릴 때 안정 애착을 형성하는 것은 부모에게 매우 중요한 과제다. 그렇다고 무조건 가정에서 자녀를 돌보아야 만 건전한 애착이 형성된다는 말은 아니다. 아이를 잘 키우기 위해 돈이 더 필요한 것도 아니다. 더 좋은 것을 해주려고 돈을 번다는 식으로 방치를 정당화하는 부모도 있다. 그러나 아이는 기다려주지 않는다는 사실을 기억하라. 각각의 환경에 따라 직접 양육하거나 대리양육자가 양육할 수 있다. 무엇보다 자녀에게 관심과 시간을 양적 질적으로 더 가치 있게 투자하는 것이 중요하다.

아이와 함께 놀 수 있는 부모는 아이를 망치지 않는다. 초조해하지 않고 아이의 마음을 읽어주고, 아이와 시간을 보내며 아이에게 공감해주면, 아이의 뇌에 긍정적 정서가 쌓이고 긍정적 자아상이 형성되어 좋은 성품의 아이로 자라날 것이다.

용기를 길러주고 열등감을 없애주라

학령기란 초등학교 입학 직전부터 초등학생 시기를 말한다. 이 시기의 발달과제는 친구 사귀기다. 가정에서 부모와 애착이 부족하면 사회적 유능감이 부족해 친구 사귀기에 어려움을 많이 겪는다.

이 시기에 배워야 할 또 다른 발달과제는 학업성취를 통한 근면성이다. 근면성이란 어떤 과업을 완수하고자 노력하는 능력, 부지런함, 집중력, 지구력의 성품이다. 근면성은 과제를 완수했을 때 얻는 만족과 즐거움에서 생기는 것으로, 부모에게서 인정과 칭찬을 받을 때 생긴다. 지금 당장 1등을 하거나 100점을 받는 것이 중요한 것이 아니다. 공부하는 법을 익히고, 원하는 결과가 나오지 않더라도 좌절하거나 포기하지 않고 극복하는 능력을 배워야 한다.

성경은 "예수는 지혜와 키가 자라가며 하나님과 사람에게 더욱 사랑스러워 가시더라"(눅 2:52)고 말한다. 자녀들이 예수님처럼 성장하기 원한다면 부모가 먼저 예수님처럼 지혜, 건강, 하나님 사랑, 사람 사랑 그리고 건강과 지혜가 충만해야 한다. 그리스도 안에서 자신이 어떤 존재인지 아는 사람은, 하나님의 사람으로서 자존감이 높아 세상 가운데서 용기 있게 행동할 수 있다. 자존감이 자신에 대한 신념이라면, 용기는 자존감을 가진 사람이 느끼는 감정이다. 용기는 이미 알고 있는 목표를 위해 어느 정도 예상 가능한 위험을 기꺼이 감수하려는 마음이다. 학령기에 필요한 용기를 길러주려면 낮은 자존감을 피해야 한다.

자존감 곧 자기존중감이란 자기 자신에 관한 생각이다. 만약 자신을 무능하고 사랑 받지 못하고 그럴 자격이 없다고 생각한다면, 그래서 자신을 긍정적인 시선으로 바라보지 못한다면 자존감이 낮아진다(마이클 H. 팝킨, 『부모코칭프로그램 적극적인 부모역할』, p.159). 자녀를 격려하여 자존감을 높이고 싶다면 하나님의 품성을 길러주어야 한다. 품성은 한 개인의 가치, 신념, 태도, 행위, 성격, 특성을 합친 집합체다. 품성교육, 인성교육이 자녀에게 긍정적인 자질을 길러준다는 뜻이다.

좋은 품성은 그릇된 일을 할 수 있는 상황에서도 기어코 옳은 일을 하려는 용기다. 예를 들어, 법을 지키는 이유가 법을 위반하다가 붙잡히면 처벌받을 것이 두렵기 때문이라면, 이것은 품성이 아니라 두려움이다. 이런 사람은 법을 피할 방법만 있으면 얼마든지 법을 비껴갈 것이다. 우리는 자녀에게 두려움에 근거한 순종을 가르치는 것이 아니라, 어떤 위험이 닥치더라도 결국은 옳은 일을 해내려는 성품을 길러주어야 한다. 이때 용기가 필요하다. 자신을 능력 있고 사랑스러운 긍정적 존재로 여기고 좋은 시선으로 바라보면 자기존중감이 높아진다. 그러면 위험을 감수하려는 마음, 즉 용기가 격려를 받는다. 격려받아 자기존중감이 높은 아이는 타인에게도 긍정적인 방식으로 접근하고, 일어나는 일에 책임지며, 삶을 주도적으로 살아간다.

순종적이고 착한 아이가 있었다. 부모는 그것을 칭찬했고, 아이는 부모의 요구가 부당하거나 버거워도 부모의 칭찬을 받으려고 꾹 참았다. 이것은 칭찬도 올바른 양육도 아니다. 아이의 자기존중감을 억누른 것이고, 부모의 요구가 부당하고 지나쳐 힘들어도 거부하거나 부인할 용기를 억압한 것이기 때문이다. 부모에게 무조건 순종하는 것도 문제일 수 있다. 정당하게 자기 의견을 말하지 못하게 하는 것도 옳지 않다.

용기는 잠재력의 심장이다. 용기를 길러주려면, 첫째 장점을 구축해 주어야 한다. 교육학에 '피그말리온 효과'라는 이론이 있다. 누구든 장점을 기대하고 격려하면 그런 사람이 되려고 노력한다는 것이다. 우리 자녀에게는 하나님이 새겨 놓으신 장점이 있다. 은사 없는 사람이 없고 장점 없는 사람이 없다. 문제는 그 은사와 장점이 격려받는 것이다. 장점을 격려할 때는 먼저 잘한 것에 초점을 두기보다 노력한 부분을 격려하는 것이 중요하다. 부모는 자녀의 완전함을 목표로 하는 것이 아니라 진보와 발전을 목표로 해야 한다. 또 부모나 자녀 모두 실수할 수 있음을 인정해야 한다. 그래야 실수가 벌어진 상황 곧 미진하고 미완성인 상태를 견딜 수 있다.

자녀를 훈육해야 한다면 자녀라는 한 인간의 가치와 그의 행동을 구분해 행동만 가지고 이야기해야 한다. 모든 사람에게는 성격과 기질을 합친 고유성이 있다. 이런 독특성을 감지하는 부모가 되어야 한다. 에디슨과 아인슈타인도 단점으로 볼 수 있는 독특성을 부모가 존중해 주었기에 놀라운 과학자가 될 수 있었다.

둘째, 자녀를 신뢰하고 존중해야 한다. 다음 같은 말은 많이 할수록 좋다. "엄마 아빠는 네가 정말 자랑스러워." "조금만 노력하면 된단다. 힘내라!" "도와줘서 고마워." "엄마는 네가 얼마나 소중한지 몰라." "우리 다시 해보자." "실수해도 괜찮아." "너의 그런 모습이 참 대견하구나." "엄마 아빠는 변함없이 너를 사랑한단다."

부모는 자녀를 하나님이 주신 용기 있는 사람으로 키워야 한다. 자녀에게 믿음의 담력이 없으면 삶의 영역 곳곳에서 패배자가 된다. 세상은 엄청난 힘으로 곧은 요새처럼 우리를 압도한다. 그런데 하나님께서 '두려워하지 말고 말씀대로 나아가라. 내가 너희에게 준 언약대로 나아가라'고 말씀하실 때 용기를 얻어 나아간 사람은 이 땅에서 천국을 맛보며 살았다. 반대로 물러선 사람은 실패자가 되어 긴 고통 속에서 회한을 품고 살았다. 용기 있게 세상을 사는 일은 쉽지 않다. 이 세대를 본받지 않는 것도 용기다.

딸과 사위는 코로나19가 활개치며 온 세상을 잠식할 줄도 모르고 2020년 2월 연구년을 맞아 미국으로 떠났다. 초등학교 2학년에 올라가는 큰손녀가 그곳 학제에 맞추어 학교에 다니기 시작했는데, 낯선 학교생활이 힘들어 매일 울었다. "엄마 아빠, 학교에도 하나님이 계세요? 나를 여기서도 지켜주시나요?" 학교에서 도시락을 먹을 수 없어 데리러 간 차에 타고나서야 안심하고 도시락을 먹는 딸을 지켜보는 부모의 마음이 어땠을까? 딸과 사위는 하나님의 말씀을 카드에 써서

가방에 달아주고, 매일 안고 기도하고 격려하면서 아이가 학교를 두려워하지 않고 다닐 수 있도록 도와주었다.

다행인지 불행인지 등교하고 2주 만에 코로나로 학교가 문을 닫고 온라인 수업으로 전환하면서 길고 긴 코로나 레이스가 시작되었다. 한국에서는 봄에 새 학년이 시작되는데 미국은 가을에 새 학년이 시작된다. 그래서 손녀는 2학년에 배정되긴 했지만 1학기를 건너뛰고 2학년 2학기를 시작한 셈이었다.

딸 부부는 아이의 코치가 되었다. 주중에는 학교 공부를 잘 할 수 있도록 신뢰하고 기다려주었다. 아이의 강점을 길러주었고, 잠재력을 믿어주었다. 토요일에는 언어가 부족한 아이들에게 언어를 가르쳐주는 학교 프로그램의 도움을 받았다. 그렇게 한 학기가 지나고 8월이 되어 한 학기 만에 3학년에 진급했을 때 받은 성적표는 다행히 안심할 정도는 되었다. 성적이 만족스러웠다기보다는 부모가 코치가 되었기에 더는 다른 아이들과 비교하거나 아이를 다그치지 않고 아이의 잠재력을 믿고 기다려주었다.

새 학년이 되고 가을 학기가 지나 겨울방학을 맞이했을 때, 손녀는 더는 읽기와 쓰기와 말하기를 두려워하지 않았다. 오히려 적극적으로 변해 코로나가 종식되어 학교에 갈 날을 간절히 기다리고 있었다. 영상통화를 해보니 울며 힘들어하던 아이는 온데간데없고 명랑하고 쾌활한 아이가 화면에 있었다. "할머니 나는 이제 학교가 재미있어요. 영어도 이제는 두렵지 않아요. 엄마랑 아빠는 우리가 영어를 힘들어하는 게 당연한 거래요, 실수해도 다시 하면 된다고 했어요."

딸과 사위는 아이의 상태보다는 하나님을 신뢰하고 기도하며 손녀를 격려하고 있었다. 그 결과 손녀는 미국이라는 나라를, 미국 학교를 두려워하지 않게 되었다. 영어 과제도 힘들어하지 않고, 30여분 동안 과제를 검사하는 선생님과 농담을 즐기는 아이가 되었다. 며칠 전 손녀의 사진을 보니 자신을 자랑스러워하는 얼굴이었다. 코치로서 아이의 잠재력을 믿고 아이 속에서 강점을 끌어낸 딸과 사위가 자랑스러웠다. 하나님 은혜에 감사했다.

청소년 자녀와 사이좋은 부모 코칭: 힘겨루기를 피하고 정체성 길러주기

사실 청소년 시기의 여러 증상은 엄마의 태중에서부터 시작된다. 태중에서 안전과 안정을 느끼고, 태어나서도 깊은 신뢰 안에서 엄마와 애착을 형성했다면, 학령기에 학습발달이 좀 늦어도 장점을 발견해 자존감이 건강하게 자랄 수 있다. 이런 청소년은 자기가 누군지, 어디서 와서 어디로 가고 있는지, 이 땅에서 자기의 사명은 무엇인지 알고 있다. 부모라면 누구나 그런 자녀를 바라보는 뿌듯함을 누리고 싶을 것이다.

인간의 심리와 성적 발달 단계를 논한 에릭슨에 따르면, 청소년기의 과제는 자아정체감의 확립이다. 그러나 자아정체감이라는 발달과제는 이 시기에 새롭게 등장하는 것이 아니라 태아, 영아, 유아, 학령기의 모든 발달과제를 점진적으로 획득했을 때 확립된다. 피아제(Piaget)의 인지발달 단계에서 청소년 시기는 형식적 조작기에 해당한다. 이

시기의 자녀는 연역적 귀납적 사고가 가능하고, 자신의 의견과 다른 사람의 의견을 비교 관찰하며, 가치관을 정립하는 능력이 발달한다.

청소년이 부모에게 부정적으로 접근하는 방식

드라이커스(R. Dreikurs)와 딩크마이어(D. Dinkmeyer)는 아이들의 부적절한 행동에는 나름 목적이 있다고 한다. 왜 그런 행동을 했는지 심리적 욕구 차원에서 바라보면, 아이들은 손해 보는 일은 하지 않는다는 것을 알 수 있다. 쉽게 말해, 아이들은 얻어맞으면서도 부모와 접촉하고자 한다. '이렇게 하면 어떤 이득이 있을까?' 하고 생각한다는 것이다.

청소년 시기의 자녀가 부모에게 접근하는 방식에는 여러 가지가 있는데, 부정적인 방식으로는 부당한 관심 끌기, 반항, 앙갚음(복수하기), 과도한 회피, 비행 등이 있다. 자녀의 자존감이 낮으면 용기가 없어서 5가지 목적(관심받고 소속되기, 독립과 힘을 주장하기, 억울함 호소하기, 크느라고 숨고르기, 도전과 모험하기)을 성취하려고 부정적인 접근방식을 선택한다(『십대의 적극적 부모역할 훈련』, p.22).

● **부당한 관심 끌기**

아이는 소속감을 느끼기 위해 자기가 관심의 중심에 서야 한다는 잘못된 신념을 가지고 있다. 부모가 그런 행동을 고쳐주려 지적하면 자녀는 자신이 원하는 것, 즉 부모의 관심을 받는 셈이 된다(『십대의 적극적 부모역할 훈련』, p.27). 이처럼 자녀가 접촉의 욕구를 잘못된 방식으로 구현하는 것이 '부당한 관심 끌기'다. 접촉의 욕구가 잘못된 방식으로 성취되면 훈육하려는 부모의 목적은 사라지고 만다. 그러면 어떻게 해야 할까? 부정적 접근방식을 지양하고 긍정적 접근방식을 사용하게 하려면 아이가 원하는 접촉 행동이 아닌 엉뚱한 행동을 하면 된다. 예를 들면, 아이가 원하는 접촉의 욕구를 파악했으면 잔소리나 훈계로 아이의 욕구를 충족시키지 말고, 부모가 주도권을 갖는 것이다. 지금 발생한 상황에 아이가 어떤 모양으로든 기여하게 하거나 부모를 돕게 하면, 부모와 접촉하고 싶었던 욕구를 긍정적인 방식으로 만족시키게 되는 것이다.

● **반항**

청소년기의 아이는 자기가 다 컸다고 생각한다. 그래서 힘을 갖고 싶어하고 독립을 주장한다. 그게 여의치 않을 때 쓰는 방법이 '반항'이다. 아이들은 "싫어"라고 말할 때 "안 돼"라고 말하는 위치에 있는 사람이 더 힘이 세다고 느낀다(『십대의 적극적 부모역할 훈련』, p.27). 자녀가 "싫어요"라고 할 때 독재적인 부모는 자녀와 더 자주 다툰다. 반면, 허용적인 부모는 반항적인 자녀에게 쉽사리 양보해 버리는 실수를 범한다. 이럴 때 자녀와 소모적인 힘겨루기를 피하려면 자녀와 맞서지 말고 지지도 말아야 한다. 통제하지 말고 자녀에게 선택권을 주어, 부모는 자녀와 싸우는 것에 관심이 없으며, 그 대신 해결책을 찾기 위해 함께 노력해 자녀의 존재를 소중히 여긴다는 자세를 취하는 것이 좋다.

● **앙갚음(복수하기)**

앙갚음은 자기를 보호하려는 태도에서 나오는 가장 오래되고 비생산적인 인간 행동의 동기다(『십대의 적극적 부모역할 훈련』, p.133). 자존감이 낮아 용기가 부족한 아이는 상처 입은 마음을 부모에게 되갚는 방식으로 복수한다. 특히 힘겨루기가 증가할수록 앙갚음을 사용한다. 자녀를 잘 키우기 위해서는 앙갚음의 전쟁에서 지면 안 된다. 이럴 때 부모는 자녀의 행동을 곧이곧대로 받아들여 속상해 하지 말고, 자녀와 싸우거나 상처를 주지도 말아야 한다. 자녀가 긍정적인 방식으로 보호받고 싶은 마음을 표현하고, 욕구가 충족되도록 방향을 유도하는 것이 부모의 역할이다. 앙갚음하는 자녀와 부모는 모두 지는 싸움을 하기보다 서로 이기는 대화법을 배워야 한다. 서로 이기는 대화는 문제를 스스로 해결하도록 지지하고 적극적인 의사소통의 기술을 사용하는 것이다.

● **과도한 회피**

청소년기 자녀는 때로 과도하게 회피하기도 한다. 자녀도 혼자만의 시간과 재충전의 시간이 필요한데, 극도로 기가 꺾인 아이는 자존감이 몹시 낮아져 어떠한 시도도 하려 하지 않는다. 그럴 때 과도하게 회피한다(『십대의 적극적 부모역할 훈련』, p.135). 완벽주의 부모는 자기도 모르게 자녀가 조금만 실수해도 지나치게 신경 쓰거나 실망한다. 실패는 자녀가 성장하는 과정일 뿐 삶을 실패한 게 아니라고 알려주고 넘어져도 일어나도록 응원해 주어야 한다.

● **비행**

청소년기에는 짜릿한 흥분과 재미를 위해, 우월감을 느끼기 위해,

그리고 또래에게 인정받고 수용받기 위해 '부적절한 비행'을 저지르기도 한다. 부적절한 이성교제, 성적 경험, 흡연이나 음주, 폭력처럼 잘못된 행동을 하는 것이다. 부모는 자녀가 약물이나 음주, 성적 유혹에 빠지는 것을 통제할 수 없다. 그러나 자녀가 부적절한 비행에서 빠져나오는 것을 선택할 가능성에는 영향을 미칠 수 있다.

자녀가 아직 청소년일 때 코치로서 부모가 할 일

사실 청소년 시기는 많이 늦기는 했지만, 그래도 부모와 관계가 좋다면 가정의 문화를 통해 신앙을 물려줄 수 있다. 부모들을 만나보면 청소년이 무섭다고 하지만, 정말 두렵고 어쩔 줄 몰라 하는 사람은 청소년이다. 몸은 성인만큼 자라고 있는데 학교에서 공부만 해 세상살이는 모르는 것 투성이고, 현실적으로도 스스로 할 수 있는 게 별로 없다. 몸은 어른이지만 막상 어른의 몫은 해낼 수 없는 애도 어른도 아닌 상태다.

명문대학에 입학하고 대기업에 취업하기만 하면 된다는 생각으로 청소년 시기에 가정의 중요한 가치관을 물려주지 못하거나 일탈을 암묵적으로 허용하는 것은 매우 위험하다. 자녀가 세상이 추구하는 학벌보다 영적 지식을 갖게 하는데 부모는 더 노력을 기울여야 한다. 세상 가치를 추구하느라, 혹은 자녀와 힘겨루기를 하지 않으려고 자녀의 사소한 일탈을 허용한다면, 세상의 쓰나미에 자녀를 방치하는 것과 같다.

따라서 왜 공부하고 일해야 하는지, 어떤 분야에서 일하면서 그곳을 어떻게 하나님나라로 섬길 수 있는지 함께 고민하며 코칭할 수 있는 가족모임이 필요하다. 규칙적으로 가족모임을 하면 부모의 성경적 가치관이 자녀의 생활에 영향을 미친다. 그리스도인 자녀는 그렇지 않은 가정의 자녀처럼 이 세대를 본받으며 자라날 수 없고 그래서도 안 된다[호레이스 부쉬넬(H. Bushnell)].

가족모임이란 가족이 일주일에 한 번 정도 함께 모여 예배드리고, 여러 이야기를 나누는 시간이다. 이 모임은 모든 가족 구성원이 참여하여 가족문제를 해결하고 다루는 이상적인 집단 코칭의 장이 된다. 장소에 관계없이 20분에서 1시간 정도 나누며 안건에 따라 진행하는 것이 좋다. 가족모임은 토론 같지만 가정생활과 직결되어 있다는 점에서 지루하지 않아야 한다.

가족모임을 잘 진행하려면 먼저 부모는 자녀에게 발언권을 허용해야 한다. 이 말은 무엇이든 허용한다는 의미가 아니라 언제든 하고 싶은 말을 할 수 있게 허용한다는 뜻이다(『부모의 적극적 부모역할 훈련』, p.154). 청소년 시기에 확립해야 할 사안을 서로 존중하는 분위기에서 토론하며 발언을 허용하면, 부모의 권위를 유지하면서도 자녀의 발언권을 존중하고 수용할 수 있다. 동시에 자녀가 자신의 발언과 의견이 존중받고 중시된다고 생각하면, 스스로 협조적인 자세를 취하고 자기 행동에 대해서도 책임감을 느낀다. 그리고 자녀가 화를 내거나 반항하는 일도 줄어든다. 이는 코칭의 기본원칙이기도 하다. 코칭의 내면에 자원이 있고 스스로 자기조절 능력이 있으므로 신뢰를 갖고 기다려 주면 된다.

자녀와 싸우지 않고 이기는 대화법

자녀가 끊임없이 부모에게 도전하더라도 청소년 자녀와는 되도록 힘겨루기를 하지 말아야 한다. 힘겨루기는 잘해야 본전이므로 피하는 것이 좋다. 힘겨루기를 벗어나는 방법으로 '느슨한 대결방법'(FLAC)을 사용할 수 있다. 느슨한 대결방법은 마이클 팝킨이 제안한 것으로, 자녀와 싸우지 않고 양보하지도 않으면서 힘겨루기를 거부하는 방법이다.

첫째 방법은 공감(feeling)이다. 현재 자녀가 처한 상황과 감정에 부모가 공감하면, 부모는 자녀의 적이 아니라 자녀가 처한 문제의 해결책을 함께 찾아주는 동지가 될 수 있다. 부모가 자신의 감정에 신경 쓰고 공감한다는 것을 알면, 자녀 역시 부모가 무엇을 원하는지 마음을 쓰게 된다. 그러므로 우선 자녀의 마음에 공감해 줄 때 힘겨루기를 피하고 서로 이기는 해결을 하게 된다.

둘째 방법은 한계(limit), 룰, 규칙, 규율, 가치관(value) 정하기다. 부모가 자녀에게 한계를 알려주고, 그 한계의 정당한 이유를 설명함으로써 그 문제를 해결할 수 있어야 한다. "이 상황에서는 이것이 필요하므로 너는 ~해야 해"처럼 말하고, 자녀가 그 말에 순종하도록 지도해야 한다. 자녀의 건강, 안정, 가정의 가치관과 관련된 상황에서 자녀에게 한계를 설정해 주는 것이다.

셋째 방법은 브레인스토밍으로 대안(alternatives) 찾기다. 일단 힘겨루기에서 벗어나면 수용 가능한 대안을 얼마든지 찾아낼 수 있다. 부모가 자녀에게 한계를 정해 주고, 그것을 실행하는 것도 포함한다. 다만 한계를 설정할 때는 부모와 자녀 둘 다 수용할 수 있는 대안을 융통성 있게 제시하면서 정하는 것이 좋다. 적당한 한계 안에서 자녀와 협상할 때, 자녀는 부모가 설정한 한계를 긍정적으로 수용할 것이다.

넷째 방법은 결과(consequences) 제시다. 느슨한 대결은 공감, 한계 설정, 대안 제시 등의 세 단계를 합친 것인데, 이것이 받아들여지지 않을 때는 논리적 결과를 제시할 수 있다. 그러나 논리적 결과를 처벌로 만든다면 자녀가 분노할 확률이 높다. 자녀의 분노를 피할 수 있을 정도의 결론을 도출해 논리적 결과를 이행하게 하는 것이 좋다. 이때 논리적 결과는 자녀가 자신의 행동에 대해 책임감을 느낄 정도면 충분하다.

부모의 목적은 자녀와 싸워 이기는 것도 아니고 자녀에게 양보하고 지는 것도 아니다. 부모는 자녀와 함께 수용 가능한 대안을 찾아 해결하는 동지다. 자녀와 사이가 좋으면 얼마든지 부모가 물려주고 싶은 좋은 가치관을 물려줄 수 있다.

성인 자녀와 사이좋은 부모 코칭: 건강한 분화를 도와주기 ──

가정의 문화를 가르칠 마지막 기회

어떤 자녀는 대학만 가면 성인이 되었다 생각하고 지금까지의 모든 한계와 제한을 한 번에 벗어던진다. 성경은 "너희는 이 세대를 본받지 말고"(롬 12:2)라 말한다. 다 성장한 자녀들과의 관계를 그르칠까봐 자녀의 비위를 맞추는 부모도 있다. 현대는 돈과 성과 권력이 우상이

자 모든 이가 소망하는 바가 되어버렸다. 그러기에 이에 대한 성경적 관점과 가치관을 가정에서 문화로 가르쳐야 한다. 아직 결혼하지 않은 성인 자녀라면 그 가정의 문화를 가르칠 마지막 기회일 수 있다. 그러나 관계가 형성되어 있지 않다면 이마저도 쉽지 않다.

전에는 청년이 되면 자녀가 독립해 나갔다. 진학이나 취업 때문에 세대를 분리하는 경우가 많았고, 같은 집에 살더라도 성인 자녀가 자기 자신을 책임지고 독립할 준비를 해나갔다. 그러나 지금은 그렇지 않다. 결혼도 독립도 안 하고, 언제 철들지 모른 채로 부모 집에 함께 사는 청년이 늘고 있다. 물론 독립하지 않는 청년 문제가 부모자녀만의 문제는 아니다. 결혼 시기가 늦어지고, 자발적이든 비자발적이든 비혼이 늘고 있으며, 취업과 집 장만이 어렵다는 사회적 요인도 있다. 서울시가 공개한 '서울 시민이 희망하는 노후생활' 통계에 따르면, 60세 이상 서울 시민의 45.2퍼센트가 자녀와 동거 중인 것으로 조사됐다(서울연구원, 2018년 1/4분기 서울시 소비자 체감 경기와 2018년 주요 경제 이슈).

성인 자녀와 사이좋게 지내는 비결

발달단계 상 성인 자녀는 본래 가정에서 분화해 결혼으로 새로운 가정을 이루기 전의 마지막 단계다. 부모에게는 자녀의 취업이나 결혼 등으로 자녀를 떠나보내고 남겨진 외로움을 다독이며 노년의 시간에 적응할 준비를 하는 시간이라면, 자녀에게는 떠남과 독립을 해내야 하는 시간이다. 따라서 하나님께서 자녀인 우리를 어떻게 양육하고 성장시켜 독립하게 하셨는지를 모델 삼아 그 근본 원리를 살펴보아야 한다.

부모와 함께 살든 분가해서 살든, 미혼의 성인 자녀와 어떻게 사이좋게 지낼 수 있을까? 성인 자녀와 부모 사이에, 하나님의 언약에 근거한 사랑으로 어떤 이야기를 해도 받아들여질 거라는 신뢰가 있고 서로 존중한다면, 희망적인 관계를 이루어낼 수 있다. 성경과 많은 가족학자의 견해를 고려할 때, 성인 자녀와 사이좋게 지내기 위해서는 무조건적인 사랑 전달하기(언약, 은혜, 친밀감, 용서 경험하기), 적절한 지침 세우기, 용서하기, 서로 거리두기(육체적 정서적 경제적으로 책임지기) 등의 과제를 이수해야 한다. 이를 바탕으로 다음의 5가지 지침이 있으면 성인 자녀와 사이좋게 지내면서 성장하는 관계를 맺을 수 있다.

● **첫째, 적절한 지침 세우기**(잭 볼스윅 외, 「크리스천 가정」, p.21-28)

성인 자녀는 더는 아이가 아니다. 그에 따른 적절한 지침을 세워야 한다. 성인 자녀가 독립하지 않고 부모의 집에서 함께 사는 것을 선택했다면, 거기에 상응하는 책임이 따른다. 집안일 분담하기, 생활비 공동 부담, 물리적 거리 유지 등의 지침을 세워 지켜야 한다. 독립을 위해 저축하고 있더라도, 독립해서 산다면 마땅히 지불해야 할 비용이므로 부모에게 지불하는 게 맞다. 월세는 안 내더라도 부모님께 최소한 자신의 생활비는 드려야 한다. 집안일도 자신의 몫은 해야 한다.

성인 자녀와 함께 산다면 부모도 자녀의 독립을 도와야 한다. 바쁘게 일하고 돈 버는 게 안쓰럽다고 자녀의 모든 것을 챙겨주는 것은 결코 도움이 되지 못한다. 자녀와 함께 산다고 해도 부모와 성인 자녀는 더는 양육의 관계가 아니다. 부모 노릇이나 자녀 노릇에서 조금씩 벗어나야 한다. 부모는 양육의 부담에서 자유로워야 하고, 자녀의 위생이나 건강관리에도 어느 정도는 무심해져야 한다. 저녁식사 시간을 넘겨 들어왔을 때 끼니는 어떻게 할 것인지, 아침은 어떻게 해결할지, 자기 방 외의 공용 공간 청소는 어떻게 할 것인지 등 적절하고 융통성 있게 공적 혹은 사적인 책임을 지도록 지침을 세우는 것이 필요하다.

- **둘째, 무조건 사랑하기**(『크리스천 가정』, p.21)

가정 안에서 사랑으로 강하게 세우려면 먼저 가족 구성원 모두 하나님의 언약에 근거한 사랑으로 채워져야 한다. 많은 사람이 조건적인 사랑을 받으면서 자란다. 조건적인 사랑은 실패와 거절에 대한 두려움을 심어준다.

부모는 자녀가 다 자라 성인이 된 후에도 형편이나 조건과 상관없이 사랑해야 한다. 조건 없는 사랑은 내 자녀를 다른 집의 자녀와 비교하지 않는다. 결혼을 했든 하지 않았든, 연봉이 얼마든, 취업했든 못 했든 비교하지 않고 사랑하는 것이다. 지금의 형편이나 상황과 관계없이 사랑해야 한다. 그런데 한국 사회는 체면 사회여서 주변의 시선으로 자녀를 바라보고 평가하는 경우가 많다. 자녀가 가족에게 바라는 것은 있는 그대로 믿고 기다려주는 것이다. 직장은 아무리 인성이 훌륭해도 실적을 내지 못하면 바로 퇴출이다. 그러나 가정은 아무리 실패해도 언제든지 돌아와서 안길 수 있는 곳이며, 그런 곳이 되어야 한다.

- **셋째, 은혜로 용서하기**(『크리스천 가정』, p.26)

모든 가정은 위기와 갈등을 겪는다. 그래서 사람들은 고난 없는 결혼생활, 고난 없는 친구관계, 고난 없는 교회를 원하며, 배우자를 변화시키려 하거나 다른 교회로 옮기거나 새로운 친구를 찾아다닌다. 그러나 새로운 관계를 찾는 것이 해결책은 아니다. 마음에 변화가 있어야 한다.

가정생활이 어려운 이유는 해결되지 않은 문제를 마음속에 담아두기 때문이다. 갈등 해결의 열쇠는 관계 속에서 풀지 못한 감정을 쌓아두지 않는 데 있다. 잘못한 일은 최대한 빨리 해결하는 것이 좋다. 그러려면 상대를 비난하는 태도를 버리고 수용하는 태도를 보여야 한다. 이것이 용서의 시작이다. 누구나 관계에서 잘못을 범한다. 우리가 하나님과의 관계에서 용서를 경험했다면, 하나님이 우리를 용서하신 것처럼 우리도 용서해 묶인 관계를 풀어야 한다(엡 4:32).

자녀가 아무리 사회에서 제 몫을 해내는 어른이 되었다 해도 부모와의 사이에서 문제가 해결되지 않았다면, 부모 앞에 설 때마다 어린 시절 상처 입은 그 시점으로 퇴행한다. 부모와 자녀의 중 누가 용서해야 하는가? 그것은 하나님의 용서를 조금이라도 더 많이 받은 사람이 해야 한다. 누구나 자녀에게 상처 주고 잘못을 범할 수 있다. 다 이해할 거라 생각하고 싶지만, 아이들의 상처는 상처 받은 그 시점에 멈춰 있다는 것을 이해한다면, 성인이 된 자녀에게 반드시 용서를 구하는 과정이 있어야 한다. 용서해 준 경험이 있는 자녀가 다른 사람의 잘못을 용서해 줄 수 있고, 자신 역시 잘못했을 때 용서를 구할 수 있다.

● **넷째, 정서적으로 독립시키기**(『크리스천 가정』, p.28)

결혼 전 자녀들이 가장 힘들어하는 문제는 부모와 거리두기다. 부모가 끊임없이 자녀의 인생에 개입하려 들기 때문이다. 적절한 도움과 참견이 무조건 나쁜 것은 아니다. 그러나 도움이 지나쳐 간섭이 되면, 자녀는 가정으로부터 멀리 떠나고 만다. 자녀가 진학을 결정하고, 전공을 선택하고, 직장을 선택하고, 심지어 결혼하는 것까지 부모가 관여하고 지나치게 간섭한다면, 자녀는 몇 살을 먹든 성인일 수 없다. 성인 자녀는 부모가 함부로 경계선 침범하는 것을 가장 힘들어한다. 성인이 된 자녀를 존중한다면 경계선을 지켜주어야 한다. 가족 간에도 해서는 안 되는 말, 해서는 안 되는 행동이 있다. 가족 간에 지나치게 관여하거나 여과장치 없이 감정을 퍼붓는 것은 인격을 존중하지 않는 것이며, 이런 행동은 정서적 문제를 일으킬 수 있다. 부모의 간섭 때문에 자신의 창조성을 발휘하지 못하고 오히려 무너지는 경우도 많다.

- **다섯째, 사랑을 말로 표현하기**(『크리스천 가정』, p.33)

건강한 사랑은 말로 표현하는 것이다. 우리나라 사람들은 특히 나이가 많을수록 사랑을 말로 표현하지 않는다. 그렇게 양육받았고, 표현하는 법을 배우지도 못했기 때문이다. 사랑을 말이나 행동으로 보여주지 않으면 자녀는 진정한 사랑이 무엇인지 깨닫지 못한다. 자녀는 부모를 통해 다른 사람을 사랑하는 법을 배운다. 부모가 자녀의 장점과 보완해야 할 부분을 균형 있게 표현해 줄 때, 자녀는 자존감이 향상되며 자신에 대한 신뢰가 커진다. 인정은 매우 강력한 사랑의 표현이며, 사랑하는 자녀를 보살피는 하나의 방법이다. 사랑의 편지나 인정하는 말, 상장, 카드 등을 통해 표현할 수 있다. 사랑은 감정이 아니라 의지적 결단이다. 그래서 의도적으로 표현하지 않는 사랑은 사랑이 아니라고 했다. 자녀에게는 아무리 사랑을 표현해도 지나치지 않다. 자녀는 부모의 믿음과 사랑을 먹어야 훌륭한 어른으로 자라난다. 충분히 사랑받으면 그 사랑을 나눠줄 수 있는 사람이 된다.

자녀를 성공시키려면 코치 부모가 되어야 한다. 코치 부모는 하나님이 자녀 안에 심어 놓으신 잠재력(청사진)을 발견하고, 매순간 자녀를 지키고 인도하시는 하나님을 생생하게 체험하며 자녀를 양육한다. 자녀를 기르시는 분이 하나님이기 때문이다. 자녀를 하나님 말씀으로 양육하는 부모는 자녀에게 집착하지 않고, 신명기 6장 4-9절 말씀을 살아내려고 애쓴다.

> 이스라엘아 들으라 우리 하나님 여호와는 오직 유일한 여호와이시니 너는 마음을 다하고 뜻을 다하고 힘을 다하여 네 하나님 여호와를 사랑하라 오늘 내가 네게 명하는 이 말씀을 너는 마음에 새기고 네 자녀에게 부지런히 가르치며 집에 앉았을 때에든지 길을 갈 때에든지 누워 있을 때에든지 일어날 때에든지 이 말씀을 강론할 것이며 너는 또 그것을 네 손목에 매어 기호를 삼으며 네 미간에 붙여 표로 삼고 또 네 집 문설주와 바깥 문에 기록할지니라 _ 신 6:4-9

참고문헌

- 김영애.『사티어 빙산의사소통』. 서울: 김영애가족치료연구소, 2010.
- 양승헌.『크리스턴 티칭』. 서울: 디모데, 2012.

- 전성수.『자녀교육 혁명 하브루타』. 서울: 두란노, 2016.
- 전성수.『부모라면 유태인처럼 하부르타로 교육하라』. 서울: 예담, 2017.
- 황지영.『사이좋은 부모생활』. 서울: 아르카, 2022.
- 황지영. "하나님의 형상 개념을 중심으로 한 관계적 기독교 부모교육에 대한 연구". 미간행 박사학위 논문. 고신대학교, 2005.
- 드니스 글렌.『마더와이즈 자유』. 김진선 역. 서울: 디모데, 2016.
- 잭 볼스윅, 주디 볼스윅.『크리스천 가정』. 황성철 역. 서울: 두란노, 1995.
- 마이클 팝킨.『부모코칭 프로그램 적극적인 부모역할』. 노안영, 차영희, 홍경자 역. 서울: 학지사, 2007.
- 마이클 팝킨.『십대의 적극적 부모역할 훈련』. 홍경자 역. 서울: 중앙적성출판사, 1996.

황지영

나무아래상담코칭센타 대표, 고신대학교 기독상담대학원 겸임교수
PTSA 미주장로회신학대학교 객원교수, World Mission University 겸임교수
목회상담감독, 위기상담전문가, 사티어가족치료전문가, 게슈탈트 상담지도자
한부모가정지도사, 십대부모역할 훈련강사
한국기독교코칭학회 이사, 전문크리스천코치(KAC / KPCC)

전)고려신학대학원 강의전담교수, 분당샘물교회 전도사

숙명여자대학교 무역학과(BA), 고신대학교 기독교교육 석사(MA)
고려신학대학원(M.div), 고신대학교 교육학 박사(Ph.D)

저서『사이좋은 부모생활』(아르카, 2022)

06

자녀를 탁월한 리더로 세우는 리더십 코칭

_ 원종순

왜 자녀를 탁월한 리더로 세우는 리더십 코칭인가 ──

부모를 대상으로 강연할 때 "여러분의 자녀가 탁월한 리더가 되는 것을 어떻게 생각하세요?" 하고 물으면 최소한 '원하지 않는다' '싫다'고 말하는 경우는 없다. 대답하지 않은 사람 중에는 싫거나 원하지 않는 경우도 있을 수 있다. 중요한 것은 자신의 자녀가 탁월한 리더로 인정받고 존경받으며 살아가기를 대부분 바란다는 것이다. 다만 어떻게 해야 할지 명확하게 알지 못할 뿐이다.

리더는 일반적인 사람과 차별되게 균형 잡힌 삶을 살고, 꾸준히 성장하기 위해 노력하며, 사회에 기여하는 삶을 사는 사람이다. 이것을 아주 잘 실천하는 사람이 탁월한 리더일 것이다.

좋은 부모가 되기 위해 강의도 많이 듣고 책도 보았다. 그동안 내가 받았던 질문을 기억하며 지금도 수시로 자문자답해 보곤 한다.

- 당신이 생각하는 바람직한 부모상은 정립되어 있는가?
- 어떤 부모로 기억되고 싶은가?
- 지혜로운 부모가 된다는 것을 어떻게 생각하는가?
- 지혜로운 부모는 어떤 부모인가?
- 당신의 자녀가 리더가 되는 것을 어떻게 생각하는가?

많은 학부모가 질문한다. "좋은 부모가 되고 싶어요. 좋은 부모 노릇을 어떻게 해야 할까요?" 또 "우리 아이를 잘 키우고 싶어요. 그런데 어떻게 하면 좋을지 모르겠어요." 이럴 때는 "어떤 며느리, 어떤 사위를 맞이하고 싶은가요?" "내 자녀는 어떤 며느리 또는 어떤 사위가 되면 좋겠습니까?" 하고 묻는다. 바로 앞 두 질문의 경우 사람들의 대답은 일관성 없는 경우가 꽤 많다. 입장 차이가 너무 크다고 말하면 겸연쩍어하면서도 당연한 것 아니냐며 손뼉치고 웃는다.

나는 위의 질문을 받으며 내 자녀가 욕심나는 사윗감, 며느릿감으로 성장하길 바랐다. 사위 삼고 싶은 아들, 며느리 삼고 싶은 딸로 키운 부모라면 부모성적표에 A학점을 줄 수 있을 것이다.

탁월한 리더는 어떤 사람인가? 사회적으로 일 잘하고 전문지식이 풍부한 사람인가? 아니면 다른 건 몰라도 성품 하나는 좋은 사람인가? 이 질문에서 답을 찾고, 그 답에서 탁월한 리더로 성장할 수 있도록 지원하는 부모의 역할을 찾을 수 있다. 질문에 대한 답은 사람들의 가치관에 따라 다를 것이다. 그러나 크리스천 부모라면 공통적인 답이 주어진다.

크리스천은 어떤 사람인가? 크리스천은 성경적 세계관을 바탕으로 인간에 대한 정의를 내린다. 사람은 하나님으로부터 났으며, 하나님의 자녀로서 권세를 지닌다. 그리고 거룩하신 하나님 말씀에 따라 거룩하게 살아야 한다. 성경적 세계관은 구속받은 사람으로 살게 하며, 나아가 순종리더십·자기리더십·섬김리더십·변환리더십을 발휘하여 하나님나라가 임하도록 하는 '변환자 리더코치'로 살도록 이끈다.

크리스천 리더십 코칭이란 성경적 세계관에 따라 리더로서 거룩하게 살 수 있도록 코칭 접근을 통해 자신과 다른 사람의 마음을 모으고 행동하는 멋진 힘이다(이소희, 2019a). 이를 근거로 자녀를 탁월한 리더로 세우고 싶은 크리스천 부모라면, 먼저 자녀에게 크리스천 리더십 코치가 되어야 한다. 자녀에게 신뢰받고 자녀가 부모를 모델링하며 행동할 수 있도록 거룩한 삶의 본을 보여야 한다.

동기부여기술 사용

탁월한 자녀를 위한 코칭은 우선 자녀가 성장 발전하고 싶은 의지가 있어야 한다. 의지가 부족할 때는 동기부여를 잘 해주어야 한다. 코칭 기술 중에 진정한 동기부여 기술이 있다. 이는 자녀의 진정한 욕구와 의도를 고려해 창의적인 역량을 발휘하면서 매진할 수 있도록 격려하여, 자녀가 자신감을 가지고 주도적으로 나아가도록 지지하는 힘이 있다. 크리스천 코칭에서 동기부여는 일반적으로 알려진 '당근과 채찍' 방식이 아닌, 믿음과 소망과 사랑으로 주께 하듯 해야 한다. 크리스 그로서(Chris Grosser)는 "동기부여가 당신을 시작하게 한다. 습관이 당신을 계속 움직이게 한다"고 했다. 동기부여를 통해 부모와 자녀가 함께 하나님이 주신 사명을 발견하고 말씀에 순종하며 살아보자는 공동 목표를 설정하는 것이 중요하다.

성경은 "마땅히 행할 길을 아이에게 가르치라 그리하면 늙어도 그것을 떠나지 아니하리라"(잠 22:6)고 말한다. 크리스천 부모는 이 말씀대로 기독교 세계관을 전제로 교육해야 한다. 그런데 마땅히 행할 길이 무엇인지, 또 어떻게 가르쳐야 할지 몰라 허둥대며 시행착오를 거듭하면서 젊은 엄마 시기를 보낸다. 인간은 일생 동안 배우며 살아간다. 성경에서 마땅히 행할 길을 아이에게 가르치라고 한 이유는 "세 살 버릇 여든까지 간다" "될 성 부른 나무는 떡잎부터 알아본다"는 말처럼, 아이의 시기는 인성이 형성되는 가장 중요한 시기이기 때문이다.

그러면 "마땅히 행할 길"은 무엇일까? 가정교육, 학교교육, 교회교육을 통해 배웠고 살아오면서 막연하게 알았던 것을, 자녀를 탁월한 리더로 세우기 위해 부모가 먼저 명확하게 알아야 한다. 자녀가 행동할 때 옳고 그름을 판단하는 기준이 필요하고, 해야 할 것과 하지 말아야 할 것을 결정하는 기준이 무엇인지를 알아야 하기 때문이다. 그것은 상황이 변하고 세월이 흘러도 변함없는 진리여야 한다. 상황과 세월의 흐름에 따라 변하는 기준은 진리가 아니다.

그렇다면 "내가 곧 길이요 진리요 생명이니"(요 14:6)라는 말씀에서 답을 찾을 수 있다. 진리는 오직 하나님의 말씀뿐이며, 우리는 자녀에게 마땅히 행할 길을 진리의 말씀 통해 가르쳐 지키게 해야 한다. 크리스천 부모는 탁월한 리더로 세워져가야 할 자녀에게, 인간은 하나님의 형상이라는 도식에서 크리스천 코칭의 원리를 알려주어야 한다. 하나님이 주신 무한한 가능성과, 각자에게 필요한 해답은 각자 안에 있으며, 해답을 잘 찾기 위해 영적 지도자로서 부모코치 역할이 필요함을 알려준다. 이에 동의하면 티칭을 넘어 지속적인 코칭이 이루어지도록 해야 한다. 부모코치는 하나님 앞에서 자녀 스스로 '해야 할 것과 하지 말아야 할 것'을 결정하도록 코칭해야 한다.

탁월한 리더는 성품과 역량을 균형 있게 갖춘 사람이다. 좋은 성품은 좋은 땅과 같아서 인생의 좋은 열매를 맺게 한다. "너희 빛이 사람 앞에 비치게 하여 그들로 너희 착한 행실을 보고 하늘에 계신 너희 아버지께 영광을 돌리게 하라"(마 5:16). 크리스천에게 "착한 행실"은 좋은 성품을 기반으로 발현된다. 여기서 9가지 성령의 열매(사랑, 희락, 화평, 오래 참음, 자비, 양선, 충성, 온유, 절제)는 하나님의 은혜를 입은 성도가 생활 속에서 착한 행실로 이어지도록 이끈다. 성령의 열매로 나타나는 9가지 성품은 자녀에게 학업 성취도를 높이고 비전을 이루어 가는 원동력이 된다. 이것은 성령의 능력을 부어주시는 하나님의 은혜로 맺는 열매이며, 하나님의 은혜를 입은 성도가 생활 속에서 맺어가는 결실이다.

우리의 자녀가 탁월한 리더가 되기 원한다면 성령의 열매가 주렁주렁 열릴 수 있도록 지원해야 한다. 그러면 누가, 언제, 어디서, 무엇을, 어떻게, 왜 가르쳐야 할까? 부모가 일상생활에서 가정지도를 통해 성령이 기뻐하시는 성품과 태도를 습관화할 수 있도록 리더십을 코칭하여 탁월한 리더가 될 수 있게 한다. 그러나 크리스천이라고 해서 남녀노소를 막론하고 '성령의 열매' 실천이 하루아침에 이루어지는 것은 아니다. 따라서 크리스천 부모는 지속적으로 자녀 스스로 튼실한 열매를 맺어갈 수 있도록 티칭을 넘어 코칭을 해야 한다. 다시 말해, 크리스천 부모는 하나님의 영광을 위해 살아야 하며, 그와 동시에 '자녀에게 최초의 선생'으로서 하나님 말씀에 순종하며, 자녀를 탁월한 리더로 세우기 위해 성과가 나올 때까지 크리스천 리더십 코칭을 지속적으로 시도해야 한다.

거룩한 삶의 모델링

'크리스천다운 부모의 삶'을 보고 자라는 자녀는 다른 무엇으로도 대신할 수 없는 큰 힘을 갖는다. 크리스천 부모가 성경적 세계관을 바탕으로 자녀를 코칭하기 위해서는, 먼저 매일의 삶에서 말씀 가운데 하나님의 능력과 임재를 경험하고, 이를 삶으로 실천해냄으로써 자녀들이 부모의 삶을 모델링할 수 있도록 해야 한다. 모델링은 NLP 핵심 코칭스킬의 하나다.

NLP 코칭에서 모델링은 훌륭한 사람의 생각이나 태도, 살아가는 방법을 본받아 행동하는 것으로, 닮고 싶은 사람의 발자취를 따라 자신에게 적용해 보는 것이다. 자녀를 코칭하는 과정에서 이 모델링 기술은 유용하게 적용할 수 있다. 아이들은 자신이 닮고 싶은 모델을 통해 꿈을 키우기도 하고, 모델과 비슷한 행동을 하면서 훌륭한 인격체로 성장해 나간다. 아이들이 가장 많이 모델링하는 사람은 부모다. 부모를 통해 올바른 가치관이나 직업관을 형성하고 그 성품을 닮아간다. 과연 나는 부모로서 내 아이가 모델링해도 좋은 부모인지 늘 점검해 보아야 한다(서우경, 한국상담코칭진흥원).

리더십계발 프로그램인 "매일 멋진 사람들"에서는 리더십을 순종리더십과 자기리더십, 섬김리더십 및 변환리더십의 네 가지로 구분한다. 크리스천 부모는 자녀를 탁월한 리더로 양육하기 위해 먼저 하나님의 말씀에 순종하여 스스로 거룩을 경험하고, 이웃을 내 몸과 같이 섬기며, 자녀를 변화시킬 수 있는 변환리더십을 발휘하는 모습을 보여주어야 한다. 자녀는 들은 대로 행동하기보다 본 대로 행동하는 경우가 더 많다. 자녀는 부모의 모습을 보고 모델링하며 세상 살아가는 방법을 습득한다. 그러므로 부모는 탁월한 리더의 모습을 본받아 살아가는 태도가 필요하다. 자녀와 함께 닮고 싶은 탁월한 리더에 대해 지식을 공유하고, 코칭을 통해 그들의 삶의 방식을 본받아 행동함으로써 탁월함을 향유할 수 있게 해야 한다.

자녀를 탁월한 리더로 세우려면, 부모가 하나님 말씀에 순종하며 살아가는 모습을 자녀가 보고 자랄 수 있도록 본을 보여야 한다. 무엇을 모델링하게 할 것인가? "오직 너희를 부르신 거룩한 이처럼 너희도 모든 행실에 거룩한 자가 되라 기록되었으되 내가 거룩하니 너희도 거룩할지어다 하셨느니라"(벧전 1:15-16). 이 말씀대로 크리스천 부모는 거룩한 생활을 하기 위해 노력하는 모습을 자녀가 모델링하도록 본을 보이고 코칭해야 한다.

153콜링페이퍼를 활용한 셀프코칭

여기서 '153콜링페이퍼'를 소개한다. 부모로 부르신 사명을 153 글자로 작성하고 기간을 정해(주 1회 또는 월 1회 등) 점수로 체크한다. 원하는 점수에 도달할 수 있도록 셀프코칭하며 말씀 앞에 깨어 있도록 한다. 이러한 과정을 부모가 먼저 실행하고, 자녀도 같은 방법으로 할 수 있게 하면 좋은 모델링이 된다. 여기 사용된 153이라는 숫자는 예수님의 말씀에 순종한 베드로가 바다 깊은 곳에 그물을 던져 얻은 물고기의 수로, 성경에서는 '가득 차 있는 상태'를 의미한다(요 21:11).

"너를 지명하여 불렀나니 너는 내 것이라"(사 43:1)는 말씀을 토대로 부모로 부르신 주님의 선한 목적에 대해 생각하고 기도하며, 하나님이 주신 사명이 무엇인지 다시 한번 깨닫는 시간을 갖는다. 그리고 현재 사명을 이루어가고 있는 자신의 점수를 스스로 정하여 기록한다. 말씀과 기도로 자신의 사명을 이루기 위해 변하고 있는 자신의 점수를 확인하며 점점 더 성장해 나간다.

자기평가를 포함한 153콜링페이퍼에 부모 또는 자녀로 부르심을 주제로 153자 원고지 형태의 종이에 작성하고, 현재 부르심에 대한 자신의 상태를 153점 만점으로 확인해 본다. 자기평가 점수표를 기존의 100점 만점에서 벗어나 153점을 만점으로 선택한 것은, 예수님 말씀이 잘 이해되지 않았지만 말씀에 순종해 그물을 던졌을 때 그물이 터질 만큼 물고기 153마리를 잡은 베드로를 모델링하기 위함이다. 베드로의 순종하는 모습을 모델링하여 우리의 삶에도 같은 은혜가 임하기를 기대하는 마음에서다.

153콜링페이퍼

하나님이 주신 나의 비전을 기록해 보세요.(띄어쓰기 없이 153글자로 작성),
그리고 비전을 이루기 위해 노력하고 있는
자신의 모습을 정하여 월1회(또는 주1회) 셀프체크해 봅니다.

현재 점수								희망 점수	월 일
153								153	153
150								150	150
140								140	140
130								130	130
120								120	120
110								110	110
100								100	100
90								90	90
80								80	80
70								70	70
60								60	60
50								50	50
40								40	40
30								30	30
20								20	20
10								10	10

[표3] 153콜링페이퍼

받은 말씀 코칭

"모든 성경은 하나님의 감동으로 된 것으로 교훈과 책망과 바르게 함과 의로 교육하기에 유익하니 이는 하나님의 사람으로 온전케 하며 모든 선한 일을 행할 능력을 갖추게 하려 함이라"(딤후 3:16-17). 이 말씀을 근거로 예수님의 교육을 모델링하여 셀프코칭할 수 있고, 자녀가 모델링할 수 있도록 부모가 코칭할 수 있다.

우선 '거룩' 관련 말씀과 '교육' 관련 말씀 52개로 구성한 말씀카드에서, 오늘 자신에게 주시는 말씀을 하나를 선정한다. 그리고 말씀을 선택한 이유와 어떻게 적용할 것인지를 자녀와 이야기한다. 셀프코칭할 때는 스스로 자신에게 말하고 자신을 응원한다. 이 과정을 통해 코람데오의 깨어 있는 신앙습관이 형성되고, 이는 자신을 성장 발전시켜 탁월한 리더의 성품과 역량을 갖게 한다.

'거룩' 관련 말씀은 신약과 구약을 모두 포함하였고, '교육' 관련 말씀은 예수님의 교육을 모델링해야 한다는 점에서 신약성경에서만 선정했다.

		'거룩' 관련 말씀
1	베드로전서 1:15	오직 너희를 부르신 거룩한 이처럼 너희도 모든 행실에 거룩한 자가 되라
2	베드로전서 1:16	기록되었으되 내가 거룩하니 너희도 거룩할지어다 하셨느니라
3	출애굽기 30:29	그것들을 지극히 거룩한 것으로 구별하라 이것에 접촉하는 것은 모두 거룩하리라
4	레위기 11:45	나는 너희의 하나님이 되려고 너희를 애굽 땅에서 인도하여 낸 여호와라 내가 거룩하니 너희도 거룩할지어다

5	이사야 5:16	오직 만군의 여호와는 정의로우시므로 높임을 받으시며 거룩하신 하나님은 공의로우시므로 거룩하다 일컬음을 받으시리니
6	레위기 20:26	너희는 나에게 거룩할지어다 이는 나 여호와가 거룩하고 내가 또 너희를 나의 소유로 삼으려고 너희를 만민 중에서 구별하였음이니라
7	디모데전서 4:5	하나님의 말씀과 기도로 거룩하여짐이라
8	시편 99:3	주의 크고 두려운 이름을 찬송할지니 그는 거룩하심이로다
9	신명기 5:12	네 하나님 여호와가 네게 명령한 대로 안식일을 지켜 거룩하게 하라
10	히브리서 10:14	그가 거룩하게 된 자들을 한 번의 제사로 영원히 온전하게 하셨느니라
11	에베소서 4:24	하나님을 따라 의와 진리의 거룩함으로 지으심을 받은 새 사람을 입으라
12	시편 105:3	그의 거룩한 이름을 자랑하라 여호와를 구하는 자들은 마음이 즐거울지로다
13	잠언 9:10	여호와를 경외하는 것이 지혜의 근본이요 거룩하신 자를 아는 것이 명철이니라
14	민수기 15:40	그리하여 너희가 내 모든 계명을 기억하고 행하면 너희의 하나님 앞에 거룩하리라
15	시편 103:1	내 영혼아 여호와를 송축하라 내 속에 있는 것들아 다 그의 거룩한 이름을 송축하라
16	마태복음 6:9	그러므로 너희는 이렇게 기도하라 하늘에 계신 우리 아버지여 이름이 거룩히 여김을 받으시오며
17	시편 43:3	주의 빛과 주의 진리를 보내시어 나를 인도하시고 주의 거룩한 산과 주께서 계시는 곳에 이르게 하소서
18	에베소서 1:4	곧 창세 전에 그리스도 안에서 우리를 택하사 우리로 사랑 안에서 그 앞에 거룩하고 흠이 없게 하시려고
19	사무엘상 2:2	여호와와 같이 거룩하신 이가 없으시니 이는 주밖에 다른 이가 없고 우리 하나님 같은 반석도 없으심이니이다
20	골로새서 3:12	그러므로 너희는 하나님이 택하사 거룩하고 사랑 받는 자처럼 긍휼과 자비와 겸손과 온유와 오래 참음을 옷 입고
21	누가복음 11:2	예수께서 이르시되 너희는 기도할 때에 이렇게 하라 아버지여 이름이 거룩히 여김을 받으시오며 나라가 임하시오며

22	로마서 6:22	그러나 이제는 너희가 죄로부터 해방되고 하나님께 종이 되어 거룩함에 이르는 열매를 맺었으니 그 마지막은 영생이라
23	데살로니가전서 2:10	우리가 너희 믿는 자들을 향하여 어떻게 거룩하고 옳고 흠 없이 행하였는지에 대하여 너희가 증인이요 하나님도 그러하시도다
24	히브리서 12:10	그들은 잠시 자기의 뜻대로 우리를 징계하였거니와 오직 하나님은 우리의 유익을 위하여 그의 거룩하심에 참여하게 하시느니라
25	시편 71:22	나의 하나님이여 내가 또 비파로 주를 찬양하며 주의 성실을 찬양하리이다 이스라엘의 거룩하신 주여 내가 수금으로 주를 찬양하리이다
26	고린도전서 1:30	너희는 하나님으로부터 나서 그리스도 예수 안에 있고 예수는 하나님으로부터 나와서 우리에게 지혜와 의로움과 거룩함과 구원함이 되셨으니
27	디모데후서 2:21	그러므로 누구든지 이런 것에서 자기를 깨끗하게 하면 귀히 쓰는 그릇이 되어 거룩하고 주인의 쓰심에 합당하며 모든 선한 일에 준비함이 되리라
28	이사야 41:14	버러지 같은 너 야곱아, 너희 이스라엘 사람들아 두려워하지 말라 나 여호와가 말하노니 내가 너를 도울 것이라 네 구속자는 이스라엘의 거룩한 이이니라
29	데살로니가전서 3:13	너희 마음을 굳건하게 하시고 우리 주 예수께서 그의 모든 성도와 함께 강림하실 때에 하나님 우리 아버지 앞에서 거룩함에 흠이 없게 하시기를 원하노라
30	이사야 48:17	너희의 구속자시요 이스라엘의 거룩하신 이이신 여호와께서 이르시되 나는 네게 유익하도록 가르치고 너를 마땅히 행할 길로 인도하는 네 하나님 여호와라
31	고린도후서 7:1	그런즉 사랑하는 자들아 이 약속을 가진 우리는 하나님을 두려워하는 가운데서 거룩함을 온전히 이루어 육과 영의 온갖 더러운 것에서 자신을 깨끗하게 하자
'교육' 관련 말씀		
1	디모데후서 3:16	모든 성경은 하나님의 감동으로 된 것으로 교훈과 책망과 바르게 함과 의로 교육하기에 유익하니
2	디모데후서 4:2	너는 말씀을 전파하라 때를 얻든지 못 얻든지 항상 힘쓰라 범사에 오래 참음과 가르침으로 경책하며 경계하며 권하라
3	마태복음 28:20	내가 너희에게 분부한 모든 것을 가르쳐 지키게 하라 볼지어다 내가 세상 끝날까지 너희와 항상 함께 있으리라 하시니라

4	고린도전서 2:13	우리가 이것을 말하거니와 사람의 지혜가 가르친 말로 아니하고 오직 성령께서 가르치신 것으로 하니 영적인 일은 영적인 것으로 분별하느니라
5	고린도전서 2:16	누가 주의 마음을 알아서 주를 가르치겠느냐 그러나 우리가 그리스도의 마음을 가졌느니라
6	고린도전서 14:6	그런즉 형제들아 내가 너희에게 나아가서 방언으로 말하고 계시나 지식이나 예언이나 가르치는 것으로 말하지 아니하면 너희에게 무엇이 유익하리요
7	골로새서 3:16	그리스도의 말씀이 너희 속에 풍성히 거하여 모든 지혜로 피차 가르치며 권면하고 시와 찬송과 신령한 노래를 부르며 감사하는 마음으로 하나님을 찬양하고
8	디모데전서 4:16	네가 네 자신과 가르침을 살펴 이 일을 계속하라 이것을 행함으로 네 자신과 네게 듣는 자를 구원하리라
9	디모데후서 2:24	주의 종은 마땅히 다투지 아니하고 모든 사람에 대하여 온유하며 가르치기를 잘하며 참으며
10	마태복음 5:19	그러므로 누구든지 이 계명 중의 지극히 작은 것 하나라도 버리고 또 같이 사람을 가르치는 자는 천국에서 지극히 작다 일컬음을 받을 것이요 누구든지 이를 행하며 가르치는 자는 천국에서 크다 일컬음을 받으리라
11	에베소서 6:4	또 아비들아 너희 자녀를 노엽게 하지 말고 오직 주의 교훈과 훈계로 양육하라
12	갈라디아서 6:6	가르침을 받는 자는 말씀을 가르치는 자와 모든 좋은 것을 함께 하라
13	누가복음 6:40	제자가 그 선생보다 높지 못하나 무릇 온전하게 된 자는 그 선생과 같으리라
14	디모데전서 4:6	네가 이것으로 형제를 깨우치면 그리스도 예수의 좋은 일꾼이 되어 믿음의 말씀과 네가 따르는 좋은 교훈으로 양육을 받으리라
15	누가복음 7:35	지혜는 자기의 모든 자녀로 인하여 옳다 함을 얻느니라
16	요한복음14:21	나의 계명을 지키는 자라야 나를 사랑하는 자니 나를 사랑하는 자는 내 아버지께 사랑을 받을 것이요 나도 그를 사랑하여 그에게 나를 나타내리라
17	요한복음 15:4	내 안에 거하라 나도 너희 안에 거하리라 가지가 포도나무에 붙어 있지 아니하면 스스로 열매를 맺을 수 없음 같이 너희도 내 안에 있지 아니하면 그러하리라
18	요한복음 15:5	나는 포도나무요 너희는 가지라 그가 내 안에, 내가 그 안에 거하면 사람이 열매를 많이 맺나니 나를 떠나서는 너희가 아무 것도 할 수 없음이라

19	누가복음 6:43	못된 열매 맺는 좋은 나무가 없고 또 좋은 열매 맺는 못된 나무가 없느니라
20	누가복음 6:45	선한 사람은 마음에 쌓은 선에서 선을 내고 악한 자는 그 쌓은 악에서 악을 내나니 이는 마음에 가득한 것을 입으로 말함이니라
21	마태복음 12:33	나무도 좋고 열매도 좋다 하든지 나무도 좋지 않고 열매도 좋지 않다 하든지 하라 그 열매로 나무를 아느니라

[표4] 〈받은 말씀 코칭〉의 구성 내용

상상공학으로 꿈을 현실로 만드는 코칭

글로 쓴 비전과 심연에서 끓어오르는 자아영상으로 성공한 사람들

1966년 풋볼코치 루 홀츠는 실업자가 되었는데 그의 나이 28세였다. 그때 우연히 107개의 버킷리스트를 썼다. 그것을 장난으로 취급하지 않고 매일 보면서 소중하게 다루었는데, 소원이 이루어질 때마다 한 줄씩 지워나가는 것을 인생의 최고의 낙으로 삼았다. 38년이 지났을 때는 104가지가 이루어져 있었다.

영화배우 짐 캐리는 가난한 배우였는데, 잘 살아보려고 캐나다에서 미국 LA로 건너왔다. 그러나 하루하루가 너무 힘들기만 했다. 그는 자신에게 힘을 북돋아줄 뭔가를 해야겠다고 결심했다. 헐리우드에서 가장 높은 언덕에 올라 도시를 내려다보며 수표책을 꺼내, 스스로 자신에게 5년 뒤인 1995년 추수감사절에 1천만 달러(120억 원)를 출연료로 지급한다는 서명을 했다.

만화가 월트 디즈니는 어느 날 두 딸을 데리고 놀이공원에 갔다. 허름한 회전목마를 타고 내려서 다시 보니 형편없이 조잡한 말이었다. 허공을 한참 바라보던 그의 머릿속 상상력에 불이 켜졌다. 진짜 살아 있는 말들이 신나게 뛰노는 놀이공원을 상상했고, 진짜 증기선이 뱃고동 소리를 내며 해적들이 칼춤을 추는 모습을 상상했다. 화려한 카니발과 곡마단의 재주가 있는 '꿈의 놀이공원'이 펼쳐졌다. 그는 남녀노소 모두 마음껏 즐길 수 있는 곳, 그 속에서 아름다운 상상이 생산적인 창조 에너지로 전환되는 곳으로 만들어야겠다며 '그렇지, 그 낙원을 〈디즈니랜드〉라고 부르면 좋겠어'라고 혼자 중얼거렸다. 그 순간 월트 디즈니의 가슴이 벅차올랐고, 디즈니랜드가 그의 인생의 마스터 플랜이 되었다.

메리 베툰 여사는 1875년 미국 흑인노예 부부의 딸로 태어났다. 15세 때의 일이다. 베툰이 주인집 거실에서 책 한 권을 집어든 순간, 백인 주인의 아들이 "내려놔! 읽지도 못하는 주제에 어딜 감히 책에다 손을 대는 거야!"라며 힐난을 퍼부었다.

순간 베툰은 글을 읽는 것과 읽지 못하는 것이 흑인과 백인을 다른 종류의 인간으로 구분하는 기준임을 깨달았다. 그리고 만사를 제쳐두고 글을 배우기 시작했다. 집에서 8킬로미터 떨어진 흑인도 다닐 수 있는 학교에서 열심히 공부했다.

학비를 마련하기 위한 고생은 말로 설명하기 어려울 정도였다. 베툰은 성경학교에서 공부하면서 흑인소녀들을 가르치겠다는 꿈을 갖게 되었고, 그 꿈을 키워가며 모든 어려움을 참아냈다. 학교를 졸업한 베툰은 아주 작은 흑인학교를 설립했다. 낡은 건물에서 다섯 명으로 출발했다. 그리고 부자들에게 단순히 금전적 도움이 아닌 학교의 꿈을 관리하는 이사가 되어달라고 부탁했다.

나는 2006년 5월 26일에 소망수양관에서 3박4일의 여정을 보내며 비전을 발견하고 글로 남겼다. "내 사명, 내 비전은 사람들이 하나님 중심의 세계관과 가치관을 가지고 행복하게 살도록 돕는 것이다. 나는 이 사명을 감당하기 위해 2015년에 유아·초등·중등·고등을 관통하는 연계프로그램을 개발하여 인성교육 증흥에 이바지할 것이다." 나는 3박4일의 여정을 통해 시대의 사표가 될 만한 많은 사람의 삶을 알아보았다. 메리 베튠의 삶을 보면서 쿵쾅거리는 심연의 북소리를 들었고, 자아영상을 글로 쓴 것이다. 그리고 글로 쓴 비전을 명함 뒷면에 기록하고 액자에 넣어 늘 눈에 띄게 했다. 수첩 앞 페이지에도 적어 늘 소중하게 생각했다. 하나님은 사명을 감당하며 살아가라고 그 길을 한 걸음씩 인도하셨다. 목표를 이루는 시기는 내가 계획한 것과 다를 수 있지만, 마음에 새긴 자아영상은 나를 목표지점으로 이끌었다. 지금은 전문가가 되어 한국영리더십센터 대표로서 준비된 인성리더십을 교육하고 코치로서 섬기고 있으며, 코칭프로그램을 개발하여 운영하고 있다. 이것이 글로 쓴 비전의 힘이다.

하나님은 비전을 주시고, 주신 비전으로 당신의 형상을 회복시키시며, 우리를 탁월한 리더로 살아가게 하신다. 부모는 자녀가 탁월한 리더로 우뚝 설 수 있도록 가슴 속에서 들려오는 세미한 음성을 듣고, 설레는 꿈과 하나님의 놀라운 계획을 볼 수 있는 비전을 발견할 수 있도록 동기를 부여해야 한다. 그런 요소가 보이지 않을 때는 어떻게 동기를 부여하고, 무엇이 내면에서 끓어오르게 해야 하는가? 그리고 그렇게 끓어오르도록 하는 이유는 무엇인가?

그것은 야망이나 욕망이 아니라 다른 사람이나 이 사회에도 유익한 가치로운 것이어야 한다. 비전은 언젠가 되고 싶은 것, 나를 설레게 하는 것을 찾아내거나, 모델링하고 싶은 인물을 찾아 그의 삶을 따라 사는 것이다. 그것으로 인해 행복할 수 있기 때문이다. 바로 그것을 할 수 있는 것이 코칭이다. 이때 상상공학의 코칭 방법을 활용해 꿈을 찾아내고, 정말 하고 싶은 일, 하고 싶었던 일, 잘 할 수 있는 일, 계속 하고 싶은 일, 무엇이 가치로운 일인지 코칭을 통해 스스로 찾아내고 실행 계획을 하고 그 계획을 실천한다면 자신의 탁월성을 발견할 수 있다.

상상공학 코칭의 목적 및 개념

상상공학 코칭의 목적은 꿈과 비전을 찾아 목표를 이루어내는 것이다. 이 개념은 월트 디즈니가 자신의 꿈을 현실로 만드는 데 필요한 단계를 설명한 말이다. 자녀(고객)가 스스로 객관적 사실을 인식하고 판단하는 데 매우 효과적인 기법이다. 꿈꾸고 있는 희망을 상상하는 데만 그치는 것이 아니라, 현실적인 데이터를 기반으로 객관적인 사실에 바탕을 둘 때 더 효과적이다. 또 실제적 상황이나 사건을 객관적이고 전문적인 용어로 표현해 볼 때 꿈은 더욱 실행 가능한 현실이 될 수 있다.

활동: 부모코치와 자녀 1대1 (셀프코칭 가능)

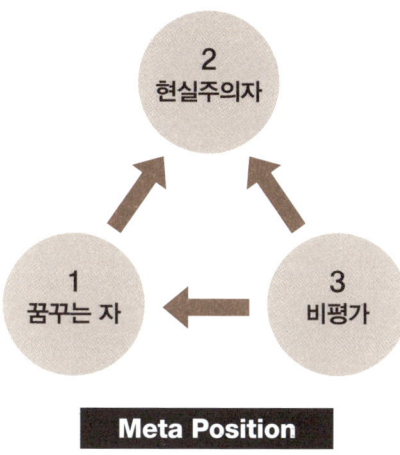

[그림8] 서우경, NLP 전인코칭

● 질문 사례

코치: 꿈꾸는 자의 영역으로 간다.

"가장 멋진 너의 꿈은 무엇이지?"

코치: 현실주의자의 영역으로 이동한다.

"네 꿈을 가로막는 것은 무엇일까?"

코치: 비평가의 영역으로 이동한다.

"네 꿈이 실현가능성이 있다고 생각해?"

"다른 사람들은 어떻게 생각할까?"

● **코칭 사례**

1. 과거에 자신이 가장 멋진 꿈을 꾸던 때를 기억해내게 한다.
   현재 꿈꾸고 있는 것을 상기시킨다.
   꿈꾸는 자 영역 "현재 네가 원하는 꿈이 있다면 말해 주겠니?"
   "이 영역에서 아무것도 제한받지 말고 마음껏 상상해도 좋아."
   "이 꿈에서 네가 기대하는 것은 무엇이니?"
   "이것과 관련해서 다른 가능성이 있다면 무엇이 있을까?"

2. '현실주의자' 공간으로 들어가 꿈을 실천할 수 있는 방법을 물어본다.
   현실주의자 영역 "어떻게 하면 이 일을 잘할 수 있겠니?"
   "현실적으로 이번 대회에서 우승할 확률은 얼마나 될까?"
   "우승하기 위해서 무엇을 할 수 있을까?"

3. '비평가' 공간으로 들어가 잘못된 것과 부족한 점에 대해 평가해 본다.
   비평가 영역 "네가 그것을 하려는 이유는 무엇이니?"
   "너는 왜 그 목표를 꼭 달성해야 하는 거지?"
   "만약 이 일이 네가 원하는 대로 되지 않는다면 어떤 어려움이 있을까?"

4. '메타' 공간으로 나와 각각의 공간을 재점검하고 미진한 공간에 다시 들어간다.

   메타 공간 위의 세 영역을 돌며 질문과 답을 한 후 메타 영역으로 와서 선다. 메타 공간에 서서 지금까지 세 영역에서 있었던 각각의 질문과 답을 충분히 생각해 보고, 목표를 이루기 위해 어떤 영역에서 무엇을 조정해야 할지 생각해 본 후, 조정이 필요한 영역으로 다시 가서 목표를 이룰 수 있게 재조정한다.

5. 각 영역에서 재조정이 끝났으면 다시 꿈꾸는 자 영역으로 가서 실현가능성을 찾아본다.

6. 현실주의자 영역으로 가서 목표 달성과 실행 가능한 방법을 찾아보게 한다.

7. 비평가 영역으로 가서 장애가 되는 부분을 찾아본 후 메타 공간으로 간다.

8. 메타 공간에서 "네가 진짜 원하는 것이 무엇인지 말해 주겠니?" 하고 묻는다.

9. 다시 꿈꾸는 자 영역으로 가서 아래의 질문에 답해 본다.
   "이것을 이루고 나면 그다음에는 어떤 일이 생길까?"

"네가 이것을 하는 의미는 무엇이지?"
"이 목표를 이루면 어떤 일이 생길까?"

10. 마지막으로 현실주의자 영역으로 이동해 질문을 통해 스스로 실행계획을 세우게 한다.
    "그 목표 달성을 위해 어떻게 할 것인지 말해 주겠니?"
    "그 계획은 언제부터 진행할 수 있을까?"
    "그 계획은 누구와 하면 더 잘할 수 있을까?"
    "오늘 계획에 만족하니?"

11. 자녀가 꿈을 이루기 위해 구체적인 계획을 세워보도록 권면하고 격려한다.

매일 멋진 응원 코칭

자녀를 탁월한 리더로 세우는 리더십 코칭의 의미

"어! 저 사람은 뭔가 다르네." 금쪽같은 자녀가 20-30년 후에도 긍정적 의미에서 이런 말을 들으며 살아간다면 가정이나 직장 등 어떤 조직에서도 행복할 것이다. 자녀가 행복한 사람으로 살아간다면 부모에게 그보다 더한 기쁨은 없을 것이다.

리더십 있는 사람은 뭔가 다르다. 좋은 습관을 넘어 긍정 패러다임의 위대한 습관이 있으며, 능력과 성품을 균형 있게 갖추고 있다. 크리스천에게는 하나님께서 주신 비전을 발견하고 그 비전을 이루기 위한 구체적인 목표가 있다.

탁월한 리더는 다른 사람과 차별되는 균형 잡힌 삶을 살아가고, 늘 성장하는 삶을 추구하며 그 방법을 찾아 실천한다. 또 사회적 기여가 있는 삶의 의미와 태도를 알고 실천한다. 자녀를 이렇게 탁월한 리더로 세우려면, 크리스천 부모는 "네가 어디 있느냐"는 하나님 아버지의 질문에 매일 깨어 있고 민감하게 반응하며 뛰어난 영성으로 코칭을 해야 한다.

하나님을 신뢰하는 사람은 결코 침몰하지 않는다. 미국 워너메이커 백화점 설립자이면서 우정장관을 지낸 존 워너메이커는 67년간 주일학교 교사를 본업으로 여겼고, 미국 제39대 대통령을 지낸 지미 카터는 퇴임 후 96세까지(2020년) 교회학교에서 교사로 섬기고 있다는 기사를 보았다. 지미 카터는 우리 시대의 가장 영향력 있고 본이 되는 평신도 지도자라고 일컬어진다. 그러나 알려지지 않은 더 중요한 그의 삶의 한 부분은, 성경을 손에서 놓지 않고 날마다 말씀을 묵상하며 일상의 지혜를 구하는 영성의 사람이라는 것이다.

탁월한 리더는 하나님이 부르실 때 생명의 광주리가 비어서는 안 된다. 사명으로 생명의 광주리를 채우며 살아가야 한다. 말씀과 기도로 성령 충만하여 자녀를 코칭할 때 성령은 우리 안에서 강력하게 일하신다. 하늘 양식으로 받은 하나님 말씀을 오늘의 양식으로 먹고 힘을 내어 그 말씀을 삶으로 실천하는 사람은 생명의 광주리를 채우며 탁월한 리더로 행복하게 살게 된다.

우리 자녀의 20-30년 후의 삶을 어떻게 준비해야 할까? 부모는 시대를 읽어내는 지혜를 구하고 궁리하며 하루하루 '받은 말씀 코칭'을 통해 매일 멋진 응원과 코칭으로 매일 멋진 리더십의 습관밧줄을 튼튼히 엮어 가야 한다. 이렇게 말씀 실천으로 엮인 튼튼한 습관밧줄은 어떤 상황에서도 끊어지지 않고 자녀가 멋진 리더십을 발휘하며 살아갈 수 있도록 탁월한 리더로 이끈다.

원종순

한국영리더십센터 대표, 아동청소년협동조합 대표
기독교코칭학회 부이사장, PTSA 미주장로회신학대학교 객원교수
숙명여자대학교 아동복지학 박사(Ph.D)

저서 『리더십을 키우는 영유아인성교육』(공저, 신정, 2021) 외

"마땅히 행할 길을 아이에게 가르치라
그리하면 늙어도 그것을 떠나지 아니하리라"

_ 잠 22:6

Part 3
예술과 감성 코칭

Christian Coaching
Discovery

07

K-Pop시대의 아티스트 코칭
_ 이혜정

왜 아티스트 코칭인가 ──

코칭은 예술이며, 코치는 예술가다. 아티스트 코칭은 창조적 삶을 위한 라이프 코칭이며 영성코칭이다. 크리스천 코치는 하나님께서 창조하신 아름다운 세상을 회복하고, 하나님께서 우리에게 주신 창조적 영성의 회복을 위해 헌신한다.

우리 사회의 영웅은 시대마다 다른 모습으로 부각된다. 지난 10여 년 동안은 유명연예인이었다가 지금은 유튜버. 창의적인 자신만의 세계를 만들어가거나 정보를 형성하고, 그 안에서 '구독'과 '좋아요'의 조회수로 평가받고 인정받는다. 개인이 세상 속에서 방송을 주도하고 선도하는 아티스트로 살아가고 싶은 욕구가 드러나고 있다. 이처럼 개인의 예술성과 창의성이 주목받는 시대에 건강한 아티스트가 많아져야 건강한 사회가 된다.

이따금 대중매체에 노출된 유명인들의 일탈과 그들의 정신적 스트레스를 해소하기 위한 행동이 우리를 당황하게 한다. 그들은 무대 위의 환호와 무대 아래서의 평범한 삶의 괴리, 무대를 위한 평범한 삶의 희생, 극복해야 할 무대공포증 등으로 평범한 삶을 살아가는 이들과는 다른 어려움이 있다. 대중매체에 노출된 유명인들이 삶의 밸런스를 유지하고 건강한 삶을 살아가는 것은 그들을 사랑하는 팬들에게도 많은 영향을 미친다.

최근 들어 한국의 문화예술이 세계인의 관심을 받고 있다. 아티스트가 되려는 지망생 혹은 아티스트로 살아가는 이들에게 삶의 균형과 건강함, 예술성과 창의성을 위한 코칭은 절실히 요구된다.

우리 민족의 예술성과 창조성*은 삶의 곳곳에서 나타난다. 예술성과 창조성이 건강하게 발현되고 형성될 때, 우리 사회의 문화가 건강하고 아름답게 발전할 수 있다. 코치로서 사회적인 책임을 위해 아티스트를 위한 코칭은 계속 발전해 나가야 할 것이다.

아티스트 코칭은 전문 아티스트뿐 아니라 창조적 삶을 살기 원하는 사람들을 위한 라이프 코칭이기도 하다. 아티스트 코칭을 통해 하나님이 주신 온전한 아름다움을 주저함 없이 표현하는 예술성을 발견할 수 있다. 하나님의 형상을 닮은 우리 안의 창조성(창의성)이 발현될 때, 우리의 삶은 획일화 되지 않고 자기 목소리를 낼 수 있으며, 창의적이고 다양한 모습으로 자기 안에 숨어 있는 아름다움을 꽃피울 수 있다.

---

* 여기서 창조성은 "하나님의 창조적 형상을 닮은 인간의 창의성"을 의미한다.

첫째, 아티스트 코칭은 전문 예술인들의 건강한 삶을 통해 예술적 행위가 사회에 미치는 건강한 영향력을 목표로 한다.
둘째, 아티스트 코칭은 우리 안의 아티스트를 발견하고 삶을 창조적으로 살아갈 수 있는 라이프 코칭이며 영성코칭이다.
셋째, 아티스트 코칭은 아트라는 도구가 아닌 사람에 관심을 갖는다.

"우리는 어디서 와서 무엇을 하며 어디로 가는가?"라는 거대한 명제 속에서, 사람들은 다양한 답을 한다. 크리스천은 생명 주신 하나님의 형상을 회복하고, 하나님께서 우리를 부르신 부르심에 응답하고, 하나님나라를 향해 간다. 크리스천 코칭을 통해 아름다운 창조질서를 회복하고, 창조적 영성을 보여줄 수 있다면 행복한 사회가 될 것이다.

예술성의 발견

예술은 '조립하다' '고안하다'라는 의미의 라틴어 '아르스'(ars)와 '알고 있다' '할 수 있다'는 의미의 독일어 '쿤스트'(kunst)에서 비롯된 용어다. 수공이나 기타 실용적인 기술을 포괄하는 예술이라는 의미는 18세기가 지나면서 좁은 의미의 예술, 미적 가치의 실현을 목적으로 하는 기술로 의미가 국한되기 시작했다(이주영, 2007).

예술성에 대한 시대적 관점은 변하고 확장되고 종류도 다양해졌다. 예술에 대한 관점을 하위징아(Johan Huizinga)와 스미스(Ralph A.

Smith)는 유희론적 관점으로 보고, 랑거(Robert Langer)와 위너(Ellen Winner)는 표현적 특성으로 본다. 특히 랑거는 예술을 인간의 감정을 상징하는 형식의 창조라 말하고, 위너는 예술이 사용하는 상징으로 인해 예술의 인지적 영역의 작용이 필요하다고 했다. 이들은 예술을 단순히 유희적 관점으로 볼 수 있는 것이 아니라 세상을 인식하는 본질이라고 주장한다.

최근에는 예술의 절대 표현주의를 비판하며 객체의 관점이 아닌 다중적인 환경, 다시 말해 맥락을 중요시하는 예술의 실제적인 행위가 예술이라고 주장하기도 한다(Elliot, D. J., 2014).

이처럼 예술은 인간의 삶과 활동, 인간의 의도를 통해 형식을 갖거나 행위로 펼쳐지며, 그 안에서 우리는 특별한 감동을 경험한다. 누구에게나 감정과 정서를 표현하는 방법과 기술이 있다. 다만 우리에게 있는 예술성이 발견되지 않았을 뿐, 하나님의 형상을 닮은 인간에게는 예술성이 내재되어 있음을 알 수 있다.

줄리아 카메론은 우리가 창조적이기 때문에 우리의 삶이 예술작품이 될 수 있다고 말한다(Julia Cameron, 2013). 이는 우리 삶의 모든 부분에서 예술성이 발견될 수 있음을 의미한다. 어린아이들은 자기 몸에서 나온 변을 아무런 거리낌 없이 손으로 주무른다. 또 색연필로 벽에 마음껏 그림을 그리기도 한다. 이렇게 통제받지 않는 자유 속에서 예술성은 발견된다.

매일 밥상을 차리고, 집안을 꾸미고, 옷을 입고, 재미있게 걷는 것 등 모든 예술성은 어떻게 발견되고 표현될까? 최정인은 영아의 예술성 변화를 탐구하며 "인간은 생득적인 예술성을 지니고 출생 이후부터 자신이 가진 예술성과 감각을 이용해 끊임없이 주변을 탐색하고 자극을 경험하고 그 경험들을 재구성하며 성장하는 발달적 존재"(최정인, 2013)라고 말한다. 예술성을 가지고 태어난 인간이지만, 후천적인 환경에 의해 향상될 수 있는 충분한 기회가 주어져야 정상적으로 발현될 수 있다고 보는 것이다(Itten J., 2015)

예술성이 삶의 환경에 의해 풍부하게 표현된다면, 삶의 환경에 따라 건강하지 못하게 발현할 수도 있다는 말이다. 따라서 예술성을 발견하고 건강하게 발현할 수 있도록 삶의 환경을 조성하는 일은 중요하다.

교회 안에서 우리는 많은 예술적인 감각과 감성을 취득한다. 문명이 발전하지 못한 사회일수록 교회를 중심으로 문화와 예술이 발전한다. 그러면 세상이 그것을 보고 따라가는데, 시간이 지나면 교회가 세상의 속도를 따라가지 못한다. 교회는 세속화를 염려하기 때문이고, 세상은 더 강렬한 감성적 자극과 상업성이 결합되어 엄청난 속도로 변하기 때문이다. 보시기에 좋았던 하나님의 작품처럼 예술성을 발견하고 그것을 아름답게 표출하기 위해 우리는 무엇을 어떻게 해야 할까?

창조성의 발현

창조성은 우리가 신학적 신앙적으로 알고 있는 하나님의 창조와 다른 개념이다. 여기서 말하는 창조성은 창의성을 의미한다. 4차 산업시대에 들어서면서 창의교육, 창의융합 등의 단어가 등장했다. 우리는 창조성, 창의성의 개념을 이해할 때 새로움과 연결 짓는다. 그러나 창조성은 인간의 근본 욕구와 연결되어 있다.

1950년대 미국 심리학회(APA) 취임식 강연에서 길포드(J. P. Guilford)는 창조성 신장과 그 능력의 중요함을 강조했다. 이때부터 사회과학적 심리학으로 많은 논문과 저서가 나오기 시작했다. 길포드는 지능 위주의 수렴적 사고와 달리 확산적 사고의 문항으로 창조성을 평가하고 이론과 실증성을 입증했다. 확산적 사고의 개념을 창의성이라는 개념어로 사용하는 것이 더 적절하다(김명철, 2014)는 것이다.

그는 지능구조 모델에는 내용, 정신적 조작, 산출의 세 가지가 있는데, 이 중 조작 영역에 인지, 기억, 수렴적 사고, 확산적 사고, 평가, 이렇게 다섯 가지가 있고, 확산적 사고가 창조성에 관련된 능력이라고 증명했다. 확산적 사고의 하위요인은 감수성, 유창성, 유연성, 독창성, 면밀성, 재구성력, 집요성이 있는데, 본질적이고 통합적인 면에서 창조성을 강조한다.

창조는 라틴어 'Creo'를 어근으로 하는 'Creatio'에서 유래한 것으로 '만들다'에 어원을 두고 있다(Encyclopedia of Religion, 1978). 없는 데서 뭔가를 만들어내고, 새로운 것을 발명하며, 생명의 탄생인 출산의 의미도 포함되어 있다. 브리태니커 사전에는 "문제의 새로운 해답, 방법, 장치의 발명, 새로운 예술 양식의 전개 등"으로 서술되어 있다. 하나님의 형상을 닮은 인간 안에는 자연스럽게 자신만의 고유한 관념과 생각을 독창적인 방법으로 표현하는 잠재능력이 있다.

고대 그리스 시대에는 예술, 과학, 철학 등의 다양한 문화가 개인의 삶 속에서 표현되었다. 그러나 이들에게 예술은 창조하는 것이 아니라 모방하는 것이며, 자연법칙의 지배를 받는 것이었다. 다만 시인은 자유로웠다. 중세에는 창조를 신의 절대적인 속성으로 보았고, 신앙의 기초 위에 세워진 정신문화가 팽배했다. 르네상스 이후에는 인간 안의 천재(天才)성이 강조되었다. 18세기에 요한 고트프리트 헤르더(Johann Gottfried Herder)는 범신론적 관점에서 인간의 천재성을 이야기했다. 19세기 낭만주의 시대에는 예술이 창조로 인식되었다. 20세기에 이르러서는 인간 보편의 자기실현적 창조성에 주목하기 시작했다. 창조성에 관한 사회문화적인 다양한 관점 속에서 우리는 창조성이 인간의 보편적이고 근본적인 본성, 생명의 근원, 인간의 사고와 활동의 원동력이 되는 것을 발견할 수 있다.

매튜 폭스(Matthew Fox)는 창조성의 발현으로 창조 영성을 말한다. 그는 원죄의 신학에서 은총의 신학으로 패러다임을 전환하고, 영적 여정의 '네 길'을 말한다. 창조 영성은 기쁨이 넘치고(긍정의 길), 깊이가 있고(부정의 길), 정열적이며(창조의 길), 공감이 넘치는(변모의 길) 삶을 원하는 그리스도인에게 열려 있다(Matthew Fox, 1983).

우리는 창조성이 하나님의 위대함, 천지만물의 창조라는 영역에 생각이 머문다. 그러나 자기 삶에서 나타나는 호기심, 자유로움, 표현, 가능성을 향한 도전 등을 통해 미처 경험하지 못한 자기 안에 감추어진 창조성이 발현되는 것을 발견한다.

우리는 많은 예술작품 속에서 작가의 창조성과 만난다. 조성준의 『예술가의 일』을 보면 미술, 음악, 건축, 사진, 영화에서 독보적인 세계를 구축한 예술가 33인이 나온다. 글램룩의 대표주자 데이비드 보위

(David Bowie, 록스타)는 "당신이 편안하다고 느낀다면 그건 당신이 죽었다는 뜻"이라고 말한다. 새로운 시선과 시도를 위해 끊임없이 자극적이던 그를 시작으로 책이 열린다. 이 책의 마지막 등장인물은 "나는 사람들이 어떻게 움직이느냐가 아니라 무엇이 그를 움직이게 만드는지에 더 관심이 있다"고 말한 피나 바우슈(Pina Bausch, 무용가)다. 여기 나오는 모든 사람이 자극적인 것은 아니다. 그러나 분명한 것은 예술가로 주목받던 이들은 다른 사람의 시선에 상관없이 자신의 길, 자신의 삶을 살았다는 것이다.

예술가는 작품을 만들고, 그것을 해석하고 받아들이는 것은 관찰자의 몫이다. 그러나 작품은 그 시대를 반영하고 이끌어간다. 예술작품에는 아티스트의 독창적인 표현이 드러나 있다. 예술작품에는 작가의 영성이 들어 있다. 영혼을 새롭게 하는 작품이 있고, 영혼을 파괴하는 작품이 있다. 그래서 아티스트의 영성은 그 시대의 문화를 형성해 나가는 거대한 흐름을 유발한다. 따라서 우리는 내면의 감정이 밖으로 표현되는 창조성이 균형 잡히고 생명력 있게 발현될 수 있도록 아티스트 코칭을 할 필요가 있다. 아티스트 코칭은 창조성 코칭이다. 아티스트 코칭은 코칭이 사회적 책임을 이루어낼 수 있는 하나의 방안이 될 수 있다.

내가 생각한 창조성은 독특함과 자유로움이었다. 진로상담가가 내 학습유형을 조사하면서, 규범을 중시하는 나는 예술적인 기질 다시 말해 창의성은 있지만 예술가로 성공하기는 무리라고 평가서를 보내왔다. 생각해 보면 어느 정도 일리는 있다. 내 주변에서 세계적으로 성공한 친구들은 다른 사람을 신경 쓰지 않고 규범보다는 자신의 열정과 호기심에 충실했다. 평범하고 규칙적인 삶에서 나오는 창조성은 없는지 질문해 보았다. 평범하고 규칙적인 삶의 창조성(창의성)도 있다. 달팽이는 딱딱한 껍질을 등에 지고 있는데, 자유를 부르짖으며 껍질을 벗어버리면 뜨거운 햇볕에 말라버리거나 새들의 밥이 될 것이다. 있는 모습 그대로 느려도 천천히 자기의 길을 걸어가는 것에도 창조적 삶이 있다. 창조성은 진정한 자기의 발견에서 시작되기 때문이다.

그럼 여기서 또 한번 생각을 전환해 보자. 진정한 자기를 발견하고 자기다움을 회복하는 것, 여기서 한 걸음 더 나아가 자기를 포기할 때 얻게 되는 무한한 창조적 가능성이 있지 않을까 생각해 본다. 아이를 키우며 모성이 발현되고, 사람에 대한 이해의 폭과 관계의 경험 속에서 얻는 새로운 지혜를 보면, 우리는 또 다른 세계로 나아가는 창조성이 발현된다.

누구에게나 있는 예술성과 창조성은 결국 도전과 용기와 모험으로 발현된다. 다만 그 도전이 어떤 사람에게는 도발적이고 어떤 사람에게는 흔들림 없는 평범한 꾸준함이다. 창조적 삶을 위해 질문하다가 어느 날 질문이 멈출 때, 자연스러운 호기심은 우리의 창조성을 깨울 수 있다.

아티스트 코칭

첫째, 일반적인 의미의 아티스트 코칭은 창조성 코칭이다. 둘째, 아티스트 코칭은 전문 예술가들의 정신적 강화를 위한 라이프 코칭이다.

아티스트 코칭은 창조성이 회복되고 균형 잡힌 삶을 살아가도록 돕는 코칭이다. 균형 잡힌 아티스트는 전문성과 대중성, 창조성과 향상성의 조화를 유지해 사회에 선한 영향력을 미칠 수 있다.

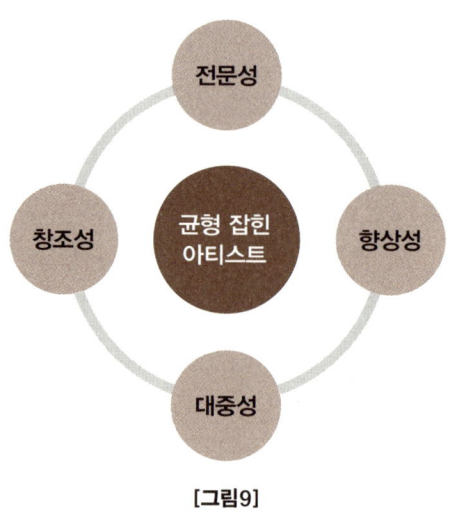

[그림9]

태도(Attitude)

> 그리스도의 말씀이 너희 속에 풍성히 거하여 모든 지혜로 피차 가르치며 권면하고 시와 찬송과 신령한 노래를 부르며 감사하는 마음으로 하나님을 찬양하고 _ 골 3:16

코치에게는 코치다움의 태도가 있다. 코칭철학과 윤리는 코치다운 태도를 요구한다. 한국코치협회(KCA)와 국제코치연맹(ICF)의 역량에 보면, 신뢰와 안정감을 조성하는 것의 중요성을 알 수 있다. 진실성, 성실함, 고객을 온전히 인정하고 있는 그대로 보아주기, 페이싱(Pacing)

등 우리의 태도에 따라 고객의 성과는 다른 방향으로 나아갈 수 있다.

경영학 이론에서 성과(Performance)는 능력(Ability)과 태도(Attitude)의 곱이라고 말한다. 예술가들에게는 보이는 태도(무대 위의 태도)와 보이지 않는 태도(무대 아래의 태도)가 있다. 타고난 능력과 만들어진 능력도 있다.

크리스천 코치는 기독교인으로서 기본 태도가 필요하다. 태도에 대한 점검이 우선되어야 한다.

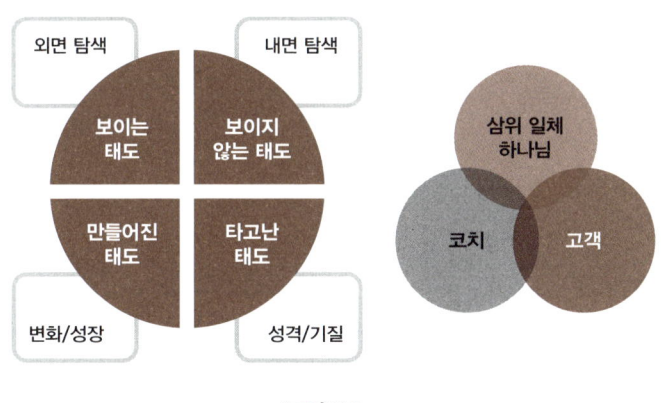

[그림10]

크리스천 코치는, 첫째 자기를 사랑하고 자기가 세상의 중심이 되는 것이 아니라, 관찰자이자 이끌어가시는 하나님에 대한 겸손한 태도를 갖는다. 둘째, 하나님에 대한 신뢰, 성령의 이끄심에 민감한 태도, 예수님의 마음으로 고객을 대한다. 셋째, 고객이 하나님의 형상을 회복하고 하나님께서 주신 자신의 달란트를 발견하여 소명과 사명을 이루어가도록 돕는다.

현실(Reality)

> 그러면 어떻게 할까 내가 영으로 기도하고 또 마음으로 기도하며 내가 영으로 찬송하고 또 마음으로 찬송하리라 _ 고전 14:15

가치관이 정해지지 않고 경험도 부족한 청소년에게, 꿈이 무엇이고 무엇이 되고 싶으냐는 엄청난 질문을 던지고는 "몰라요"라고 대답하면 죄인이나 불쌍한 사람처럼 취급한다. 사실 무엇을 원하는지 알기 위해서는 자신의 현실에 대한 철저한 점검이 있어야 한다. 그런데 막연하게 '꿈을 가지라'고 외치고는 더욱 좌절하게 만든다. 어쩌다 성공하기도 한다. 그러나 한편으로는 막연한 이상과 꿈을 쫓다가 현실의 벽에 부딪혀 평생 꿈만 꾸고 살아가기도 한다. 실현가능한 꿈을 가지려면 코칭을 통해 현실을 점검해야 한다. 현실을 바탕으로 하되, 그것을 뛰어넘어 어떻게 꿈을 꿀 수 있는지도 코칭을 통해 펼쳐갈 수 있다.

재능, 활동현장, 관객(사람), 무대(공간), 자원(경제적 환경적), 자리(자신이 속한 사회와 그룹 등)는 예술가나 코치에게 혹은 일반적인 삶을 살아가는 모든 사람에게 중요하다. 현실을 탐색하다 보면 실제 이슈가 발견된다. 현실에 대한 분명한 인식은 현재 삶의 자리에서 한 걸음 더 나아가는 좋은 목표를 설정할 수 있고, 나아갈 방향을 잡을 수 있기 때문이다.

학교에서 음악하는 학생들을 대하다 보면 음악적인 스킬이나 레퍼토리의 확장, 창의적인 무대와 작품도 그들의 관심사지만, 실제 절실한 문제는 안정적인 수입원, 고정적인 일터가 없다는 것이다. 교육계에서 일하거나 학원, 스튜디오를 운영하지 않으면, 공연할 수 있는 환경이나 사회적 분위기가 쉽게 만들어지지 않는다. 혼자서 음악단체를 만들어 열심히 활동하다가 버티지 못하고 무너져버리는 경우도 허다하다. 경제적인 투자에 비해 수입을 창출하는 것이 어렵기 때문이다.

요즘은 관공서(시립, 구립) 합창단을 공모하면, 외국의 유명 학교에서 유학한 사람들이 몰려오는데, 그들이 설 자리가 많지 않다. 기업이나 국가가 스포츠에 투자하는 것처럼 문화예술에도 투자하면 활성화될 텐데 아직 많이 미흡하다. 방송계에서는 순수음악보다 대중음악을 더 많이 확산시키고, 학교 현장에서는 순수음악보다 실용음악으로 학생들이 몰리고 있어, 기존의 선생들이 실용음악에 대한 이론이나 전공을 따로 공부해야 한다. 문화와 예술이 인간의 정서와 행동에 미치는 영향을 고려해 보면 심각하게 생각해 보아야 할 일이다.

아티스트를 코칭하다 보면 자신이 하던 음악을 포기하고 다른 직업을 찾게 되는 경우가 종종 있다. 좋아하는 것과 잘하는 것은 차이가 있다. 전문적 아티스트는 그것으로 자기 삶을 영위해야 한다. 그냥 잘하는 것으로는 되지 않는다.

작품을 하나를 완성하려면 수많은 반복을 통해 무의식적으로 예술 행위가 표현될 수 있어야 한다. 현실을 인식하고 자신이 원하는 결과를 얻기 위해 수없이 반복하려는 의지를 굳건히 한 경우라야 계속해서 그 길을 갈 수 있다. 단순히 좋아한다는 이유로 아티스트가 되기를 원하는 사람은 결국 코칭을 통해 자신의 길을 수정하게 된다. 그러나 아티스트로 살아가는 방법이 전혀 없는 것은 아니다. 생활 속에서 자신의 예술성을 표현하는 아티스트로 살아갈 수 있다.

- 재능: 객관적 평가, 주관적 평가
    "평가를 받아본 적이 있는가? 평가의 결과는?"
- 관객: 연령층, 대상에 대한 이해
    "자신의 재능은 누구에게 호소력이 있는가?"
- 무대: 시간, 공간에 대한 설정, 실내, 야외
    "어떤 무대에 적합한 사람인가?"
- 지원: 경제적 지원, 가정적 지원, 사회적 지원
    "어느 정도의 지원이 가능한가?"
- 의지: 반복을 견딜 수 있는 의지, 성실성, 진지함
    "매일 출근하는 사람처럼 그 이상의 시간을 견딜 수 있는가?"

목표(Target)

그 기쁘신 뜻대로 우리를 예정하사 예수 그리스도로 말미암아 자기의 아들들이 되게 하셨으니 이는 그가 사랑하시는 자 안에서 우리에게 거저 주시는 바 그의 은혜의 영광을 찬송하게 하려는 것이라 _ 엡 1:5-6

현실을 점검한 후에는 장르 전공 혹은 분야에 대한 최종적인 목표를 만들어내고 방향을 집중할 수 있다.

- 당신이 추구하는 음악은?
- 당신이 추구하는 미술은?
- 당신이 추구하는 코칭은?

- 당신이 추구하는 가정은?
- 당신이 추구하는 교회는?
- 당신이 추구하는 사업은?
- 당신이 지향하는 삶의 자리는?
- 당신이 바라보는 삶의 목표는?

목표를 정하면 방향이 분명해진다. 세상에서는 목표를 이루면 더 높은 목표를 향해 나아간다. 크리스천 코치의 최종 목표는 하늘나라다. 목표를 이루고 그것을 통해 어떻게 하나님나라를 확장해 나갈 수 있을까? 목표는 정체성과 연결된다. 무엇을 추구하는지, 무엇을 지향하는지, 바라보는 삶의 목표를 분명히 할수록 성과는 커진다.

"목표가 이루어진 후에 무엇이 달라져 있을까요?" "당신은 삶의 마지막 순간에 어떻게 기억되고 싶은가요?" "그것을 위해 지금 당신이 할 수 있는 것은 무엇인가요?" 이러한 질문을 통해 궁극적인 가치를 확인할 수 있다. 그들이 바라보는 최종 목표를 발견하게 하고, 하나님의 영광을 위해 찬양하게 하는 것이 크리스천으로서 아티스트 코칭의 목적이다. 자기 삶의 목적이 분명해지면 목표가 구체화 되고 하나님 안에서 자신의 정체성을 회복하게 된다.

정체성(Identity)

> 이 백성은 내가 나를 위하여 지었나니 나를 찬송하게 하려 함이니라 _ 사 43:21

하나님 안에서 자기 존재를 발견하고, 자신의 가치를 성경적 가치로 해석할 수 있도록 질문하는 것이 크리스천 코치의 일이다. 자신의 강점, 자원이 하나님의 목적과 연결되는지, 그것이 하나님나라를 위해 어떻게 사용되기를 원하는지 발견하도록 도와야 한다.

바이올린이 더블베이스 소리를 내고 싶다면 평생 아름다운 제소리를 낼 수 없다. 악기마다 음역대와 음색과 울림통이 다르듯 사람에게도 육체적 특성, 성격적 특성, 문화적 환경 등 다양한 색채, 존재의 크기, 울림 등이 있다. 그것을 발견하고 자기답게 목표를 설정하는 것이 필요하다.

NGO 단체의 임원을 코칭하기 위해 참여한 적이 있다. 비자발적인 고객은 처음에 저항하는 태도를 보였다. 본인을 소개하라고 하자 자신의 화려한 학력과 충분한 경력 등을 이야기했다. "그런 당신은 누구십니까?"라는 질문에 잠깐의 침묵이 흘렀고, 그 후 충분한 코칭의 성과를 고객 스스로 창출해냈다. 이처럼 우리는 자신의 가치, 의미, 존재를 잠시 잊어버리기도 한다. 좋은 의도로 가치 있는 일을 지향하던 사람이 가장 많이 빠지는 함정은 자신을 돌보는 것에 대한 무관심이다.

- 나는 누구인가?
- 내 이미지는?
- 내가 좋아하는 것은?
- 내가 잘하는 것은?

코치는 MBTI, DISK, NLP, 강점 활용, 에니어그램, 자기분석 등의 도구를 유연하고 자연스럽게 사용해 고객의 정체성을 확인하고 활용하는 것이 효과적이다. 그러나 성장과 변화에 따라 장점을 극대화하고 단점을 최소화할 수 있다는 생각으로 '고객은 온전하다'고 느끼며 예수님의 마음으로 고객을 바라보아야 한다. 또 중요한 것은 자신이 사는 시대와 문화적 가치다. 자유로울 수 있을 때 새로운 아이디어가 창출된다고 생각하지만, 새로운 아이디어는 사회 문화적 환경과 가치, 시대적 맥락 위에 있다.

여기서 한 걸음 더 나아가 크리스천 코칭은 자신의 정체성을 회복하고 발견한 후 자기다움을 포기하는 데까지 나아가야 한다. 사회적 책임을 가지고 헌신할 때 크리스천 코치로서 정체성이 분명해진다.

연대(Solidarity)

시와 찬송과 신령한 노래들로 서로 화답하며 너희의 마음으로 주께 노래하며 찬송하며 _ 엡 5:19

- 내 특별함은?
- 내 전문성은?
- 내 고유성은?
- 전문성이 공동체 안에서 어떻게 발휘되어야 할까?

아티스트는 독특성과 고유성이 있어야 한다고 한다. 또 창조적 삶을 위해 특별한 뭔가를 발견하려고 한다. 특별함을 발견한 후 그것이 사회적 연대 속에서 어떻게 빛을 발할 수 있을지 질문해야 한다. 사회를 어떤 방향으로 성숙하게 하고 발전시켜 나갈 수 있는지 사회적 책임을 생각해야 한다. 그래야 독특함의 가치가 분명해진다. 아티스트 중에도 사회운동, 인권, 후대를 위한 기틀을 마련하는 사람이 더 생명력 있게 오래가는 것을 볼 수 있다.

시간(Time)

> 호흡이 있는 자마다 여호와를 찬양할지어다 할렐루야 _ 시 150:6

- 연습 시간, 준비 기간: 얼마나 지속적으로 오랜 시간을 해야 하는가?
- 연주 시간(공연, 전시): 내가 감당할 수 있는 연주 시간(전시 기간)은?
- 언제까지 이 일을 계속 할 수 있을까?
- 이것을 해나가는 현재의 속도는 목표에 도달하는 데 적절한가?
- 과정과 결과의 시간: 기간
- 결과를 성취하는 시간은?
- 인생의 마지막 순간에 나는?

이러한 시간적 질문 위에 어떻게 끊임없이 다양한 양식의 변화를 이루어낼 수 있을지 질문한다. 나이가 들수록 성숙해져가는 작품과 연주, 아티스트로서 성숙성을 보이기 위해 끊임없는 변화와 성장, 발전을 추구하지 않으면, 다른 아티스트의 성장을 방해하는 고집스러운 걸림돌이 된다.

아티스트 코칭의 의미와 중요성

K-Pop을 선도해 가는 연예인 기획사는 기획 단계부터 글로벌 시장을 겨냥하고 SNS를 통해 음악을 유포하며 접근성을 높였다. 서구의 팝 스타일과 한국 정서를 융합해 보편적 대중성을 지닌 K-Pop은 화려한 퍼포먼스, 집단 군무, EDM(Electronic Dance Music)의 사용으로 언어나 가사의 의미와 상관없이 전 세계인에게 쉽게 접근한다. 특히 음악, 노래, 춤, 미술, 사진 등 표현예술은 IT의 발달로 언어가 달라도 국경과 문화적 차이를 넘어 쉽게 공감대가 형성될 수 있기에 사람들이 더 쉽게 공유할 수 있다. K-Pop은 댄스음악의 한계, 상업적 성향이 강한 대중음악의 한계, 중독성 등으로 세계 주류 음악으로 편입이 가능할지 의구심을 불러일으켰다(조해창, 2005).

그러나 지금 우리는 K-Pop*이 세계인들의 관심과 사랑 속에서 국가 브랜드를 높이는 시대를 살고 있다. 21세기 팝 아이콘으로 불리는 방탄소년단 외에도 아이돌 댄스그룹의 활약, 영화, 넷플릭스 영화 등이 세계를 휩쓸고 있다.

하나님은 아담에게 최초의 질문을 던지셨다. "네가 어디 있느냐"(창 3:1-21). 동생 아벨을 죽인 가인에게 "네 아우 아벨이 어디 있느냐"(창 4:1-15), 하갈에게는 "네가 어디서 왔으며 어디로 가느냐"(창 16:1-16), 날이 새도록 씨름한 야곱에게 "네 이름이 무엇이냐"(창 32:24-32), 부르심을 받고 주저하던 모세에게 "네 손에 있는 것이 무엇이냐?"(출 4:2)

---

* K-Pop은 아이돌 가수, 그룹이 부르는 한국의 댄스 음악이다.(삼성경제연구소, 2012)

등 현실을 인식하게 하시고, 하나님이 주신 재능과 소명을 발견하게 하시고 사명을 주셨다.

예수님은 우리에게 "네게(너희에게) 무엇을 하여 주기를 원하느냐" (막10:36, 51; 눅 18:41), "너희는(무리가) 나를 누구라 하느냐"(마 16:15; 막 8:29; 눅 9:18, 20), "네가 나를 사랑하느냐"(요 21:15-17) 등 질문을 통해 우리 마음의 소원, 우리의 정체성 등을 확인하셨다. 그리고 우리의 궤도를 수정해 주셨다. 주님이 우리의 코치가 되어 동행하시고 언제나 격려하시는 것처럼, 성령의 조명하심 아래서 코치가 질문할 때 삶의 자리를 발견하고 목표를 정하거나 수정하고 나아갈 힘을 얻는다.

화려함 속에서 공허함을 느끼는 아티스트는 예술성과 창의성이 풍부해질수록 민감성과 감수성, 섬세함도 많아진다. 그래서 느끼는 공허함과 감정적인 기운이 육체적으로 표현되고 발산된다. 그러나 코칭을 통해 영적인 민감성, 목적이 있는 삶으로 전환될 때 아티스트로서 책임 있는 삶을 살아가고 사회 속에서 선한 영향력을 만들어갈 수 있다.

참고문헌

- 이주영. 『예술론 특강』. 서울: 미술문화, 2007.
- 조성준. 『예술가의 길』. 서울: 작가정신, 2021.
- 김명철. "창조성 발현의 사회심리학-한국 현대 소설과 미술 영역을 중심으로". 서울대학교 대학원 박사논문, 2014.
- 최정인. "예술경험 프로그램에 참여한 만 2세 영아의 예술성 변화 탐구". 중앙대학교 대학원 박사논문, 2013.

- 게리 콜린스.『코칭 바이블』. 양형주, 이규창 역. 서울: 한국기독학생회출판부, 2011.
- 로버트 랑거.『춤의 본질』. 최용현 역. 서울: 도서출판 신아, 1998.
- 요하네스 이텐.『색채의 예술』. 김수석 역. 서울: 지구문화사, 2015.
- 줄리아 카메론.『아티스트 웨이』. 임지호 역. 서울: 경당, 2013.
- 엘렌 위너.『예술 심리학』. 이모영 역. 서울: 학지사, 2004.
- 스티븐 팔머, 앨리슨 와이브로.『코칭심리학』. 정석환 외 10인 역. 서울: 코쿱북스, 2016.
- Elliot, D. J. *Music Matters*. NY: Oxford University Press, 2014.
- Fox, Matthew. *Original Blessing*. Rochester: Bear & Company Inc, 1983.
- Huizinga, J. *Homo Ludens: A study on the play element in culture*. Boston: The Beacon Press, 1955.
- Cho Hae-Joang. "Reading the 'Korean Wave' as a Sign of Global Shift". Korean journal, winter 2005.
- Smith, R. A. "Justifying aesthetic education. British Journal pf Aesthetics". Vol.4. No.2.

이혜정

샘솟는교회 담임목사, 한국기독교코칭학회 감사
(사)한국코치협회 감사, (사)한국코치협회 KPC 심사위원, 연세다움상담코칭센터 부원장
언더우드상담코치연구소 트레이너 및 기관심사위원, 서울경찰청교경회 임원

PTSA 미주장로회신학대학교 객원교수
World Mission University 겸임교수, 백석대학교 대학원 외래교수

백석대학교 음악학 Ph.D, 연세대학교 연신원 M.Div
서울대학교 음악대학 BA

저서 『사랑하는 이에게』(지식과감성, 2017)

음반 〈여호와는 나의 목자시니〉(2013), 〈샘〉(2019)
〈하나님께서 사랑하는 이에게〉(2019), 〈이루시는 분〉(2021)

08

다림줄과 힐링음악 코칭
_ 정은주

    크리스천의 삶은 왜 행복해 보이지 않을까? 나 역시 하나님 앞에서 항상 부족한 자라는 생각에 회개하며 힘들어했다. 기쁨과 샬롬을 누리는 자유롭고 행복한 크리스천이 되고 싶었다. 그렇게 숙제처럼 껴안고 살던 내게 하나님은 크리스천 코칭과 다림줄을 선물로 주셨다. 다림줄은 '하나님의 사랑 받는 소중한 자녀'라는 정체성을 확고하게 해주었고, 크리스천 코칭은 하나님의 자녀로 행복하게 살도록 세우는 일을 감당하게 했다.

    내게 크리스천 코칭은 '축복의 통로'다. 행복한 삶은 무엇일까? 그 것은 하나님과 친밀한 관계로 살아가는 것이다. 우리는 하나님에 대한 오해가 참 많다. 어린 시절 부모님과 선생님 등 권위자에 대한 경험이 하나님의 이미지를 잘못 생각하게 만든 것이다. 탕자 아버지처럼 선하고 좋으신 우리 아버지 하나님을 만나는 것이 우리에게 은혜다. 예수님을 통해 하나님의 사랑과 용서를 경험하면 우리는 이웃에게 하나님 은혜를 흘려보내길 소망하게 된다.

그래서 내게 크리스천 코칭은 '하나님과의 친밀한 관계 안에서 개인과 공동체가 하나님의 자녀로서 행복한 삶을 살아갈 수 있도록 성령님과 함께 임파워링하는 창의적인 관계'다. 내 크리스천 코칭철학은 '하나님은 우리를 사랑하고 존중하신다. 예수님처럼 성장하고 성숙해질 수 있는 지혜와 명철을 주신다. 그 지혜를 찾기 위해서는 성령님과 함께하는 파트너가 필요하다'는 것이다.

음악치료사인 내게 코칭과 음악치료를 융합하는 힐링음악 코칭을 만드는 것은 매우 자연스러운 일이 되었고, 하나님이 다림줄과 크리스천 코칭을 녹여낸 JOY 크리스천 코칭을 만들게 하심으로 나눔의 기쁨을 더하셨다. 이제는 당신이 행복할 차례다.

다림줄에 대한 이해 ——

다림줄은 하나님의 진리와 사랑을 나타낸다. 하나님의 다림줄(The Divine Plumbline)은 YWAM의 브루스 톰슨(Bruce Thompson) 박사가 성격의 재건을 위한 가르침과 사역 모델로 개발한 것이다. 그의 저서 『내 마음의 벽』에서 다룬 하나님과 인간에 대한 이해를 이곳에서 간략하게 다루면서, 크리스천 코칭으로서 성경적 세계관을 정립해 보려고 한다.

하나님은 우리가 어떤 상태인지 볼 수 있도록 다림줄을 두셨다(암

7:7). 하나님만이 채우실 수 있는 내적 필요를 가지고 태어난 우리는 어릴 때부터 진리와 사랑을 빼앗긴 채 원수의 거짓말에 많은 영향을 받았다. 부모, 교사, 동료, 교회, 우리 마음, 사탄 등 거짓선지자로 인해 우리는 사랑이 결핍되었던 것이다. 두려움으로 위축되어 거절의 다림줄로 가게 되고, 이를 만회하려고 애쓰다가 반항의 다림줄을 따라 살았다. 더 깊게 상처 받지 않고 자신을 보호하기 위해 두려움의 벽을 만들고 거짓 자아로 살아간 것이다.

하나님의 다림줄이 우리 마음에 옮겨질 때 이렇게 두 마음으로 살아온 것을 발견하게 된다. 거절과 반항이라는 다림줄, 두 가지 사고체계로 살아간 것이다. 그리고 마음 깊숙이 숨겨 놓은 불신과 교만을 발견하게 된다. 있는 모습 그대로 사랑해 주시는 하나님을 믿지 못하고 자신을 미워했던 불신과, 하나님 없이 스스로 괜찮은 사람임을 증명하려고 살아왔던 교만이다. 거절과 반항 사이를 왔다 갔다 하면 점점 더 불안해지고 붕괴할 가능성이 커진다. 도피하고 투쟁하는 가운데 모든 일에 정함이 없이 불안정한 삶을 계속 살아간다. 마음에 정욕, 두려움, 교만, 분노가 가득차고 계속 흔들려 정신적인 파괴가 일어나게 된다.

그러나 하나님은 예수 그리스도를 통해 우리가 새롭게 되기를 원하신다. 구속의 은혜를 받은 우리에게 하나님이 어떤 분이고, 내가 어떤 거짓 메시지에 속아 두려워하며, 나는 어떤 모습인지를 계시해 주신다. 그래서 자신의 죄를 애통하게 되며, 하나님께 방향을 돌이켜 회개하게 된다. 그리고 날마다 십자가 앞으로 나아가 자기의 불신과 교만을 못 박는다. 그럴 때 부어주시는 하나님의 용서와 은혜로 자신과 이웃을 용서할 수 있다. 용서는 하나님께 모든 것을 올려드리기로 결단하는 것이다. 그렇게 하나님께 모든 것을 맡김으로써 자유함을 얻은 우리는 하나님과의 사이를 가로막는 것을 인식하고 단절할 수 있다.

하나님은 우리의 죄도 용서해 주시지만, 상처도 치유해 주신다. 죄와 상처가 예수님의 보혈로 씻길 때 마음이 새롭게 된다. 우리의 비합리적 사고가 하나님의 시각으로 변하는 구속사적 사고가 가능해진다. 나는 '소중하고 존귀하며 하나님의 사랑을 넘치도록 받는 귀한 자녀'라는 사실이 이제는 반석처럼 든든히 나를 세워준다. 언제나 나를 떠나지 않으시고 사랑으로 품어주시는 하나님을 신뢰하고 친밀감을 누릴 때, 점점 더 예수님을 닮아가는 성숙한 사람으로 성장하게 된다.

행복한 크리스천

어떻게 하면 행복한 크리스천이 될까? 다림줄을 알게 되면서 하나님과의 관계가 얼마나 중요한지, 그리고 하나님과의 친밀한 관계에서 나오는 기쁨이 얼마나 소중한지 체험하게 되었다. 그리고 크리스천 코치로서 어떻게 살아야 할지 묵상하게 되었다. 그러다 찾은 말씀이 "항상 기뻐하라 쉬지말고 기도하라 범사에 감사하라"는 데살로니가전서 5장 16-18절 말씀이다.

하나님은 우리의 삶에 하나님과의 친밀한 관계에서 누리는 기쁨이 필요하다는 걸 알고 계셨다. 우리에게 충전이 필요할 때는 기도로 평안을 얻게 하셨다. 하나님과의 관계가 방해받더라도 돌아올 수 있는 길도 예비해 주셨다. 감사가 하나님과의 관계를 여는 가장 빠른 열쇠다.

진정한 기쁨(JOY)은 있는 모습 그대로 나를 사랑하고 기뻐하시는 하나님과의 관계를 경험하는 데서 온다. 기쁨이 빈약하면 거짓 기쁨을 탐하게 된다. JOY는 헬라어로 '카라'(χαρά)다. 카라는 하나님의 말씀이 생명이 되어 그 진리로 충만한 내면의 상태를 뜻한다. 하나님이 내 안에 계실 때 누리는 기쁨이다. 하나님의 사랑과 용서를 경험할 때 '은혜'(카리스, χάρις)를 풍성하게 누리는 상태가 '감사'(유카리스테오, ευχαριστεω)다. 은혜와 감사가 풍성할 때 마음에서 흘러나오는 것이 기쁨(카라, χαρά)이다.

JOY는 히브리어로는 '싸손'(שׂוּשׂ)이다. 감당할 수 없는 기쁨을 누리는 감격을 의미한다. 아주 큰 기쁨으로 즐거워하며 행복을 누리는 것이다. 하나님을 만난 영혼이 이 땅에서 누릴 수 있는 가장 큰 기쁨, 구원의 감격, 은혜의 감격이 싸손이다. 전 인격적으로 누리는 하나님과의 친밀함에서 오는 은혜인 것이다.

성경과 신경뇌과학에서 기쁨이 주는 유익에 대해 공통적으로 말하는 것이 있다. 기쁨이 우리 뇌를 성장시키고 인체의 면역체계 향상에 유익하다는 것이다. 뇌에 힘과 역량이 쌓여 에너지와 창의력, 인내력을 갖게 한다. 또 소속감을 갖게 함으로써 기쁨의 관계망을 넓히는 성숙의 지표를 만든다. 고난을 겪더라도 회복할 수 있는 힘을 키워주고, 삶과 관계를 치유하게 한다. 그런데 기쁨은 미소 하나로 시작될 수 있다. 퍼져 나가기 때문이다.

기쁨과 함께하는 '샬롬'(שׁלוֹם)은 히브리어로 '완전하다'는 의미다. 마치 아기가 엄마 품에 안겨 평안하듯 완전하신 하나님과 함께하는 것이 곧 평안이다. 실수하고 넘어지고 힘들어하는 우리가 완전하신 하나님께 다가갔을 때 하나님은 말씀하신다. "괜찮다!" 이 말씀으로 우리는 다시금 편안해지고 하나님 품에 안겨 쉼을 얻는다. 이렇듯 삶을 살아가기 위해서는 기쁨이 필요하고, 기쁨을 회복하기 위해서는 다시 하나님께로 돌아가 샬롬을 누려야 한다. 기쁨의 재충전이 필요할 때 하나님이 함께하신다는 것은 감사한 일이다. 하나님이 기쁨에 대해 여러 번 말씀하신 것을 기억해야 할 것이다.

그렇다면 하나님과의 친밀한 관계로 기쁨과 샬롬을 누리는 크리스천들이 더 행복하도록 크리스천 코치로서 어떻게 도와야 할까? 하워드 클라인벨(Howard Clinebell)은 그의 저서 *Well being*에서 전인건강의 중요성을 꽃으로 표현했다. 꽃의 중심은 영으로, 하나님과의 관계가 친밀해 영적으로 건강하더라도, 꽃잎이 하나라도 시들어 있다면 그 꽃은 건강하다고 말할 수 있을까?

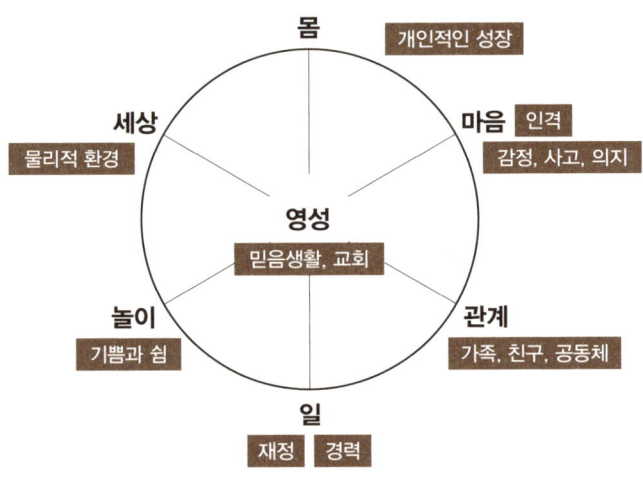

[그림11] 전인건강

행복한 크리스천이 될 수 있도록 크리스천 코치는 다음의 영역을 함께 점검할 필요가 있다.

- 영은 하나님과의 친밀한 관계를 잘 지속하고 있는가? 어떻게 하면 하나님의 마음을 더 닮아갈 수 있는가? 영의 양식을 잘 취하고 있는가? 믿음의 공동체인 교회 안에서 나는 하나님의 자녀인 지체들을 잘 세울 수 있는가? 내 영적 생활은 어떠한가?

- 몸을 잘 관리하고 있는가? 하나님이 주신 몸을 얼마나 사랑하는가? 운동, 충분한 영양 섭취, 휴식, 신체적 만족을 얻기 위해 얼마나 노력하고 있는가?

- 마음이 감정, 생각, 의지 모두 잘 관리하고 있는가? 계속 감정에 치우쳐 살면 어떤 일이 일어나겠는가? 비합리적인 생각이 어떤 도움이 되는가? 감정적으로 힘들더라도 의지를 갖고 하나님의 뜻을 행했을 때 어떤 유익이 있었는가? 하나님을 향한 마음을 지키기 위해 어떻게 하는 것이 좋은가? 예수님을 닮아가는 성숙한 사람이 되기 위해 어떻게 살고 있는가?

- 인간관계는 괜찮은가? 인간관계를 다양하게 맺고 있는가? 가족과 친구 등의 관계에서 어려운 점은 무엇인가? 상대방에게 진정성 있게 존중받는다는 느낌을 주려면 어떻게 해야 하는가? 어떻게 하면 의사소통을 잘할 수 있는가?

- 일하느라 놓치는 건 없는가? 일과 다른 영역이 조화를 이루려면 어떻게 해야 하는가? 하나님께서 기뻐하시는 건 무엇인가? 재정 관리는 어떻게 하고 있는가? 재정에 대한 하나님의 생각은 무엇인가?

- 내게 기쁨이 되고 활력이 되는 것은 무엇인가? 어떻게 쉬고 있는가? 내가 즐기는 놀이는 무엇인가?

- 세상에 대해 어떤 관심이 있는가? 사회를 어떻게 바라보는가? 환경을 보호하기 위해 나는 무엇을 하는가?

여전히 기억할 것이 있다. 이 모든 것을 자기 힘으로 하려고 해서는 안 된다는 것이다. 하나님의 도우심이 언제나 필요함을 겸손하게 인정하는 것이 성숙으로 가는 길이다. 그리고 그것이 행복한 크리스천이 되는 길이기도 하다. 항상 감사함으로 하나님과 소통하면 하나님의 마음으로 이웃을 대하게 된다.

하나님과 친밀함을 누리는 크리스천 코치는 하나님의 마음으로 사람들을 공감하게 된다. 실용심리학 NLP(Neuro-Linguistic Programming)의 전제가 도움이 될 것 같아 몇 가지만 소개하고자 한다.

- 지도는 영토가 아니다.
- 사람의 모든 행동에는 반드시 긍정적인 의도가 있다.
- 사람은 언제나 최선의 선택을 한다.

- 목표가 언어로 표현되면 행동으로 실천된다.
- 자원이 없는 사람은 없다. 다만 자원이 없는 상태가 있을 뿐이다.
- 실패는 없다. 피드백만 있을 뿐이다.
- 정신과 몸은 하나다.
- 이미 그렇게 되었다고 생각하고 행동하라!
- 가장 유연하게 생각하고 행동하는 사람이 가장 강한 사람이다.

지도가 영토를 모두 나타내지 못하듯, 우리는 어느 누구도 제대로 다 알 수가 없다. 하나님만이 아신다는 생각과 태도로 성령님의 지혜를 구하며 고객을 대해야 한다. 결과와 상관없이 사람의 모든 행동에는 반드시 긍정적인 의도가 있다는 것을 알아주고, 그 상황에서 나름 최선의 선택을 했음에 공감해 줄 필요가 있다.

또 코칭의 목표를 말로 표현하는 게 중요하다. 그래야 실천에 옮길 수 있다. 사람들은 흔히 자원이 없다고 한다. 그러나 크리스천 코칭은 하나님께서 모든 사람에게 충분한 자원을 주셨음을 믿고, 자원이 없다고 믿는 상태에서 자원을 찾아내도록 도와야 한다. 그래야 실패했을 때도 그 일에서 교훈을 찾아 다시 일어설 수 있는 힘을 갖게 할 수 있다.

정신과 몸은 하나이므로 이미 그렇게 되었다 생각하고 행동하도록 코칭하는 것도 도움이 된다. 행복해서 웃지만 웃어서 행복할 수 있기 때문이다. 하나님의 은혜를 누리는 사람이 유연하게 생각하고 행동할 수 있다. 그리고 그것이 강하고 성숙한 사람으로 만든다. 이러한 전제들을 참고하여 크리스천 코칭으로 함께할 때 행복한 크리스천이 되게 하는 것이다.

힐링음악 코칭 | JOY 크리스천 코칭

음악치료의 이해

음악은 하나님의 선물이다. 찬양은 하나님을 예배하는 것이다. 다윗이 사울을 치료한 것이 음악치료다. 음악치료는 음악치료사가 정신, 신체, 사회, 영적 건강을 복원, 유지, 향상시키기 위해 음악적 경험과 관계를 사용하는 체계적인 과정이다.

음악은 소리의 예술이며 자유롭게 표현하는 창의적인 요소를 지녔기에 치료로 활용될 수 있다. 음악은 우리의 좌뇌와 우뇌를 모두 자극하고 연상하게 하며, 말로 하지 못한 것도 표현할 수 있게 한다. 음악의 요소, 특히 리듬은 우리의 신체를 자극해 치료효과를 높인다. 음악치료에서는 우울증에 어떤 음악이 좋다고 말하지 않는다. 중요한 것은 고객이 선호하는 음악이 무엇인지 아는 것이다. 예를 들어, 모차르트 음악이 아무리 임산부에게 좋다고 해도 그 음악을 듣고 스트레스를 받는다면 음악치료에 사용하지 않는다.

그래서 음악치료에는 전문적인 교육을 받은 음악치료사가 필요하다. 음악치료사는 음악을 전공하지 않았더라도 음악적 민감성이 필요하다. 일반적으로 음악치료사는 피아노와 클래식 기타로 노래를 반주하거나 기본적인 작곡, 즉흥연주를 할 수 있으며, 심리학적 배경과 함께 음악치료에 대해 공부하여 체계적인 지식을 가진 전문인이다.

실제로 음악치료는 많은 도움을 준다. 자신의 내면을 돌아보게 하고, 정박의 노래에 맞춰 걸으면 보행기능이 어려운 사람에게 도움이 된다. 교통사고, 중풍 등으로 말을 잘 못하더라도 노래를 부를 수 있는 경우(좌뇌만 손상), 노래 부르기를 통해 언어기능을 향상시킬 수 있다. 단기기억이 어려운 노인은 노래를 활용하면 뇌기능에 자극을 줄 수 있다. 그 시절에 불렀던 노래를 묶어 노래자서전을 만드는 것도 도움이 된다. 그룹 안에서 함께 음악활동을 하는 것은 사회성 향상에 좋다. 자유로운 악기 연주나 소리 내는 것을 통해 자신의 감정을 표현하고 내면과 만날 수 있다. 이처럼 음악치료는 음악성 향상이 아닌 집중력, 사회성 향상 등 음악 외적인 목표를 갖는다.

음악치료 활동은 크게 재창조연주 경험, 즉흥적 경험, 창작적 경험, 감상 경험으로 분류된다. 이때 사용되는 악기는 오르프 음악교육에서 많이 사용하는 다루기 쉬운 리듬타악기나 실로폰, 톤차임 등이다. 음악치료 악기는 다루기는 쉬우나 음색은 전문가 수준으로 좋다는 것이 특징이다. 그래야 고객이 간단한 활동만으로도 큰 만족감과 성취감을 얻을 수 있다. 이런 부분은 치료에 많은 도움이 된다.

음악치료 철학과 치료 목적에 따라 음악활동은 다양하게 활용된다. 재창조 경험은 기존의 노래를 리하모니제이션, ABA구조로 활용하거나 합창, 음악극으로 경험하기도 한다. 즉흥적 경험은 연주법에 국한되지 않고 고객이 자유롭게 창의적으로 소리를 내거나 연주하는 것이다. 창작적 경험은 보통 송라이팅(Songwriting)을 많이 하는데, 간단한 가사 바꾸기부터 노래를 작사하고 작곡하거나 노래자서전, 노래꼴라주 등의 활동을 할 수 있다. 감상적 경험은 여러 활동과 접목할 수 있는데, 전문기법으로 무의식을 다루는 GIM심상음악치료가 있다.

힐링음악 코칭

힐링음악 코칭은 성경적 음악치료를 기반으로 한다. 최병철 교수는 그의 저서 『성경의 음악과 음악치료』에서 성경의 기능적 음악을 이야기한다. 교회에서 음악은 하나님의 임재를 경험하며 경배드리는 예배음악을 비롯해, 하나님의 말씀을 잘 전달할 수 있도록 교육적 목적으로도 사용되고, 성도들이 교류하며 은혜를 나누는 데도 기여한다. 그 외에 내적치유 사역, 가정 사역, 병원 사역에도 사용될 수 있으며, 연령이나 그룹원의 기능, 소그룹의 목적에 따라 다양하게 활용될 수 있다.

힐링음악 코칭은 성경적 음악치료와 코칭이 함께한 것이다. 힐링음악 코칭은 음악치료 활동을 교회 안에서 실제로 어떻게 적용할 수 있으며, 이러한 음악치료 경험을 성도들이 어떻게 통찰하고 앞으로의 삶에 적용할 수 있을지를 코칭한다.

● 감상적 경험과 코칭

음악감상은 청각적 자극을 통해 시상과 망상신경계 상호작용으로 의미와 기억 등을 연상하게 한다(Crowe, 2004). 이러한 기억은 호흡, 맥박 등 생리적 반응에 영향을 미치며 포근한 느낌, 따뜻한 느낌 등의 정서를 경험하게 한다. 이러한 정서 경험은 내면을 성찰하는 데 도움을 준다.

일반적으로 감상적 경험은 주제를 정하고 이에 맞는 적절한 음악을 들은 후 떠오른 것을 나누면서 코칭한다. 이때 사용되는 음악은 가사가 없는 것이 좋으며, 찬양이 아니더라도 주제에 적합한 음악이면 사용 가능하다. 주제는 어린 시절, 20년 후 내 모습을 떠올려보거나, 하나님과 만나 대화 나누기, 내면의 소리 듣기, 나를 축하해 주기 등이 될 수 있다. 주제에 맞춰 음악을 들은 후 어떤 것을 경험했는지, 그것이 지금의 나와 어떤 관련이 있는지, 어떤 의미로 다가오는지, 자신이 원하는 모습과 어떻게 연결해서 생각할 수 있을지 등을 물어보며, 이를 위해 실행해 나가도록 코칭할 수 있다.

감상은 다른 활동과 병행해 진행할 수 있는데, '음악과 이완'은 스트레스로 긴장된 몸과 마음을 이완시켜줄 수 있다. 이때 이완된 몸과 마음상태를 코칭으로 더 통합하고 실천해 나갈 수 있는 방법을 함께 모색할 수 있다. '음악과 신체동작'은 음악을 들으며 건강 증진에 도움이 되는 활동을 하는 것이다. '음악과 관련된 예술활동'은 음악을 감상한 후 떠오른 느낌을 글이나 그림으로 표현하는 것으로, 이렇게 만든 글이나 그림을 보면서 내적 성찰을 할 수 있도록 코칭할 수 있다.

● **찬양과 코칭**

노래에서 중요한 부분은 가사일 수 있는데, 노래가사가 내면을 투사해 공감과 위로를 받게 하고, 내면의 문제에 적극적으로 대처할 수 있는 기회를 제공하기 때문이다. 찬양은 크리스천에게 특별한 내면의 통찰을 가져다준다. 찬양과 코칭이 함께하는 힐링음악 코칭은 성도들의 교제와 신앙생활에 도움이 된다.

'찬양 부르기'는 심리적으로 상처받은 마음을 스스로 치유하고, 문제에 적극적으로 대처할 수 있도록 사고의 전환에 도움을 주는 활동이다. 예배시간에 찬양을 통해 위로받는 것도 이러한 맥락에서 이해될 수 있다. 예배 외에 성도들이 함께 모여 찬양함으로써 자신의 내면에 담긴 감정, 느낌, 생각을 경험하고 탐구하도록 도울 수 있다. 만일 그룹으로 운영된다면, 성도들이 각자 좋아하는 찬양을 부를 수도 있고, 그룹 참여자들의 연령이나 선호도를 고려해 함께 즐길 수 있는 찬양으로 선곡하는 것도 좋다. 장조와 단조를 바꿔본다든가, 찬양 중간에 리듬타악기를 넣어 자유롭게 연주한다든가, 찬양의 어느 한 부분에서 자유롭게 환호하는 등 여러 가지 편곡이 가능하다. 이러한 편곡은 성도들에게 또 다른 즐거움을 주며 새로운 통찰력을 갖도록 도울 수 있다.

'노래 만들기'는 대상자의 생각과 느낌을 표현할 수 있도록 안전하고 구조화 된 환경을 제공한다. 집단에서 매우 적합한 방식이다. 예를 들면, 찬양을 한 곡 선정해 가사를 바꿔 부르거나 새롭게 노래를 만드는 것이다. 가장 쉽게 할 수 있는 것은 가사의 특정 부분에 성도들의 생각이나 감정을 넣어 부르는 것이다. "좋으신 하나님"을 부를 때 '나의 필요를 채워주시는 하나님' 등 각자의 신앙을 고백하는 내용으로 바꿔 부르기를 하는 것이다. 참여자 모두(또는 개인)가 잘 아는 찬양이나 가요의 가사를 전부 바꾸어 그룹(자신)만의 노래로 변형해 부르는 것도 가능하다. 아니면 모든 참여자의 마음을 모아 가사를 만들고 노래를 새롭게 만들 수도 있다. 이 과정에서 코칭은 이러한 가사가 주는 감동과 의미를 살피도록 도와 성도의 소망을 찬양으로 구현해낼 수 있게 한다.

'찬양 토의'는 그날 다루고 싶은 주제에 따라 선곡한 찬양의 가사로 코칭하는 것이다. 먼저 찬양을 충분히 즐겁게 부르는 것이 중요하다.

그다음 특히 자신에게 와 닿은 가사가 어떤 것인지, 그 가사를 통해 떠오르는 것이 있는지, 그 가사가 어떤 의미가 있는지, 앞으로 자신이 소망하는 모습과 어떻게 연결될 수 있는지 등을 코칭할 수 있다.

'음악 자서전'은 자신의 삶을 돌아보며 음악적으로 묘사해 보는 것이다. 예를 들면 어렸을 때, 10대, 20대, 결혼, 30대 등으로 나눠 그때 즐겨 들었던 찬양을 중심으로 자서전을 만드는 것이다. 특정 주제를 만들어 찬양을 묶는 것도 가능하다. 예를 들면 나를 기쁘게 하는 곡, 편안하게 하는 곡, 내 인생에 많은 영향을 준 곡, 내 존재를 가장 잘 설명해 주는 곡 등으로 목록을 만들어 정리하는 것이다. 이러한 음악 자서전 활동을 하면서 자신을 성찰하고 의미를 부여해 주며 앞으로 어떻게 살아가고 힘을 얻을지에 대해 코칭한다.

● **즉흥적 연주경험과 코칭**

악기를 자유롭게 연주하는 것은 음악 능력과 상관없이 자신의 감정을 악기에 이입해 마음껏 표현할 수 있게 한다. 특히 그룹에서 마라카스, 에그쉐이커, 우드블럭, 패들드럼 등의 리듬타악기를 즉흥적으로 연주하는 것은 즐거움을 주고 사회적 교류를 가능하게 하며, 하나 됨을 느끼고 카타르시스를 경험하게 한다. 그룹 안에서 상호작용하는 긍정적인 경험은 개인의 사회적 행동에도 성공적인 영향을 주어 타인과의 관계 개선에 도움을 준다.

드럼써클처럼 리듬으로만 구조를 만들어주고 자유롭게 연주하게 한다. 리더의 시범을 따라할 수도 있다. 한 사람씩 악기연주를 더해가며 연주할 수도 있고, 기쁨, 슬픔, 남편 떠올리기 등 주제를 정해 그것을 표현하게 할 수도 있다. 연주 후에는 소리에 대한 느낌 등을 이야기하고, 부정적 경험을 해소한 후에는 앞으로 어떻게 하고 싶은지 등에 대해 코칭하며, 새로운 각도로 삶을 바라보도록 도울 수 있다.

또 자신의 목소리로 '토닝'하는 것은 특정음고를 유지하며 소리를 만들어내는 활동으로, 감정을 발산해 정화된 느낌을 갖게 한다. 토닝은 신체를 공명해 스트레스로 유발된 근육긴장을 이완시킬 수 있고, 내면 깊이 숨겨져 있던 자신의 감각이나 감정을 표출하기도 한다. 이러한 활동 후 자신의 내면을 성찰하고 미래의 삶에 도움이 되도록 코칭하는 것이 많은 도움이 된다.

● GIM심상음악치료와 코칭

GIM(Guided Imagery and Music)은 일상의 의식상태에서 시행하는 기존의 전통적인 심리치료와 달리, 인간 내면의식이 다양한 차원과 만나는 것을 가능하게 한다. 자신을 괴롭히는 고통의 근원과 만나 근본적인 치유를 시작할 수 있게 하는 것이다. 의식 차원은 물론 무의식과 영적 차원을 포함하는 광범위한 차원의 심리에 접근하므로, 원인을 알 수 없는 심리적 어려움이나 신체적 증상으로 고통 받고 있는 경우에도 근원적인 문제를 해결할 수 있는 특수성 있는 효과적인 치료방법이다. GIM은 일상의 가벼운 스트레스부터 뿌리 깊은 심리문제에 이르기까지 강력한 변화를 기대할 수 있는 새로운 심리치료 방법으로, 미국에 본부를 두고 있는 세계 GIM협회인 AMI의 수련과정을 거친 공인받은 GIM전문가가 진행한다.

코칭은 GIM 포스트세션에서 활용될 수 있다. GIM에서 다루고 싶은 주제와 관련되어 나온 이미지들에 대해 질문하면서, 본인이 궁극적으로 원하는 목표와 연결하도록 돕는다. 과거의 상처를 보듬을 뿐 아니라 그 상처까지도 자신의 것으로 수용하며 진정한 나다움을 찾을 수 있게 하는 것이다. GIM에서 자기 안의 상처와 연결하여 내면 아이를 만나는 경우도 많은데, 내면 아이를 보듬고 돌보는 과정에서 코칭하면 많은 치유가 일어난다.

JOY 크리스천 코칭

JOY 크리스천 코칭은 하나님의 다림줄을 따라 살아가는 크리스천에게, 기쁨과 샬롬을 가지고 하나님의 행복한 자녀로서 하나님의 부르심에 따라 하나님나라를 확장해 가는 삶을 살도록 돕기 위해 개발되었다. JOY코칭은 Joining, Options, Yours를 의미한다. "그들이 평온함으로 말미암아 기뻐하는 중에 여호와께서 그들이 바라는 항구로 인도하시는도다"(시 107:30)가 주제 말씀이다. 하나씩 살펴보면서 JOY코칭을 알아보자.

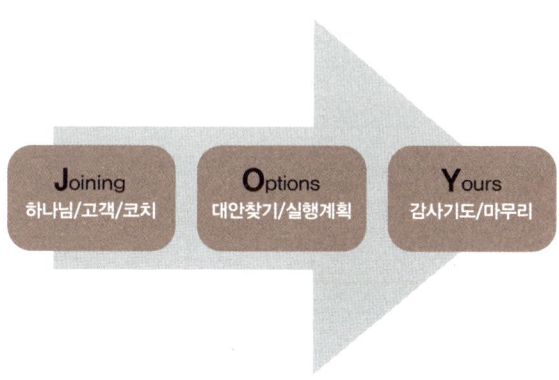

[그림12] JOY 코칭

● Joining

Joining은 하나님, 고객, 코칭주제와 연결하는 것을 의미한다.

① 하나님과 코치의 연결

코치는 먼저 하나님과 연결되어야 한다. 하나님의 축복의 통로가 되어야 한다. 코치는 코칭을 시작하기 전 기도로 준비한다. 만날 고객에 대해 하나님은 어떤 마음이신지, 성령께서 코칭시간에 함께하시길 구한다. 한 귀는 고객의 소리를 듣고, 다른 한 귀는 성령의 소리를 들을 수 있도록 기도로 준비한다. 크리스천 코칭은 코치와 고객, 성령이 함께하는 프로세스이기 때문이다.

② 고객

고객과 연결됨으로 라포를 형성한다. 본격적인 코칭대화를 나누기 전 고객의 긍정적인 에너지를 끌어올릴 수 있는 질문을 한다. 지난 한 주간 감사하거나 행복했던 일, 하나님의 은혜가 크게 느껴진 일 등을 간단하게 나눈다. 고객은 코치가 함께 공감하는 가운데 친밀감을 느끼고 마음을 열게 된다.

③ 코칭주제

코칭을 시작하면서 한 세션 동안 어떤 주제로 코칭대화를 할지 정한다. 코칭주제는 구체적이고 측정 가능하고 현실적으로 실행 가능한 것일수록 좋다. 그러므로 처음에 고객이 추상적이고 폭넓은 주제를 내놓더라도 질문을 통해 차근차근 범위를 좁혀가도록 코치가 도와야 한다. 고객에게 코칭주제가 어떤 의미가 있는지 물어본다.

④ 하나님과 고객의 연결

눈을 감고 목표가 이루어졌을 때를 떠올려보고 어떤 감정이 드는지 경험하게 한 후, 그때 하나님께서 어떤 위로와 격려의 말씀을 해주시는지 들어보게 한다. 이때 얻는 긍정에너지가 코칭주제와 연결되어 꼭 실행해 보고 싶다는 동기를 부여받게 한다.

- Options

하나님, 고객, 코칭주제가 연결된 후 Options에서는 현실인식, 대안탐색, 실행계획을 세운다.

① 현실인식

코칭주제와 관련해 현재 상태는 어떤지 알아본다. 현재 상태와 원하는 상태를 10점 척도로 물어보는 것도 도움이 된다. 그동안 코칭주제를 이루기 위해 해온 것이 있는지, 왜 지속하지 못했는지 살펴보는 것도 도움이 된다.

② 대안탐색

코칭목표를 실행하기 위해 무엇을 해보고 싶은지 탐색한다. 일반적으로 대안은 세 개가 무난하다. 특히 마지막 대안은 새로운 대안을 생각해 볼 수 있도록 질문하는 게 좋다. 또 다른 관점과 성찰을 통해 전혀 다른 돌파구를 찾을 수 있기 때문이다.

③ 실행계획

대안을 탐색했다면 당장 실행할 것을 정한다. 무엇부터 할지, 언제 시작할지, 어떻게 할지, 주변에 활용할 자원이 있는지 구체적으로 함께 정리해 간다. 고객이 실행할 수밖에 없는 시스템을 만들어가는 것이다. 마지막으로 중요한 것은 상호책임이다. 이 모든 것을 잘 실행하고 있음을 어떻게 확인할지 정한다. 코치는 이 과정에 함께하며 응원하고 격려하는 파트너임을 고객이 인지하도록 돕는다.

- Yours

마무리 단계에서는 피드백과 감사기도, 마무리를 통해 고객 스스로 정리하고, 코칭대화로 얻은 것을 자신의 것으로 만드는 시간을 갖는다.

① 피드백

코칭을 마무리하면서 세션에서 나눈 대화를 고객이 요약하게 한다. 고객이 자신의 말로 요약하면서 무엇을 실행할지 정리하는 시간을 갖게 되는 이점이 있다. 그러면서 새롭게 배운 점이나 깨달은 점을 이야기한다. 이러한 피드백은 코치에게도 성찰의 기회가 되며 함께 성장하게 된다.

② 감사기도

피드백을 나눈 후 간단하게 감사기도를 드린다. 먼저 고객이 감사기도하고 코치가 간단하게 마무리기도를 한다. 하나님께서 이 모든 것을 주관하시고 실행할 힘과 지혜도 주실 것을 믿고 구한다.

③ 마무리

전체 코칭을 마무리하면서 고객이 스스로 격려하는 말을 하게 한다. 자신에게 격려의 말을 하는 것은 또 다른 긍정에너지를 준다. 고객의 감정이나 느낌을 물어보는 것도 좋다. 코치는 끝까지 고객을 응원하는 긍정메시지를 주며 마무리한다.

참고문헌

- 최병철. 『음악치료학』. 서울: 학지사, 2015.
- 최병철. 『성경의 음악과 음악치료』. 서울: 예영커뮤니케이션, 2021.
- 게리 콜린스. 『코칭 바이블』. 양형주, 이규창 역. 서울: 한국기독학생회출판부, 2011.
- 브루스 톰슨, 바버라 톰슨. 『내 마음의 벽』. 정소영 역. 서울: 예수전도단, 2011.
- 하워드 클라인벨. 『전인건강』. 이종헌, 오성춘 역. 서울: 성장상담연구소, 1995.

정은주

현)GIM마음클리닉 대표, PTSA 미주장로회신학대학교 객원교수
World Mission University 겸임교수, 한국기독교코칭학회 이사
한국크리스천코치협회 이사, Professional Coach(KPC, KPCC), Trinity FT
아시아코치센터 FT, NLP Practitioner, MBTI / DiSC 일반강사, GIM심상음악치료사

전)나사렛대학교, 서울장신대신학대학원, 숙명여대, 세종사이버대학교 겸임교수

이화여대 신문방송학 학사, 숙명여대 음악치료학 석사
숙명여대 음악학과 박사 수료

저서 『재미있는 교과서클래식』(다음세대, 2011)
『음악심리치료 이론과 실제』(공저, 학지사, 2014)

역서 『신경재활음악치료』(공역, 하나의학사, 2011)
『GIM심상음악치료』(공역, 하나의학사, 2018)

09

진선미 예술감성 코칭
_ 최수황

음악과 코칭, 그리고 크리스천의 진선미 가치 ——

지금은 뉴노멀시대로 모든 것이 불명확한 혼돈의 시기다. 모든 것이 빠르게 변하는 지금 같은 때일수록 사고를 잘 전환하여 그때그때 변화된 모습을 잘 따라가야 한다. 이러한 변화의 속도에 뒤처지지 않게 사고를 유연하게 전환하는 능력을 갖추는 것이 시대적 요청에 부응하는 길이다. 사고의 전환을 위해 필요한 것은 무엇일까? 이 시대를 관통하는 정신의 결여는 어디에서 충족될 수 있을까? 필연적으로 도래하는 허무주의의 징후를 어떻게 막아낼 수 있을까? 수많은 철학자들이 논의하고 있는 질문이다.

이러한 논점에서 해결책을 찾다보면 예술적 사유와 감성의 중요성을 생각하지 않을 수 없다. 바로 예술이 가져다주는 창의성과 유연한 사고력의 확산 때문이다. 철학자 이진우 박사는 예술의 중요성에 관해 이렇게 언급한다. "오늘날 지성계를 주도하고 있는 것은 예술적 사유다. 우리 시대가 다양한 가치들 사이의 헤게모니 투쟁과 문화적 모순으로 점철되면 될수록 미학적 감각이 더욱 더 요청되기 때문이다"(이진우, 2000).

인간은 예술적 감성과 활동을 통한 예술감성을 높일 때 창의력과 유연한 사고력을 잘 발휘할 수 있다. 예술감성은 사람이 뭔가를 주체적으로 느껴 공감하고 표현하는 감성이다. 사람은 예술감성으로 자신의 존재 자체를 풍성히 느끼며 감정을 이입할 수 있다. 예술감성과 코칭이 함께 콜라보레이션을 이룬다면, 예술감성은 코칭할 때 라포를 형성하기 위한 배경음악, 주제를 합의한 후 현재 상태를 인식함에 있어 진솔하게 자신의 이야기를 끌어낼 수 있는 주제음악, 그 주제에 대한 자원을 확보하고 실행계획을 세우고 다짐하는 것에 있어 응원할 수 있는 주제확신음악을 통해 점화될 수 있다.

진선미 예술감성 코칭에서 예술은 고객에게 알아차림을 일으키고 감성적으로 용기를 갖고 자신의 상황을 직면하게 하는 도구로 사용된다. '감성 코칭'은 모든 인간은 감성과 이성이 균형을 이루도록 태어났지만, 때로는 비감성적이고 왜곡해서 사고할 수 있음을 고객이 인식하게 함으로써, 자신의 정서행동을 합리적인 방향으로 전환하여 변화와 성장을 이끌도록 도와주는 코칭이다. 이렇게 고객을 대상으로 진선미 가치관과 예술감성 코칭을 융합한 진선미 예술감성 코칭에서 '예술감성 코칭'은, 음악을 들음으로써 새로운 마인드셋과 행동을 형성 유지하고, 왜곡된 사고를 제거한다.

진선미 예술감성 코칭은 '알아차림을 불러일으키기'라는 ICF의 일곱 번째 핵심역량을 효과적으로 발휘하기 위해, 음악이라는 '예술'을 외부자원으로 삼고 '진선미'의 가치와 '감성능력'을 융합해 만든 코칭 기법이다. 또 이것은 하나님의 진리에 정렬한 자신의 정체성의 '진', 선한 영향력의 '선', 진과 선이 세워져 품성으로 내재화 된 '미'를 기초로 하는 크리스천 코칭이다.

코칭의 일반적인 정의는 '잠재력을 일깨워 최상의 가치를 실현하도록 도와주는 대화 프로세스'다. 크리스천에게 최상의 가치는 하나님을 의지하고 신뢰하며 하나님의 도우심을 갈망하는 것이다. 크리스천 코칭은 변화와 성장을 위해 자신의 계획을 하나님께 맡기고, 다듬어 주시기를 간구하며, 인도해 주실 것을 신뢰하고, 신실한 조언자를 통해 지도해 주시길 기대하는 것을 기본 요소로 삼는다. 게리 콜린스는 『크리스천 코칭』에서 "크리스천 코칭이 성공하기 위해서는 하나님이 코칭의 구심점이 되는 것을 기본 전제로 한다"고 언급한다(게리 콜린스, 2004).

음악의 심미성, 그리고 자기다움으로 이어지는 코칭 ──

사람들이 부정적인 생각과 감정으로 힘들어할 때 정서적 관점의 감성 코칭은 행복하고 즐거웠던 장면을 떠올림으로써 즐거운 일을 상상하게 하는 방법과, 부정적인 감정을 표현함으로써 감정적으로 정화되는 수용경험을 얻게 하는 방법을 구사한다. 먼저 정서적 관점에서 예술을 통한 진선미 감성 코칭에 대해 설명해 보고자 한다.

정서반응을 일으키는 것으로 가장 효율적인 것은 예술감성이라 할 수 있다. 예술감성을 일으키는 것 중 하나인 음악은 사람의 심장박동 속도나 혈압의 변화, 긴장이완 등의 생리적 반응을 일으킨다. 이렇게 정서반응은 생리적인 차원에서 사람에게 영향을 준다. 음악을 들을 때 그 음악이 가지고 있는 지식적인 구조나 내용을 잘 알지 못하더라도 음악에서 연상되는 어떤 기억, 즉 멜로디나 리듬, 화성으로 인한 분위기가 정서반응에 관여하는데, 이것을 '심미적 감동' 또는 '심미적 경험'이라고 한다. 이 심미적 경험을 할 때 인간의 심장박동이나 혈압, 긴장감의 변화가 발생하므로, 생리적으로 살아있음을 경험하게 하는 이러한 예술적 도구를 사용한 코칭은 유의미한 변화를 추구하는 사람에게 효과적으로 이용될 수 있다.

심미성을 활용한 감성 코칭은 진선미의 가치 중 미적 가치를 추구한다. 음악을 통한 심미적 반응을 보이기 위해 고객은 먼저 음악에 집중해야 한다. 음악을 듣고 떠오르는 감정이 유쾌한지 불쾌한지를 자신의 언어로 표상하고 인식함으로써, 자신에게 피어오르는 감정을 스스로 이해하고 감싸주는 것이 필요하다. 코치는 고객이 자신의 감정을 잘 읽어내도록 음악을 활용해 감정을 이끌어내고, 그것을 이야기로 풀어내며 자기 자신을 있는 그대로 받아들이는 자기수용을 하도록 도울 수 있는데, 이것이 바로 정서적 방법을 통한 예술감성 코칭이다. 불쾌한 감정을 피하지 않고 그대로 느끼고 받아들이는 것이 쉽지 않지만, 음악을 통해 미적 느낌을 가지면 긴장이 이완되어 자기노출과 자기감정 수용을 편안하게 해낼 수 있다. 이렇게 미적 느낌을 주는 음악은 감정을 수용하거나 표현하는 가장 효과적인 방법으로 활용된다.

음악을 통한 미적 느낌이라는 것은 감상적 행위의 특별한 유형이며 미적 경험의 결과다. 미적 느낌이란 자연현상이나 비예술 대상물의 반응에서도 나올 수 있으나, 대개 미적이라는 용어는 인간이 만들어 놓은 예술의 가치나 의미와 관련해 사용된다. 심미적인지 아닌지는 전통적으로 철학에서 다루어지며, 근대철학에서는 철학의 한 분파인 미학에서 논의되고 있다.

어떤 사람은 '미'란 대상물 자체나 사건에 내재되어 있는 구조나 형식 때문에 발생한다고 보는 미적 객관성을 주장한다. 즉, 미는 대상이 가진 형식적인 특징 자체로서 일어나는 것이기에 반응자가 어떻게 느끼는지와 상관없이 그 자체로서 심미적 기능을 한다는 것이다. 반면, 어떤 사람은 대상의 아름다움을 느끼는 것은 주관적인 관심사이기에 개별적으로 미적 경험과 느낌을 일으키는 자극이 다르게 느껴진다는 미적 주관성을 옹호한다. 아름다운 음악을 통해 힐링하고, 그 아름다움이 자신의 특정 스토리와 연결되어 자신의 문제를 해결하는 자원이 되는 예술감성 코칭은 미적 객관성과 미적 주관성을 모두 중요시 여긴다.

음악은 개인의 경험적 삶에 많은 영향을 준 매개체이므로, 사람에게 과거를 회상하고 현재를 연결하고 미래를 꿈꿀 수 있는 시공간적 길잡이 역할을 한다. 모든 음악적 예술은 표현하는 자의 주관적 해석과 템포, 크기, 아티큘레이션 등 표현적 요소에 따라 미묘한 차이를 드러내며, 주관적으로 '미적 경험'을 할 수 있는 기반을 마련한다.

예술감성 코칭에서 처음 들려주는 음악은 신뢰감을 조성하는 따뜻하고 고요한 미적 객관성에 맞추어 선정한다. 그다음 주제를 정한 후, 주제음악은 고객이 경험한 상황에 어울리는 음악을 코치가 정해 더 효과적인 감성을 이끌어낸다. 음악을 선정하는 코치는 심미적 객관성에 따라 선곡하지만, 코치에게 열린 마음을 가진 고객의 입장에서는 심미적 주관성으로 그 음악을 대할 수 있다. "어떤 사소한 자극이 무의식의 무엇과 우연히 연결되는 순간, 그 어떤 무엇의 특성에 사람의 정신이 순간적으로 초점화 되고 그것에 욕구가 강력히 집중되어 강렬한 은유적 동일시가 일어날 수 있다"는 이창재 박사의 『예술작품과 정신분석』에 나타난 주장은, 예술을 통한 예술감성 코칭의 중요한 화두로 사용되고 있다.

코치가 정성스럽게 선별한 예술적 감수성이 높은 음악을 통해 고객은 자신이 겪고 있는 특별한 상황과 무의식적으로 연결되고, 그 음악과 자신의 상황을 은유적 동일시 차원으로 끌어들일 수 있다. 필연이 아니지만 은유적 동일시가 생길 수 있는 것은, 무의식에 직면하고 대결하려는 고객의 관심과 용기가 있기 때문에 충분히 가능하다. 충족되지 못한 욕구를 특별 음악과 은유적 동일시하고 반복해 들음으로써 자신의 상태를 충분히 인식하며 무의식의 욕구를 인정해 줄 때, 그다음 의식의 차원에서 진행될 미래에 대한 청사진을 그려볼 수 있고 해결점을 찾아낼 수 있다.

감정적 정화(카타르시스)로 이어지는 공감 코칭

　미를 통한 은유적 동일시는, 독특한 음악적 아름다움과 삶의 아름다움을 동일시하며 이야기하고 공감대를 형성함으로써 만들어낼 수 있는 예술감성 코칭의 중추적 요소다. 미적 객관성에 따라 감정적 정화를 구현하는 기법은 고객이 불안과 초조함 가운데 있을 때 진행하는 코칭기법에 효과적으로 적용된다. 예를 들면, 상황적으로 힘든 고객에게는 폭풍우가 지나쳐가듯 힘든 역경을 이겨낸 내용의 셰익스피어 작품 『템페스트』(Tempest)에서 영감을 얻은 베토벤의 피아노 소나타 "폭풍(템페스트) 3악장"을 감상하게 하면서 공감을 이끌어낸다. 이는 고객의 마음을 정화하는 기법이다.

　사람은 슬픈 일이 생기면 누구나 자신의 고독함 가운데 빠져 자신만 그렇게 열악한 환경에 있다고 생각하며 힘들어하는데, "폭풍 3악장" 같은 스토리가 있는 음악의 격동적인 선율을 들으면 음악을 통해 자신의 두려움을 은유적으로 동일시할 수 있고, 음악 종지부의 해결점을 들으면 정화받은 감정을 느끼게 된다. 이것은 비극의 목적이 바로 사람들의 연민과 두려움이라는 두 가지 정서를 이끌어낸 후 정화하는 것이라고 생각한, 고대 그리스의 철학자 아리스토텔레스의 생각(허루이린, 2020)과 그 맥락을 같이한다.

　음악이 작곡된 배경을 고객에게 알려줌으로써 고객이 자신의 상황을 음악과 은유적으로 동일시하게 될 때, 그 아름다운 음악으로 영혼이 떨릴 때, 존재의 본성이 살아 숨 쉬며 자신의 진실을 제대로 직면하고 그 진실을 인식하며 공감할 수 있다. 공감은 우리가 관심사에 외곬

수적(single-minded)으로 집중하기를 중단하고 대신 이심적(double-minded)으로 집중하는 방식을 채택할 때 일어난다(사이먼 배런코어, 2018). 자기 자신에 대한 진정한 공감도 자신의 문제에 외골수적으로 몰두할 때 일어나는 것이 아니고, 자신을 주관적으로 인식할 뿐 아니라 객관적으로 인식할 때 일어난다. 고통스러운 고객에게 이 상황이 자신에게만 일어나는 게 아니라 다른 사람에게도 일어날 수 있는 일임을 객관적으로 바라볼 수 있게 할 때 고객은 안도감을 갖는다. 자신만의 세계에 고립되는 것이 아니라 여러 사람 속에서 자신을 바라볼 수 있는 마음의 문을 음악이 열어주는 것이다.

고객이 이렇게 작곡가의 작품배경을 생각하며 자신의 문제에만 매몰되지 않고 음악의 의미와 음악 자체에 이심적으로 집중할 때, 공감회로인 편도체를 활성화할 수 있으므로 음악을 통한 묵상은 정화를 위한 효과적인 자원이라고 볼 수 있다. 조정옥 박사는 『예술철학·예술치료 이야기』에서 "예술은 감정배출 기능을 할 수 있으며 감정에 대처하고 감정을 조절하는 훈련을 하게 한다"고 언급한다. 고객의 느낌과 기분을 좋게 만드는 아름다운 음악과 고객의 심상과 어울리는 음악을 예술감성 코치가 선별해 고객에게 들려줄 때, 고객은 감정을 잘 조절할 수 있고 순수존재의 본성과 가까워지는 기반을 마련한다.

이렇게 고객의 상황에 맞는 적절한 음악을 정해 들려주는 안목이 예술감성 코치에게 필요하다. 마음의 평온을 추구하는 고객에게 부드럽고 잔잔한 음악을 들려주면, 더욱 평안하고 여유 있게 코칭대화에 몰입하게 된다. 주목되는 상황에서는 그 상황에 가장 적절한 '영혼을 울리는 음악'(스피릿 뮤직)을 자주 들음으로써 자신의 느낌과 욕구를 인식해 줄 때, 자아는 두려움과 불안을 떨쳐내고 기쁨과 희망을 품는 안전한 자기다움을 만들게 된다. 우리에게는 자신만의 영혼을 울리는 음악이 있으며, 그 음악을 통해 가장 좋은 느낌을 일상에서 자주 깨울 때 진정한 행복을 찾을 수 있고, 창의력과 잠재력을 발견할 수 있으며, 소망을 이루어 원하는 삶을 살 수 있다(이장민, 2020).

미적 반응을 통해 감정을 표현하고 공감 경험을 얻는 것은 정서를 조절하는 좋은 방법이다. 음악이라는 안전한 상황에서 우울, 불안, 분노 같은 부정적 감정을 분출할 뿐 아니라 소망, 희락, 사랑, 믿음, 열정, 감사 같은 긍정적 감정을 수용하는 것이 마음과 영혼을 움직여 삶의 변화와 성장을 이루어내는 예술감성 코칭의 특징이라 볼 수 있다. 영혼을 울리는 음악은 삶의 제반 목표에 따라 각기 다를 수 있으며, 고객이 직접 배경음악과 주제음악, 주제확신음악 중에서 선정하는 자율성이 있어 자기만의 음악을 갖추어 나가는 것이 자기만의 삶, 자기다움으로 이어지는 주체성을 경험할 수 있다. 자기다움은 자신의 감성을 긍정적인 가치로 물들여 그 긍정성 안에서 살며 삶에 감사하는 자기확증의 단계로 완성된다. 예술감성을 통해 자신의 욕구를 경청하며 긍정적인 가치를 추구하여 자기다움을 이루는 것은 행복을 향한 충분조건이 된다.

잠재력을 이끄는 매개체, 음악과 코칭

코치는 고객의 말에 귀 기울이면서 진정성을 추구한다. 진정성을 추구하는 코치의 언어가 심미적 음악감성과 유사한데, 심미적 음악감성과 진정성 있는 코치의 언어 모두 진선미의 가치체계와 연결되어 있기 때문이다. 진정성 있는 코치의 언어는 진정성의 '진', 선한 영향력을 주고자 하는 '선', 말을 의미 있고 아름답게 표현하고자 하는 '미'로 표출되는 것이기에 진선미 가치체계를 추구한다. 심미적 음악도 작곡가가 진정성의 주제를 다른 사람도 공감하게 하고자 아름답게 작곡하므로 진선미의 가치를 충족시킨다.

코칭과 음악은 둘 다 의미를 담아 만들어내는 소리라는 점에서도 공통점이 있다. 참되고 이타적이며 아름다운 삶을 추구하는 사람들의 말은 아름다운 음악과 같다. 아름다운 의미를 담고 있기에 감동을 일으킨다. 진선미 가치는 진정한 사람들의 진정성, 선한 영향력을 구사하는 선, 이 진과 선이 어우러져 내면으로 드러난 품성을 통해 개별적으로 나타난다. 이러한 개별적인 것, 자신만의 것을 찾아 나서는 삶은 자신의 소명을 알아내고 자신만의 내적 특질인 품성을 발휘하는 것과 연결되기에, 코치가 코칭 시 고객에게 자신의 소명과 품성을 스스로 찾아보도록 질문하는 것은 참으로 의미가 크다. 고객이 자신만의 빛나는 소명을 찾아 자신의 내면적 특질을 인정하며 '자기확언'하는 삶을 살도록, 코치가 음악과 언어로 셀프코칭하는 방법까지 알려주면 더욱 효과적인 코칭 관계를 정립할 수 있다.

사람은 마음이 움직여야 행동한다. 마음의 움직임은 신념과 가치에서 나온다. 신념이 사고와 결합할 때 잠재의식이 자극받아 의욕과 무한한 지성이 용솟음친다(나폴레온 힐, 2018). 진선미 가치를 통한 자기확언을 코칭 세션 후에도 스피릿 음악과 함께 되풀이하면, 자기암시가 잠재의식에 전달되고 자신을 지탱하는 지침이 되는 것을 경험하게 된다.

예술감성 코칭과 진선미 가치체계

예술감성 코칭은 고객이 목표를 향해 자신의 잠재력을 최대한 이끌 수 있도록, 코치가 음악감상 등을 매개체로 생각과 감정을 함께 이끌어내는 상호파트너십 안에서 해결책을 찾는다. 진선미 예술감성 코칭은 주제에 대한 진실성의 '진', 감상과 공감을 이끌어내는 공감능력을 중요시 하는 '선', 아름다운 언어와 예술을 매개체로 하는 '미'의 진선미 가치체계를 옹호한다. 진선미의 긍정적 감성을 높이기 위해 감성지능이 발휘되어야 하기에 감성지능의 다섯 가지 요소, 즉 자기인식, 자기절제, 동기부여, 공감, 대인관계 조절과 진선미 가치를 연결해 사고하는 것이 필요하다. 이 진선미 가치를 추구하면 주관적인 삶의 만족과 행복을 추구할 수 있다. 이 주관적 삶의 만족은 자신이 자기다움을 이룰 때 경험할 수 있다.

자기다움은 자신만의 방법으로 자신의 삶을 만들어낼 때 느낄 수 있다. 사람마다 삶의 진실이 다르고, 여건에 맞게 실천해야 할 의지의 대상도 다르며, 그것을 느끼고 표현하는 방식이 다르기에, 자기답게 자신의 상황에 맞는 자기다움을 구현해내는 것이 중요하다. 자기다움을 생각하며 감사하고 자존감을 높이면, 사람은 누구와도 비교할 수 없는 주관적 자기효능감을 고취할 수 있다.

라이프 코칭은 잠재력을 극대화해 최상의 가치를 실현하는 것이다. 코치는 고객의 잠재력을 찾아내 최상의 가치를 실현하고자 목표를 정하고 실천해 나가는 데 지지와 응원을 보낸다. 진선미 예술감성 코칭은 최상의 가치인 진선미의 가치와 음악을 통해 감성지능의 요소를 끌어내 고객의 목표를 이루도록 효과적으로 돕는 라이프 코칭이다. 라이프 코칭의 효과가 자아관련 결과(self-related outcome)인 자아계발 및 발전에 관련된 것으로서 자기인식, 자존감, 감성지능, 자기효능감 영역의 증가로 나타나기에(도미향 외, 2016; Dingman, 2004; Gegner, 1997a), 코치로서 고객의 감성지능을 높여 자기다움을 추구하는 자기인식, 자존감, 감성지능, 자기효능감을 발휘하게 하는 진선미 예술감성 코칭은 탁월한 코칭 방법이다.

크리스천으로서 주체성을 찾아나가는 코칭

사람은 자신의 삶에 주체성을 갖지 못할 때, 창의적인 해결책을 갖지도 못할 뿐 아니라 행복감도 느끼지 못한다. 우리 삶은 창의적이고 주체적으로 행하는 즐거움과 아름다움을 추구할 때 살아있다는 역동성을 느끼고 행복감을 만들 수 있기 때문이다. 이 역동성은 진선미 가치체계를 크리스천의 가치관과 융합할 때 효과적으로 발휘된다. 인간은 성령님의 인도하심을 통해 하나님의 진실하심을 선포하며, 하나님 앞에서 자신의 정체성을 추구하는 '진', 하나님의 선하심을 선포하며 자신도 그 뜻을 본받으려는 선한 영향력의 '선', 구원해 주시는 하나님의 미쁘심을 찬양하며 진과 선이 세워져서 품성으로 이어지는 '미'를 주체적으로 행할 때, 하나님과 소통하며 말씀을 따라 행복한 삶을 살 수 있다.

고착화 된 감성을 풀어나가는 코칭

진선미 예술감성 코칭은 음악을 통한 자기인식과 동기부여를 끌어내는 예술감성 코칭에 진선미 가치를 연결해 신앙적 열정을 돋우는 코칭 기법이다. 감정은 상대방의 쾌, 불쾌, 분노, 공포, 연민 등의 표정으로 살필 수 있으며, 우리가 주의를 기울여야 할 것이 무엇인지 알게 해주는 기능적 요소가 있다. 즉, 사람이 우선순위를 조정하고 의도를 전달하는 수단으로서 역할을 하게 된다. 사람은 음악을 들음으로써 감정에 관련된 지각, 평가, 분류 같은 인지과정을 유발해 각성상황에 대한 생리적 반응을 활성화할 뿐 아니라 목표지향적이고 적응적인 행동을 이끌어낼 수 있다.

음악과 언어를 매개체로 하는 예술감성 코칭은 지각과 기억을 수반해 현재나 과거의 경험, 미래에 대한 기대나 불안을 인식하여 자신의 상황을 진솔하게 표현하게 하며, 자신의 경험이나 생각을 반추해 보며 희망을 기대하게 한다. 예술감성 코칭은 정서를 잘 다스려 개인에게 고착화 된 상황을 감성적으로 풀어 현재와 미래의 자산으로 삼을 수 있게 하는 명상을 통한 음악치유 코칭이다. 동시에 감성을 통한 이성의 활성화를 유도해 문제에 대한 해결을 이끌어내는 해결중심 코칭이다. 즉, 감정의 욕구를 인식하고 이성적으로 조절할 뿐 아니라 동기를 부여해 행동으로 이어지게 도와준다. 감성은 이성, 감정, 행동의 모든 것을 포괄하는 개념이며, 외계의 대상을 오관(五官)으로 지각해 표상을 형성하는 성질이기에, 외부 세계의 자극을 받아들이고 느끼는 감수성(感受性)을 본질로 삼는다. 이 감수성은 감성적인 정보를 처리하는 능력인 감성지능(emotional intelligence, 情緒知能)과 연결된다.

사람은 자신의 감정을 잘 인식하고 조절하고 관리할 줄 알아야 타인의 감정을 잘 인식하고 타인과의 관계를 향상시킬 수 있다. 이러한 감정적인 것을 활용해 타인과의 관계를 잘 관리하기 위해 스스로 동기화할 수 있는 능력이 필요하다. 코치가 고객의 정서에 효과적으로 대처하기 위해서는 먼저 자기 정서를 관리하고 스스로 조절하는 방법을 알아야 한다(조나단 패스모어/트레이시 싱클레어, 2021). 감성지능의 대표적인 학자로 알려진 대니얼 골만(Daniel Goleman) 박사는 그의 'EQ 감성지능'(2020)에서 자기인식 능력, 정서조절 능력, 자신의 마음에 동기를 유발하는 능력, 타인의 감정에 공감하는 능력, 대인관계조절 능력의 다섯 개 요소로 구성된 감성지능을 이렇게 설명한다.

감성지능은 자기 자신에게 동기를 부여하고, 좌절 속에서도 밀고 나가며, 충동을 억제하고, 만족을 뒤로 미루며, 자기 기분을 통제하고, 걱정거리 때문에 사고력이 낮아지지 않게 하며, 감정이입을 할 줄 알고, 희망을 품을 줄 아는 능력이다.

진선미 예술감성 코칭은 인지적 관점의 예술감성 코칭인 '진', 행동적 관점의 예술감성 코칭인 '선', 정서적 관점의 예술감성 코칭인 '미'가 함께 조화를 이루는 코칭이다. 각각의 요소에는 위에서 말한 다섯 개의 감성지능 요소가 녹아 있다. 또 이 코칭은 사람의 감성을 정화하는 음악과 함께하기에 '알아차림'(mindfulness)의 순간을 더 쉽게 선사할 수 있다는 특징이 있다. 명상지도자 존 카바진(Jon Kabat-Zinn)이 알아차림에 대해, 자기 자신이나 자신이 경험하는 것에 대해 어떤 판단이나 비판도 없이 지금 여기서 자신의 몸에서 일어나는 감정, 감각, 생각, 욕구, 행동 등을 자각하는 것이라고 설명하듯(김상임, 2020), 인간은 음악에 자신을 내맡기며 자신의 감정에 충실히 명상할 때 새로운 것을 알아차림하는 데 도움받을 수 있다.

진선미 예술감성 코칭의 이론과 실제

진선미 가치체계에 의한 예술감성 코칭은 시편에 기록된 하나님의 약속을 믿으며, 자신의 정체성을 찾아가고, 선악을 구분할 줄 아는 지혜를 만들어가며, 자신의 주어진 일에 성실히 전념하며 사는 삶을 제안한다. 임상빈 박사는 『예술적 감정조절』에서 감정조절을 위한 명상과 훈련의 중요성을 이렇게 언급한다. "마음먹기에 따라 감정은 조절 가능하며 문제는 해결 가능하다. 그런데 실제로는 이게 결코 쉬운 일이 아니다. 명상과 훈련이 필요하다."

다음은 이 명상과 훈련을 위한 진선미 예술감성 코칭의 내용과 순서다. 첫째, 코치가 서정적인 음악을 고객에게 들려줌으로써 분위기를 전환해, 힐링되는 시간과 공간의 '코칭 스페이스'를 확보한다. 3분 정도 편안한 배경음악을 듣고 기분이 좋아지면, 고객의 꿈이 무엇이었는지를 물어본다. 그리고 그 꿈에 대한 의미를 코치가 질문하면 고객은 자신의 소망을 이야기한다. 고객은 자신의 현재 상황과 맞물려 바라본 자신의 미래와 무의식의 것을 자연연상하여 이야기하게 된다. 코치는 그 꿈을 진심으로 축하하며 꿈을 이룬 후 얻게 되는 만족감을 하나님께서 어떠한 시선으로 바라보실지를 생각하도록 질문한다. 음악과 언어로 긍정적인 묵상을 통해 사람은 잠재의식을 조정할 수 있다. 동기부여의 대가인 나폴레온 힐(Napoleon Hill)은 "소망이 달성되었을 때 자기의 모습을 상상함으로써, 잠재의식은 신념을 더욱 강하게 만들고 어느 사이엔가 소망을 현실로 이뤄낼 수 있다"고 주장하는데, 이 과정은 그의 주장에 상응하는 것이다.

둘째, 고객에게 원하는 코칭주제를 물어보고, 고객의 대답에 맞는 주제음악을 클래식 음악 가운데 선곡하여 감상하게 한다. 중간에 이 음악을 들으면서 어떤 느낌이 드는지, 어떤 것을 하고 싶어지는지 묻는다. 선곡 기준은 고객의 주제 내용과 빠르기, 음폭, 악기, 시대성, 조성에 따른 분위기 등을 고려해 코치가 선정한다.

셋째, 선택한 음악을 들으면서 명상한 후 고객에게 자신의 현실을 인식하도록 질문하고, 방해받는 요인이 있는지 코치에게 털어놓도록 기다린다. 로스 힐퍼딩(Ross Hilferding) 심리학 박사가 고민을 극복하는 최상의 방법은, 믿을 수 있는 사람에게 고민을 털어놓는 것(정화법)이라 했듯이, 사람은 자신의 고민을 털어놓음으로써 고민을 마음속에서 떨쳐버릴 수 있다(데일 카네기, 2004). 혼자서 골몰하고 자기 마음속에만 간직하는 한, 고민은 지나친 신경성 긴장만 초래한다. 사람은 자신의 고민을 누군가와 나누지 않으면 안 되고, 그에 상응하는 지지와 격려를 받는 것은 중요하다.

넷째, 코치는 고객의 고민을 들어주고 이해해줄 뿐 아니라 인정과 칭찬의 피드백을 해준다. 이때 고객은 더 없는 영혼의 선물을 받는다고 느끼며, 긍정적으로 자신의 마음을 더 열게 된다.

다섯째, 앞으로 나아가고 싶은 부분이 무엇인지를 물어본다. 드디어 목표를 설정하는 것이다. 고객은 조금 전에 나눈 이야기와 관련된 것을 말할 수도 있으나 그렇지 않을 수도 있다. 음악감상과 코치의 피드백을 통해 이미 스스로 문제를 해결한 경우에는, 또 다른 사고를 하며 또 다른 자신의 미래를 바라보는 의식의 전환이 일어날 수 있기 때문이다. 코치는 그 어떠한 변수도 가능함을 유연성 있게 생각하고 고객과 주제를 재합의한다.

여섯째, 고객에게 그 목표를 이룰 수 있는 방법을 정하도록 질문을 한다.

일곱째, 고객의 실천사항에 대한 방법을 듣고 실행할 것을 지지하면서 자기확언의 문장을 만들게 한다. 자기확언의 선포를 응원하고 지지하면서 주제확인음악을 선별해 듣게 한다. 자기확언의 말을 스스로 만들 수도 있지만, 만들기 힘들어할 때는 시편에서 적절한 말씀을 찾아 선택하도록 코치가 도움을 줄 수 있다. 구약과 신약에 좋은 말씀이 많지만 시편에 한정하는 이유는, 시편의 주 저자인 다윗은 죄의 본성을 지닌 사람이지만 언제나 하나님을 만나려고 노력했기에 그의 글을 읽으면 회심, 간구, 찬송, 기쁨, 소망, 사랑, 믿음의 마음을 접하는 데 크게 효과적이기 때문이다.

이어서 이번 세션에서 들은 음악(배경, 주제, 주제확인) 중에서 감동받은 음악을 선택하게 한다. 그것을 일상에서 수시로 들으며 자기확언을 지속적으로 실천해 보도록 권유한 후 한 코칭세션을 마무리한다. 여기서 주요 포인트는 고객이 일상에서 열정적이고 싶을 때 계속해서 이 음악을 들으며 마음을 북돋을 수 있는 자기확언의 훈련을 도모하고,

삶의 에너지를 충전하는 것이다. 음악을 통해 고객이 걱정이나 비전을 쏟아낼 뿐 아니라 감정의 공감을 이끌어낼 수 있도록 코치가 고객과 함께 코칭대화 프로세스를 진행하고 진선미 예술감성 코칭을 진행하면, 하나님이 의도하신 아름다운 세상을 향유할 수 있는 강력한 힘을 갖게 된다.

사실을 인지하라 - 진

진선미 예술감성 코칭은 마음이 불편한 상황이 발생했을 때, 불쾌한 감정의 원인을 파악하고 이해하려는 인지적 방법으로 생각을 조절하는 것이다. 진리와 진실에 대한 이해와 사고로 부정적인 생각을 전환해 긍정적이고 대안적인 방향으로 생각을 바꾸게 한다. 상황이나 문제를 변화시킬 수 있는 방법을 긍정적으로 생각해 보고 적극적으로 검토해 문제를 풀어보는 방법이다. 자신에게 해가 되는 상황에서 상대방의 입장을 생각해 보고, 상황의 원인을 파악하며, 여러 개연성을 고찰하면서 이해하고자 하는 것이 '진'을 중시하는 감성 코칭이다.

고객은 전체적인 안목에서 개연성을 스스로 알아차리기 힘들 때, 코치의 도움을 받아 메타인지를 확대해 상황에 융통성 있게 접근할 수 있다. 서로 간에 같은 음악으로 공감대를 형성해 신뢰감을 구축하는 것은 좋은 방법이다. 코칭세션에서 음악을 들을 때 고객이 떨리는 가슴으로 듣는다면 뭔가 의미 있는 울림을 받게 된다.

음악을 통한 느낌은 삶의 제반 문제에 공감을 받은 감동으로 이어지면서, 삶의 문제를 넘어 삶의 본질을 볼 수 있는 발판을 마련하게 된다. 삶의 본질은 순수한 존재로서 갖게 되는 순수한 감정이며, 가슴 깊은 곳에서 울리는 영혼의 아름다움이다. 고객은 자기 삶의 본질인 자기의 정체성을 이해하는 순간, 자기 앞에 있는 문제를 소소한 사건으로 인식하게 되고, 순탄한 흐름 가운데 내맡길 수 있는 여유를 갖게 된다.

크리스천의 정체성은 자신에 대한 진실인 '진'을 알아내는 것으로서, 하나님의 진리인 진이 기록된 성경말씀을 개인에게 주신 말씀으로 믿고 믿음의 씨앗 형태로 뿌려지는 상태를 말한다. 만약 고객이 '진'인 자신의 정체성을 알아차림하지 않으면, 코치는 음악을 들은 후 고객이 하나님 앞에서 어떤 존재라고 생각하는지 말해 달라고 함으로써 긍정 에너지를 끌어올리도록 도와주어야 한다.

사람은 누구나 자신의 소중한 정체성을 '자기인식'하게 되면, 씨앗을 키우는 '자기조절'을 거쳐 과일나무로 열매 맺는 열정으로 이어질 '동기부여'를 할 수 있게 된다. 이 열매는 타인에게 공감을 일으키고 타인과의 관계를 조절하여 세상을 변화시키는 스토리를 직접 양산하게 된다. 하나님에 대한 신앙이 1인칭 개인에 대한 믿음으로 일어서는 과정이 삶 속에서 내재되지 않았기에, 고객이 쓰러져서 아파하고 있음을 코치는 알아차려야 한다. 여기서 코치는 알아차림 전에 먼저 자신이 하나님 앞에서 정체성을 세우는 사람으로서, 자신의 믿음의 씨앗을 나무로 키우고 열매 맺는 삶을 살아나가야 한다. 자신의 정체성을 아는 사람은 자신에 대한 건전한 자존감을 형성할 수 있는 발판을 마련할 수 있으며, 정체성의 확립은 고객의 현재를 인식하고 목표를 향해 미래로 나아가는 데 열정을 줄 수 있다.

행동에 공감하라 - 선

　진선미 예술감성 코칭에서 '선'은 하나님의 선하심에 따라 1인칭된 고객이 선한 영향력을 품을 수 있도록 도와주는 코칭이다. 선은 하나님의 사랑을 전하는 주체로서 타인에게 공감하며 선을 실천하려는 갈망을 행동으로 표현하는 것을 지지하는 코칭이다. 코치는 고객이 자신의 문제에 대한 해답을 창의적으로 만들어내도록 공감과 인정을 통해 파트너십을 구사하며, 코칭 프레즌스(coaching presence)를 확고히 하는 것이 중요하다.

　공감 능력은 사회의 일원으로서 인간이 다른 사람과 소통하면서 살아가는 데 꼭 필요한 감성 능력이다. 공감한다는 것은 진정으로 상대방 말을 경청하면서 내용을 완전히 이해하는 것이다. 상대방의 상황과 감정을 표현하는 말투와 어조에 귀 기울이며, 과거에 함께 나눈 대화를 기억하고 마음을 기울이는 것이 공감을 표현하는 방법이다. 코치는 고객에게 선한 것을 갈망하고 행동으로 실행하는 것을 결정하는 기회를 주어 자립형 인간으로 성장하도록 도울 수 있다. 사람의 진정한 행동변화는 외부 정보나 지식 습득이 아니라, 보이지 않는 내면의 변화에서 시작되므로, 코치가 고객에게 내면의 존재가치와 신념, 목적을 질문하는 것이 중요하다(우수명, 2019).

　사람은 보통 부정적인 일을 당했을 때, 자신의 행동을 후회하고 자신을 비난하거나, 문제의 원인을 다른 사람 탓으로 돌리는 두 가지 오류를 범하기 쉽다. 부정적으로 사고하는 상황은 지속성을 갖기 때문에 스스로 사고의 늪에서 빠져나오기 어렵고 습관화 된다. 코치가 고객의 후회스러운 과거의 상황이 일어난 연유를 충분히 들어줄 때, 고객은 현재의 시점을 제대로 바라보는 용기를 얻게 된다. 먼저 고객이 자신의 후회되는 행동에 대해 실컷 이야기하도록 충분히 들어주는 것이 중요하다. 그다음 고객이 가졌던 원래의 긍정적 동기와 하나님이 이 일을 어떤 시선으로 바라보실지 생각해 보게 한다면, 고객은 조금씩 긍정적으로 변화되어 이 문제는 홀로 해결할 것이 아니라 성령님의 역사하심이 필요한 문제임을 느끼게 된다.

이야기로 코치와 공유하는 부분이 많아질수록, 고객은 그 사안을 주관적으로 해석하는 것에서 벗어나 점차 객관적으로 전체 맥락에서 해석하고 행동하는 용기를 갖게 된다. 고객이 자신의 문제에 사로잡혀 분노, 원망, 무력감, 우울감 등 부정적 느낌에 매몰되면, 자신이 하나님 앞에서 얼마나 귀한 존재인지 잊어버리게 된다. 하나님 사랑을 깨닫기 위해 음악을 듣고 코칭대화를 하는 것 자체가, 행동 주체로서 자신을 발견하고 잠재력의 용솟음을 경험할 수 있는 길임을 알아야 한다.

희망이 아지랑이처럼 피어나는 음악으로는, 주제선율이 상승하는 멜로디이며 템포 루바토와 트릴, 부드러운 리듬을 구사해 시적 감정을 표현한 쇼팽의 "녹턴 2번 E 플랫 장조" 같은 낭만음악이 적절하다. 음악으로 문제 요인에 열정을 불러일으키도록 동기를 부여하는 것이다. 『크리스천 코칭』에서 게리 콜린스는 열정적인 삶에 대해 다음과 같이 언급한다. "열정은 삶에 가장 큰 에너지와 성취를 가져다줄 수 있는 추진력이다. 만일 당신이 자신의 열정을 끌어내 그것이 당신에게 건강한 방향으로 동기부여하도록 허락한다면, 열정은 선을 위한 강력한 영향력이 될 수 있다."

행복하게 해주어라 - 미

인간이 삶에서 다음 장으로 넘어갈 수 없는 이유는 과거의 실수를 스스로 용납하지 못하기 때문이다. 그것이 누구 탓이건 간에 어떤 방식으로든 정리되어야 새로운 삶을 시작하는 다음 장을 쓸 수 있다. 자신이 신뢰하는 사람이 자신의 이야기를 경청하면 자기의 감정과 생각을 정리하는 데 크게 도움이 된다. 진선미 예술감성 코칭에서 '미'는 하나님 앞에서 진과 선이 세워져서 품성으로 내재화하는 것으로, 감정적으로 균형을 이루는 상태를 지향하는 정서적 관점의 감성 코칭을 일컫는다. 미를 추구하는 코칭은 아름다운 음악을 통해 과거의 일을 있는 그대로 느끼고, 고요하고 충만한 느낌과 행복한 감정이 들도록 삶에 평정심을 주는 예술 코칭이다.

고대 그리스의 철학자 플라톤은 인간의 심성을 변화시킬 수 있는 힘을 가진 것은 없다고 주장하며, 올바른 음악을 선별해 들어야 한다는 윤리론을 주장했다. 중세의 기독교적 세계관을 가진 아우구스티누스는 음악을 신의 질서에 따라 올바르게 조절하는 학문으로 보았고, 이어진 르네상스 시기에서는 음악을 인간의 감정을 표현하는 것이라는 인본주의적인 관점에서 살펴보았다. 르네상스 시기의 음악적 관점에 영향을 받은 바로크 초기 시대 작곡가들은 '정동설'(情動說, doctrine of affections)을 규정해 조성에 따른 감성을 발현하려 노력했다. 정동설은 슬픔, 기쁨, 분노, 사랑, 경이로움, 흥분 같은 정서가 인간 내면에 있는 영혼에서 발현하는 것으로 보는 이론이며(라이언 엔드리스, 2019), 감성적 음악 선정 기준에 도움이 된다. 그래서 진정성 있는 음악을 통한 코칭을 구현하려면 바로크 시대 음악을 중심으로 선곡하기를 추천한다.

셀프코칭으로 체화하기:
진선미 감성큐티와 진선미 감성일기 ──

코칭세션을 마친 후에는 고객에게 '진선미 감성큐티'와 '진선미 감성일기'를 실천하여 체화하는 것이 필요하다. 즉, 하나님 앞에서 1인칭 개인이 자신의 삶과 일에서 자발적인 호응이 일어나 목표를 실행하게 하며, 성취감을 맛보게 하는 셀프코칭의 기초를 제공하는 것이다. 크리스천은 하나님 앞에서 자신의 삶의 목적의식을 매일 성찰해야 하는데, 이 진선미 감성큐티와 진선미 감성일기로 개인의 신앙관과 진선미 가치를 확고히 할 수 있다.

목적의식은 참되신 하나님의 뜻(진)을 알고, 선하신 뜻을 살펴 자신의 삶을 정렬시키고자 노력(선)하며, 구원의 기쁨을 아름답게 표현(미)함으로써 구현된다. 진선미 감성큐티와 진선미 감성일기는 시편 말씀을 중심으로 하나님의 진리에 정렬한 자신의 정체성의 '진', 선한 영향력의 '선', 진과 선이 세워져 품성으로 내재화 된 '미'를 통한 가치체계와 이에 따른 큐티와 일기를 결합한 것이다. 그리고 두 개의 감사일기를 추가해 감사일기 다섯 개 적는 것을 원칙으로 한다. 이 두 개의 감사제목은 성령의 열매를 맺으려고 노력한 것에 대한 감사, 하나님의 선물인 사람과 관계해 선물을 보내주신 하나님께 감사함을 적는 것이다.

진선미 감성큐티에서 '미'는 시편을 통해 하나님께 자신의 사랑을 내어드리고, 품성까지 하나님의 품성으로 변하여 성숙해 나가고자 하는 것이다. 사람은 하나님을 믿고 자신을 그분의 인격으로 채울 때 진정한 자신의 인격을 갖기 시작한다(릭 워렌, 2021). 미를 위한 품성으로는 『마틴 셀리그만의 긍정심리학』의 6가지 미덕과 이와 연결된 24가지 성격 강점을 중심으로, 말씀과 감사할 내용에 비추어 찾아보는 것이다. 미덕과 성격 강점은 다음과 같이 세팅되어 있다.

① 지혜와 지식 – 호기심, 학구열, 판단력, 창의성
② 용기 – 용감성, 끈기, 정직, 열정
③ 사랑과 인간애 – 사랑, 친절, 사회적 기능
④ 정의감 – 팀워크, 공정성, 리더십
⑤ 절제 – 용서, 겸손, 신중함, 자기통제력
⑥ 영성과 초월성 – 감상력, 감사, 희망, 유머, 영성

이 품성의 중요성은 윤정구 교수의 『진성리더십』에서도 중요하게 다룬다. "인성의 형성은 타고난 부분이 크지만, 품성은 전적으로 만들어진다. 품성은 개인이 사명을 선택하고 선택한 사명에 대한 실천적 자기훈련을 통해 만들어진다." 진선미 감성 코칭, 진선미 감성큐티, 진선미 감성일기는 개인 정체성의 기반이 되는 인지적 '진'이 선한 영향력을 구사하는 행동적 '선'을 통해 통합적으로 세워져, 품성인 미덕으로 내재화 되는 '미'의 단계를 거친다. 진과 선이 합일되어 자신의 품성으로 드러나는 삶이 미의 삶이고, 이는 하나님을 바라보며 즐거워하

고 찬양하고 기도하는 삶이다. "예수 그리스도로 말미암아 의의 열매가 가득하여 하나님의 영광과 찬송이 되기를 원하노라"(빌 1:11).

성령의 열매에 대한 감사는 성령의 아홉 가지 열매, 즉 사랑, 희락, 화평, 오래 참음, 자비, 양선, 충성, 온유, 절제 중 하나를 택하여 잘 발휘한 것에 대한 진선미 큐티와 관련해 찾아보고 감사하는 것이다. 이것은 "약점은 적절한 선에서 관리하고 강점을 강화하여 구성원들이 능력을 최대한 발휘할 수 있게 하는 리더십을 갖춰야 한다"(고현숙 외, 2019)는 강점 중심적 마인드를 성경적 입장에서 고취하는 것이다. 마지막 하나님의 선물은 사람을 통해 역사하시는 하나님 사랑을 체험하며 감사하는 것으로, 세상을 따뜻한 시선으로 보는 세계관을 갖는 데 도움을 준다.

궁극적으로, 예술감성 코칭을 통해 크리스천 코치들이 고객에게 강렬한 의지를 불태우는 실천력에 신앙과 음악으로 동기를 부여하여 문제해결을 끌어내는 성공적인 코칭을 구축하기를 소망한다. 이 코칭을 실행하는 자발적 의지와 행동이 하나님을 믿으며 그 뜻을 따르는 진선미 가치관과 소명의식에서 나올 때 시너지가 발생함을 인식하는 것이 중요하다.

참고문헌

- 고현숙 외. 『코칭하는 조직만 살아남는다』. 서울: 두앤북, 2019.
- 김상임. 『마음을 아는 자가 이긴다』. 서울: 쏭북스, 2020.
- 도미향 외. 『성격과 코칭의 이해』. 서울: 신정, 2016.

- 우수명.『질문의 방향』. 서울: 아시아코치센터, 2019.
- 윤정구.『진성리더십』. 서울: 라온북스, 2019.
- 이장민.『좋은 느낌이 특별한 인생을 만든다』. 서울: 이담북스, 2020.
- 이진우.『지상으로 내려온 철학』. 서울: 푸른숲, 2000.
- 이창재.『예술작품과 정신분석』. 서울: 학지사, 2012.
- 임상빈.『예술적 감정조절』. 서울: 박영사, 2020.
- 정은경.『코칭심리의 이론과 실제』. 서울: 학지사, 2021.
- 조정옥.『한 권으로 보는 예술철학·예술치료 이야기』. 서울: 성균관대학교출판부, 2019.
- 게리 콜린스.『크리스천 코칭』. 정동섭 역. 서울: IVP, 2004.
- 대니얼 골먼.『EQ 감성지능』. 한창호 역. 파주: 웅진지식하우스, 2020.
- 데일 카네기.『카네기 행복론』. 최염순 역. 서울: 카네기연구소, 2004.
- 릭 워렌.『목적이 이끄는 삶』. 고성삼 역. 서울: 디모데, 2021.
- 마틴 셀리그만.『마틴 셀리그만의 긍정심리학』. 김인자, 우문식 역. 안양: 도서출판 물푸레, 2020.
- 사이먼 배런코언.『공감제로』. 홍승효 역. 서울: 사이언스북스, 2013.
- 조나단 패스모어, 트레이시 싱클레어.『글로벌 코치 되기』. 김상학 역. 서울: 한국코칭수퍼비전아카데미, 2021.
- 허루이린.『처음 시작하는 미학 공부』. 정호운 역. 서울: 오아시스, 2020.
- Sheldon, K. M. & Lyubomirsky, S. How to increase and sustain positive emotion: The effects of expressing gratitude and visualizing best possible selves, *Journal of Positive Psychology*. 2006.

최수황

S&H CC 대표코치, 한국코치협회 전문코치(KPC, KPCC)
ICF 국제코치연맹 Professional Coach, 한국산업개발훈련원 전문위원
(사)한국코치협회 편집부 국장, PTSA 미주장로회신학대학교 객원교수
World Mission University 겸임교수, 한국기독교코칭학회 이사
국제코치연맹(ICF) 한국지부 국제부 위원, 한국기독교코칭학회 FT강사
아시아코치센터 FT강사, NLP Practitioner, 아트세라피스트

미국 뉴저지주립대 럿거스대학원 박사, 한세대대학원 박사
일본 무사시노음대대학원 석사, 이화여대 학사

HMM 사내코치, 아시아코치센터 전문코치, 성결대 겸임교수
이화여대, 단국대, 한세대 강사 역임

저서 『찬송이 하늘에 사무치네』(쿰란출판사, 2011)
『4가지 성격 DISC와 만나다』(brainLEO, 2020)

음반 〈Organ and Prayer〉(Christian Media, 2006)
〈Pipe Organ Recital〉(MSR Classics, 2010)

Part 4
선교적 미래 코칭의 블루오션

Christian Coaching
Discovery

10

공학도의 조직갈등관리 STOP 코칭
_ 손용민

공학도라는 단어의 의미가 무엇일까? 나는 토목공학을 전공했고 30년간 그것을 직업으로 삼았으나, 지금은 새로운 분야인 코칭에 푹 빠져 9년째 코칭과 함께 살고 있는 자유로운 영혼의 코치다.

내게 코칭이란

나는 코칭을 '삶의 자유로운 마차여행'이라 말하고 싶다. '코치'라는 단어는 1500년대 헝가리의 도시 콕스(Kocs)에서 만들어진 사륜마차에서 유래했다. 코칭이 그런 마차를 타고 자유롭게 길을 떠나는 나그네의 삶이기에 그런 것이다.

나는 크리스천 코칭을 '기도와 말씀을 기반으로 한 영성을 가지고 그리스도의 무한한 사랑으로 이 세상을 변화시키는 섬김의 도구이며, 이 땅의 모든 이들이 하나님나라를 이루는 그리스도의 비전을 갖도록 돕는 것'으로 정의하고 싶다. 이 정의는, 인간은 하나님의 형상으로 지음받았고, 인간은 하나님이 주신 특별한 존엄성과 창조성을 가지고 있다는 성경말씀을 근거로 한다.

결국 코칭은 하나님의 창조물인 인간을 바라보는 관점에서 출발한다. '크리스천 코칭의 영감(靈感)은 모든 존재의 중심에 계신 하나님의 창조성에서 시작되며, 하나님의 형상을 닮은 인격적 존재인 인간은 코칭을 통해 변화되고 섬기며, 비전의 삶을 이룰 수 있는 무한한 가능성을 가지고 있다'고 크리스천 코칭의 철학을 말할 수 있다.

나는 이러한 코칭의 정의와 철학을 마음에 담고 공학도의 조직갈등관리 코칭을 풀어보려고 한다. 지금부터 갈등을 에너지로 승화시키는 신뢰 가는 소통조직은 어떻게 만드는지 이야기하고자 한다.

갈등관리의 첫걸음은 신뢰와 소통에서 출발한다 ──

내가 섬기고 있는 교단에서 젊은 목회자들에게 크리스천 코칭을 강의한 적이 있다. 그중에는 코칭에 대해 긍정보다는 부정적 이미지를 가진 목회자도 있었다. 목회상담학이라는 과목으로 상담을 접했기에 처음에는 코칭이라는 학문에 의미를 부여하기가 쉽지 않았을 것이다. 그런데 코칭대화 안에서 자신의 내면을 이야기하면서, 예수님이 말씀하신 수평적 리더십을 인정함으로써 코칭의 궁극적인 효과가 나타나기 시작했다. 결국 부정적 이미지를 제일 많이 가졌던 목회자는 코치 자격 획득과 함께 코칭을 목회에 접목하고 있다. 이 땅의 죄인들과 눈을 맞추고 구원의 역사를 이루기 위해 인간의 몸으로 오신 예수님의 수평적 리더십은 인류에게 엄청난 신뢰를 가져다주었다.

교회 내 갈등을 예방하거나 관리하기 위해서는 수평적 리더십을 통한 신뢰가 형성되어야 한다. 어느 목사님은 외국에서 유학 후 한국에 돌아왔을 때 교회 안에 상하 수직적인 관계가 만연한 것을 보고 놀랐다며, 경직된 수직관계는 갈등의 씨앗이 될 수 있다고 말했다.

그렇다면 어떻게 신뢰를 형성할 수 있을까? 우선 사람 사이의 관계를 생각하기에 앞서, 하나님과의 관계가 신뢰의 관계인지 성찰해야 한다. "내 양은 내 음성을 들으며 나는 그들을 알며 그들은 나를 따르느니라"(요 10:27). 자신의 삶이 하나님의 음성을 듣고 따르는 삶인지 스스로 질문해 보아야 한다. 이것은 하나님과의 절대적 신뢰관계를 결정하는 의미 있는 일이다. 하나님의 음성에 따라 행동하는 것은 사람과의 관계 이전에 기독교인으로서 갖추어야 할 기본적이면서 필수적인 태도다. 그 믿음으로 하나님과 신뢰의 관계를 형성하면, 갈등 속에서 힘들어하는 나 자신과 다른 사람의 관계를 잘 풀어나갈 수 있다.

그렇다면 사람과의 관계를 잘 풀어나가는 가장 기본적인 방법은 무엇일까? 그것은 커뮤니케이션, 즉 의사소통이다. 의사소통 방법인 패이싱(Pacing)을 생각해 보자.

패이싱의 명사적 의미는 '보조 맞추기' 또는 장거리 육상경기나 마라톤에서 '달리는 속도'를 말하며, 타동사로서는 '속도를 유지하다'는 의미다. NLP(Neuro Lingusitic Programming, 신경언어프로그램)에서도 패이싱을 다루는데, 행동과 습관의 변화를 도와주는 프로그램이다.

교회에서 교역자와 교역자 간, 교역자와 성도 간, 성도와 성도 간의 대화 또는 동역자로 함께 사역할 때, 특히 새신자가 처음 교회에 왔을 때 신뢰관계를 만드는 것은 매우 중요하다. 교회 사역에서 하나님의 일을 성취하기 위해서는 상대방의 이해와 업무협조가 절대적으로 필요하기 때문이다. 특히 새신자를 정착시키기는 데 있어 첫인상은 매우 중요하다. 통상적으로 코칭 초반에 고객과 신뢰관계가 형성되지 않으면 아무리 탁월한 기법을 활용해도 변화를 촉진하기가 쉽지 않다. 교회뿐 아니라 회사에서 비즈니스 코칭을 하면서 확신을 갖게 된 것이 고객과의 신뢰다.

패이싱은 빠른 시간 안에 상대방과 신뢰관계를 만드는 훌륭한 기술이다. 이 기술을 잘 습득하여 습관화하면 상대방에게 적극적인 업무협조를 얻을 수 있고, 일을 성공적으로 추진할 수 있다. 패이싱 기술은 코칭대화 과정에서 눈맞춤과 적절한 인정(고개 끄덕임), 경청을 기본 행동으로 습관화한다. 청각, 시각, 언어가 조화를 이룰 때 진정한 패이싱이라 할 수 있다.

[그림13]과 같이 행동적 패이싱과 언어적 패이싱으로 구분할 수 있는데, 언어적 패이싱을 할 때 행동적 패이싱은 기본적인 상호 존중 행동이다.

행동적 패이싱
1. 눈맞춤(eye contact)
2. 적절한 안정(고개를 끄덕이기)
3. 상대방 행동 따라하기(mirroring)

언어적 패이싱
1. 핵심단어 말해 주기(key words)
2. 맞장구 치기(그렇군요. 우와~)
3. 상대방의 말의 톤과 속도를 맞추기
4. 상대방 말의 내용 요약해 주기

[그림13] 패이싱의 종류

이 패이싱 대화를 통해 상대를 공감하게 된다. 공감은 다른 사람 입장에서 보고 느끼는 능력을 의미하며, 상대방의 마음을 읽고 반응하는 커뮤니케이션의 원천이라고 말할 수 있다. 로마서 12장 15절은 "즐거워하는 자들과 함께 즐거워하고 우는 자들과 함께 울라"고 말한다. 갈라디아서 6장 2절도 "너희가 짐을 서로 지라 그리하여 그리스도의 법을 성취하라"고 하면서 공감의 중요성을 말한다.

사람과의 대화에는 고통과 슬픔, 기쁨과 행복이 있다. 대화할 때 가면 쓴 주제 안에 숨어 있는 진정으로 이야기하고 싶은 주제를 끄집어내 통찰을 불러일으키는 공감적 코칭대화를 해야 한다. 이러한 패이싱 코칭대화는 갈등을 최소화하고 친화관계를 형성하는 데 큰 도움이 된다. 기독교인인 우리는 세상에 빛과 소금이 되기 위해 패이싱을 통한 공감훈련에 더욱 최선을 다해야 한다.

갈등의 순기능과 역기능

삶에서 가장 중요하고 필요한 것은 무엇일까? 집, 잠, 직업, 돈, 사랑, 여행, 여러 요소가 있지만 아마도 인간관계일 것이다. 몸이 괴로운 것은 '병'이고, 관계가 괴로운 것은 '갈등'이다. 하버드대학교의 위간(A. E. Wiggan) 교수가 직장, 가정, 사회생활 등 각 분야에서 실패한 사람을 조사했는데, 노하우나 교육, 전문적인 지식이 모자라 실패한 사람은 불과 15퍼센트이고, 85퍼센트가 인간관계를 잘못해서 실패한 것으로 나타났다. 결국 인간관계가 인생의 성패를 좌우한다고 볼 수 있다

먼저 '갈등' 하면 생각나는 이미지나 단어를 떠올려보자. 무엇이 떠오르는가? 사람의 관점에 따라 같거나 다른 단어가 떠오를 것이다. 그러면 갈등의 사전적 의미는 무엇일까? 갈등은 칡 '갈'(葛) 자와 등나무 '등'(藤) 자의 조합으로 국립국어원에 따르면, '칡과 등나무가 서로 얽히는 것'같이 개인이나 집단 사이에 목표나 이해관계가 달라 서로 적대시하거나 충돌하는 것이라고 설명하고 있다. 그러나 나는 '욕구가 상대방과 달라 부정적이거나 긍정적인 충돌을 일으키는 모든 상황'이라고 정의하고 싶다.

사람 사는 곳에는 갈등이 일어날 수밖에 없다. 기업의 의뢰를 받고 조직갈등관리 코칭을 강의하러 가면, 대표는 두 손을 꼭 붙들고 갈등을 해소해 달라고 간절히 부탁한다. 그러면 대표의 눈을 보며 갈등은 해소의 개념이 아닌 관리의 개념이라고 말해 준다. 갈등이 없는 조직은 충돌이 없는 것이고, 충돌이 없다는 것은 죽은 조직이라는 의미다. 합리적이고 효율적인 충돌은 활화산처럼 솟아오르는 조직의 역동성

을 보여준다. 어떻게 갈등을 관리하는지에 따라 조직의 성패가 좌우 된다.

결국 갈등의 순기능을 적정하게 활용해 성장을 위한 자원으로 활용하는 것이 중요하다. [그림14]를 보면 적정 수준의 갈등(B)은 조직을 성장 발전하게 하고 생산성을 극대화시킨다. 그러나 갈등수준이 너무 낮으면 갈등 부재(A)로 조직이 정체되고, 임계치를 넘어가면 극한 갈등(C)으로 조직이 파괴되는 문제가 발생한다. 갈등의 순기능을 발현하기 위해 조직갈등관리 STOP 코칭을 접목하여 상호존중의 대화 방법 및 조직문화의 변화를 꾀하는 등의 노력이 필요하다.

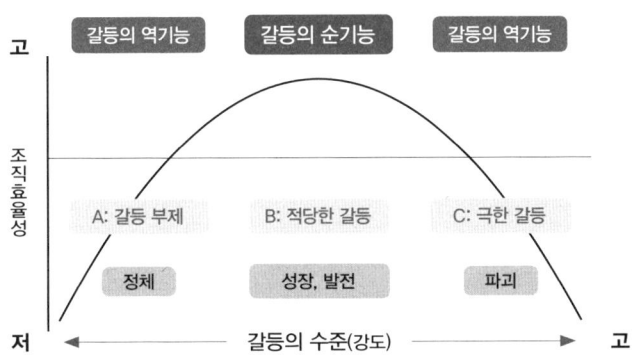

[그림14] 갈등의 순기능과 역기능

출처: 박원우, 『팀웍의 개념, 측정 및 증진방법』, 서울대학교출판부. 2006. *저자 재구성

실제 IT기업 중 카카오의 핵심가치인 '신·충·헌'은 카카오가 새로운 창의를 이루는 사업을 추가하는 데 큰 공헌을 세웠다. 신·충·헌은

'신뢰' '충돌' '헌신'의 약자다. 나는 처음에 '충'을 충성으로 알았다. 그러나 예상은 빗나갔고, 그들은 '충돌'이라는 문화로 활화산처럼 솟아오르는 수평적 회의문화를 이루고 갈등의 순기능을 만들었다. 그것은 '신뢰'라는 엄청난 가치에 바탕을 두고 모든 직원이 존중으로 함께한 수평적 조직 문화의 힘이라고 확신한다.

이것은 [그림15]처럼 갈등의 진행주기를 잘 관리하면 된다. 갈등이 증폭되어 교착기간을 거치면서 축소 및 해소되기도 하고, 해소 후 앙금이 쌓여 재발하기도 한다. 이에 따른 갈등관리는 갈등의 갑작스러운 증폭을 줄이고 교착기간을 단축시켜, 갈등의 감소 또는 해소 이후 선제적으로 앙금에 대처해 재발을 방지한다.

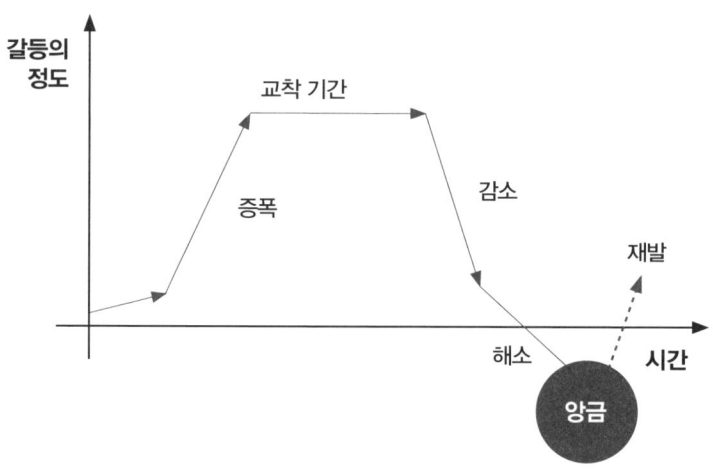

[그림15] 갈등의 진행주기

출처: Pruitt, Dean G. & Jeffrey Z. Rubin, 1986, 어세스타 TKI 전문가 과정, 2021.

갈등을 에너지로 승화시키는
효율적 조직갈등관리 방법 ——

그동안 많은 학자가 갈등관리 기술을 연구했는데, 갈등관리를 가장 효과적으로 제시한 토머스와 킬먼(Thomas & Kilmann)의 5가지 갈등관리 유형을 소개하고자 한다. 5가지 갈등관리 유형은 [그림16]에서 보듯 가로축은 상대방의 욕구를 충족시켜주기를 원하는 정도, 세로축은 자신의 욕구를 충족시켜주기를 원하는 정도로, 지연(회피), 수용, 경쟁, 절충(타협), 협력의 5가지 유형이 그 안에서 정리된다. 개인의 갈등 유형은 TKI(Thomas & Kilmann Instrument) 검사로 측정하는데, 1977년 세계적인 심리학자 케네스 토머스(Kenneth W. Thomas) 박사와 랄프 킬먼(Ralph H.Kilmann) 박사가 개발한 심리검사 도구다. 이것은 자신과 타인의 갈등 유형을 인식하고 갈등상황에 따른 효과적인 갈등관리 모드를 적용함으로써 조직이 더욱 성장 발전하도록 돕는다.

한국판 검사는 온라인 심리검사센터인 어세스타에서 2017년 '온라인 검사 & 프로파일'을 개발하였다. 이는 총 30문항의 자신이 선호하는 답을 결정해 프로파일링하면, 갈등이 발생했을 때 자신이 주로 사용하는 갈등관리 유형 패턴이 파악된다. 조직갈등관리 STOP 코칭은 어세스타의 TKI 갈등관리와 내가 공저한 『크리스천과 함께하는 작전타임 S-TOP 코칭』을 접목해 재구성했다. 갈등관리 프로세스에서 이야기하겠지만, 중요한 것은 자신이 주로 사용하는 갈등유형 패턴에 치중해서는 안 된다는 것이다. 갈등이 발생했을 때 상황을 잘 파악하여 상대에게 5가지 유형 중에 무엇을 적용할 것인지를 생각하는 것이 중요하다.

5가지 갈등관리 유형

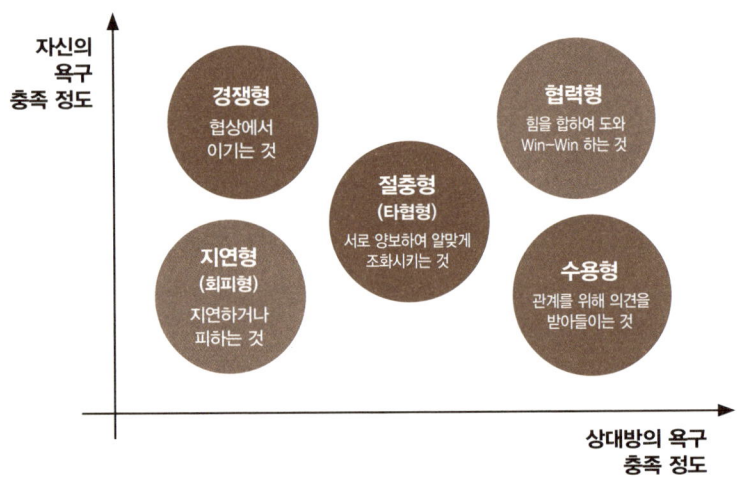

[그림16] 갈등관리 5가지 가지 유형

출처: Thomas. K. W & Kilmann. R. H(1974), Thomas & Kilmann Confict-Mode Instrument.
Palo Alto. Ca; Xicom. 박효정,『조직 갈등관리 트레이닝북』(서울; brain LEO, 2019).
유경철,『완벽학 소통법』(서울: 천그루숲, 2018). 어세스타 TKI 전문가과정 2021.
*저자 재구성

유형 1. 경쟁형 자신의 욕구충족 정도(자기 주장성)는 크나 상대방의 욕구충족 정도(타인 수용성)는 작은 유형이다. 본 유형은 강력한 근거를 바탕으로 자신의 의견을 주장하거나 다른 사람은 결정하기 어려운 일을 빠르게 추진해 나간다. 어떤 상황이 발생하면 빠른 행동을 보여주고, 남들이 하기 힘든 어렵고 인기 없는 결정을 하며, 중요한 문제에 대해 자신의 주장이 옳다는 것이 확실할 때 이를 옹호한다. 자신이 경쟁적인 사람들에게 둘러싸여 있을 때는 자신의 입장을 적극적으로 보호하려는 성향이 있다. 경쟁 모드를 과도하게 사용할 때는 의사소통 및 인간관계 부족, 정보의 양 감소로 잘못된 선택을 할 수 있다. 저조하게 사용했을 때는 우유부단하다는 말을 듣거나 추진력 결여 및 지연된 행동으로 상황이 악화될 가능성이 있다.

DISC(행동유형)로 본다면 D형(주도형, 외향형)에서, MBTI(성격유형)는 ESTJ(외향, 논리, 목적 등)의 성격유형에서 많이 나타난다.

유형 2. 수용형 상대방의 욕구충족 정도(타인 수용성)는 크나 자신의 욕구충족 정도(자기 주장성)가 작은 유형이다. 본 유형은 상대방의 의견이 합리적일 때 혹은 호의를 이끌어내기 위해 의견을 받아들인다. 어떤 상황을 분석했을 때 틀렸음을 깨닫거나 다른 주장이 받아들여지기를 원할 때 자신의 결정은 미뤄둔다. 결국 갈등상황에서 상대가 요구하는 것에 순응하고, 자신이 원하는 것은 포기하고 양보한다. 부서의 분열을 막아야 하는 상황에서 평화를 유지하는 데 도움을 준다. 만약 당신이 상대보다 한수 아래이거나 지지를 잃을 경우 당분간 항복하고 수용하는 것이 현명하다. 그리고 현재의 문제가 자신보다 상대에게 더 중요하다고 생각되면 과감하게 수용하고 나중에 더 큰 이익을 가져올 수도 있다. 수용 모드를 과도하게 사용하면 조직에서 영향력의 제한과 존재감 상실 등이 있을 수 있으며, 저조하게 사용하면 잘못을 인정하지 않거나 여러 관점을 보지 못해 고집불통이라는 소리를 들을 수 있다. 상대방의 사기저하, 긍정적이고 지원적인 관계 맺기가 어려울 수 있다.

DISC(행동유형)로 본다면 I형(관계형, 외향형)에서, MBTI(성격유형)는 E_TJ(외향, 감정, 융통 등)의 성격유형에서 많이 나타난다.

유형 3. 지연형(회피형) 상대방의 욕구충족 정도(타인 수용성)도 작고, 자신의 욕구충족 정도(자기 주장성)도 작은 유형이다. 본 유형은 당장 의사결정하기에는 정보가 부족하거나 더 중요한 문제가 있어 현재의 문제를 뒤로 미루거나 회피한다. 문제가 사소하여 중요하지 않은 경우 내버려두며, 갈등에 개입하는 것의 위험이 이익을 넘어서는 긴장상태일 때 긴장을 완화시키고, 결정을 내리기 전 정보를 좀 더 많이 가져야 할 때 시간을 버는 성향이다. 또 자기가 아니어도 다른 사람이 일을 추진할 수 있음을 알아차리면 타인의 소유를 인정한다. 지연 모드를 과도하게 사용하면 빠른 의사결정이 되지 않아 신뢰성에 손상을 초래하고, 너무 지연되면 문제가 더욱 악화되는 상태가 되기도 한다. 저조하게 사용하면 덜 중요한 문제에 시간과 에너지를 소모하게 되고, 위임의 결여와 타인이 해결책을 찾을 기회를 박탈하는 문제가 발생할 수 있다.

DISC(행동유형)로 본다면 S형(안정형)과 C형(신중형)에서, MBTI(성격유형)는 I_FP, I_FJ(내향, 논리, 감정, 목적, 융통 등)의 성격유형에서 많이 나타난다.

유형 4. 절충형(타협형) 상대방의 욕구충족 정도(타인 수용성)와 자신의 욕구충족 정도(자기 주장성)가 중간 형태인 유형이다. 본 유형은 동등한 이익과 희생을 바탕으로 서로 조금씩 양보해 해결책을 제시하므로 알맞게 조화를 이룬다. 문제가 중요하지만 경쟁 등 쓰이는 시간과 에너지까지 투자할 만큼 중요하지는 않을 때 적당히 문제를 해결하려고 한다. 양측에게 동등한 권력이 있고 반대되는 관점을 가졌을 때와 복잡한 문제의 일시적인 해결책을 찾아야 할 때 필요하다. 절충(타협) 모드가 과도하면 원칙과 가치 등을 간과하게 되고, 일시적이고 단기적 해결로만 치닫는 결과로 신뢰감 감소 및 누구도 만족하지 못하는 결과가 발생할 수 있다. 저조하게 사용하면 불필요한 대립으로 관계의 손상을 초래하고 효과적인 협상이 불가능하게 된다.

DISC(행동유형)로 본다면 S형(안정형, 내향성)과 I형(관계형, 외향성)의 내외향성을 다 가지고 있는 유형에서, MBTI(성격유형)는 I_TP, E_TP(내향, 외향, 논리, 감정, 융통 등)의 성격유형에서 많이 나타난다.

유형 5. 협력형 상대방의 욕구충족 정도(타인 수용성)와 자신의 욕구충족 정도(자기 주장성)가 동일하게 큰 형태의 유형이다. 본 유형의 특징은 자신의 욕구와 상대의 욕구를 모두 충족할 수 있도록 힘을 합해 돕는다. 갈등상황에 직면하면 서로 이익이 되는 통합적 대안을 도출하려고 노력한다. 또 어려운 관계를 개선하고 싶을 때 상대와 협력하여 더 큰 신뢰와 지원으로 상호 발전한다. 협력 모드를 과도하게 사용하면 사소한 문제에 지나친 시간이 소모되어 비효율적인 의견 수렴의 위험이 있고 책임이 분산되며 개개인의 업무도 가중될 수 있다. 저조한 사용은 참여도 부족 및 낮은 권한 위임으로 변화의 기회를 상실할 우려가 있다

DISC(행동유형)로 본다면 I형(관계형, 외향형)과 D형(주도형, 외향형)에

서, MBTI(성격유형)는 E_FJ(외향, 감정, 목적 등)의 성격유형에서 많이 나타난다.

갈등관리 STOP 코칭 프로세스

본 프로세스는 '작전타임, STOP코칭'(알아차림코칭센터)과 어세스타의 TKI 갈등관리에 근거해 재구성했고, 교회와 조직에서 원포인트 코칭(One Point Coaching)으로 활용할 수 있다.

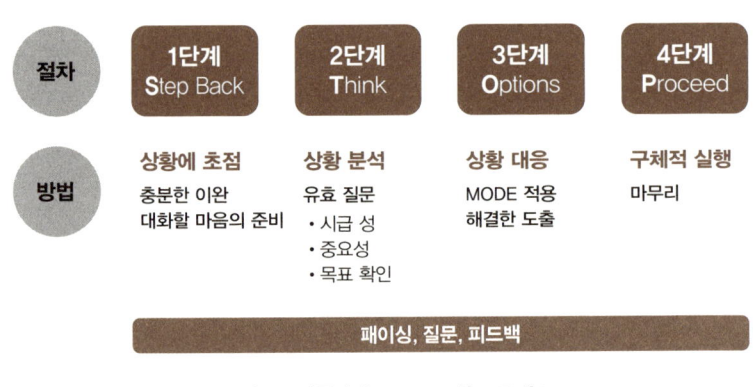

[그림17] 갈등관리 STOP 코칭 프로세스

1단계: S의 Step Back 단계 뒤로 한 발짝 물러서서 내면의 소리를 찾는 것이다. 상대방의 행동, 태도, 말투에 반응을 멈추고, 자신이 주로 사용하는 습관적 갈등유형 모드를 해제하는 것이 중요하다. 그리고 현 상황이 어떤 상황인지에 초점을 둔다. 자신에게 던지는 확인 질문은 "감정적 대응, 긴장감, 방어자세를 멈추었는가?" "습관적 갈등유형 모드를 해제했는가?" 하는 것이다.

2단계: T의 Think 단계 질문으로 생각하고 시급성, 중요성, 목표 확인의 상황을 분석하는 것이다. 질문으로 생각해 볼 것은 "어떤 목표가 해결되기를 바라는가?" "현재 상황(상황분석)은 어떤 상태인가?" "가로막는 걸림돌은 무엇인가?" "목표를 해결하기 위한 자원이 있다면 무엇인가?" "당신의 신념과 가치가 지금의 상황에 적합한가?" 하는 것이다. 여기에 상황분석을 위한 질문은 "사안의 시급성과 중요성을 고려했는가?" "관계와 상황을 분리해 객관적 사실에 집중했는가?" "문제와 원인, 핵심쟁점, 파급효과를 고려했는가?" "갈등해결의 목표를 확인하고 자료 및 자원을 수집했는가?" "상황분석에 따른 최적 갈등유형 모드를 선택했는가?" 하는 것이다.

3단계: O의 Options 단계 2단계에서 선택한 갈등관리 모드를 적용하고 해결안을 도출해 상황에 적극 대응하는 것이다. 해결책을 찾는 질문으로 "목표를 해결하기 위한 대안이 무엇인가?" "내가 알게 된 것, 자각한 것을 나누어도 되겠는가?" "대안 중에 해보고 싶은 우선순위는 무엇인가?" 하는 것이다. 상황에 대응하기 위한 셀프코칭 질문으로는 "상대를 갈등해결에 참여시키기 위한 질문, 경청, 공감 등의 행동을 했는가?" "문제해결을 위해 서로 입장과 욕구, 관심, 가치 등을 파악했는가?" "선택된 상황별 갈등유형 모드 대응 체크리스트는 확인했는가?" 가 있다.

● 경쟁 모드 체크리스트

자신의 주장 및 입장을 객관적 사실과 근거를 바탕으로 전달했는가? 자신의 주장을 끝까지 고수하고 관철시켜야 하는 이유와 의도를 논리적으로 전달했는가?

- **지연(회피) 모드 체크리스트**

자신이 개입할 시기인지 아닌지 확인했는가? 성급하게 대응하기 전 미해결 상태로 놓아두고 지켜보았는가?

- **수용 모드 체크리스트**

자신의 방식으로 일이 진행되지 않는다는 사실을 인정했는가? 상대의 입장과 주장이 합리적이고 논리적으로 타당하다고 판단했는가? 상대에게 기꺼이 양보했는가?

- **협력 모드 체크리스트**

충분한 시간적 여유를 두었는가? 관련자료 및 관계된 사안을 파악하고 분석했는가? 서로 이익이 되는 대안을 위해 다양한 의견을 교환하고 경청했는가?

- **절충(타협) 모드 체크리스트**

사안의 다양한 가치에 대해 파악했는가? 얻어야 할 것과 포기할 것이 명확한가?

4단계: P의 Proceed단계 이 단계는 상황에 맞는 갈등유형 모드를 적용하여 구체적이고 현실적으로 실행하는 단계로서 제일 중요하다.

구체적 실행계획 추진을 위한 질문으로 "언제할 것인가?" "구체적으로 어떻게 할 계획인가?" "실행했다는 것을 내가 어떻게 알 수 있는가?" "지금 자신에게 어떤 이야기를 해주고 싶은가?"가 있다.

갈등조정 모델(Mediation Model)

갈등조정은 당사자 외의 제3자가 개입해 화해를 이끌어내는 기술이다. 리더의 적극적인 갈등조정 능력은 팀원의 삶에 활력을 불어넣고, 직무 몰입에 긍정적인 영향을 미치며, 궁극적으로 회사 발전에 기여한다. 물론 조직에서 리더만 갈등의 조정자가 되는 것은 아니다. 동료, 선후배, 상사와 부하, 고객 등의 갈등에서 누구나 갈등의 조정자가 될 수 있다. 조정에서 가장 중요한 핵심은 조정자의 신뢰임을 명심해야 한다. NVC 비폭력대화에서는 갈등 당사자들 사이에 인간적인 연결을 만드는 것으로 갈등조정이 시작된다고 한다. 그리고 양쪽 당사자의 욕구를 공감하고 확인하는 데 집중하고 욕구를 충족할 방법을 찾는다.

갈등조정을 가능하게 하는 중요한 3가지 사항은 다음과 같다.

1. 기다림(경청)과 욕구에 대한 공감, 비밀 유지가 있어야 한다(조정자의 신뢰성).
2. 사람에 대한 편견에서 자유로워야 한다(조정자의 중립성).
3. 답을 주지 말고 양쪽 모두 스스로 판단하도록 대화를 이끌어야 한다(당사자의 자율성 확보).

NVC 비폭력대화에서 사용하는 중재에 의한 조정 모델을 코칭대화 기술을 사용해 갈등관리로 활용하는 방법을 재구성하여 소개한다.

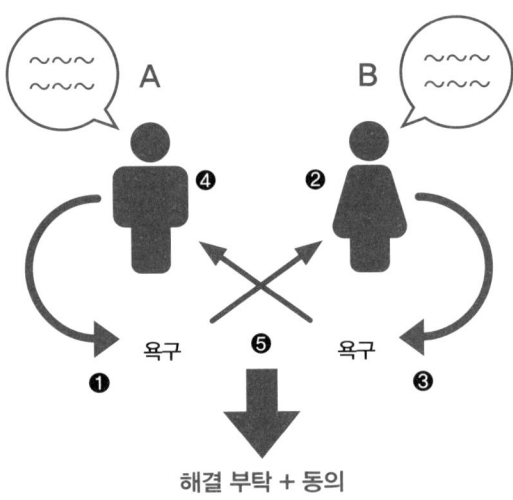

1. 이해와 연결의 단계(①-④단계)
   ① A를 공감하고, A의 욕구가 드러나게 함
   ② B에게 A의 욕구를 반영해서 말하도록 부탁함
   ③ B를 공감하고, B의 욕구가 드러나게 함
   ④ A에게 B의 욕구를 반영해서 말하도록 부탁함

2. 해결방법의 출현 단계(⑤단계)
   ⑤ 해결부탁과 동의된 행동의 확인

[그림18] 조정 모델(Mediation Model)

조정자는 서두에 명시한 갈등조정의 중요한 3가지 사항을 유념하고 3인 1조로 연습한다. 아래 표의 예시와 조정 모델을 참고하여 의자를 세 개 놓고 조정자, 당사자(A), 당사자(B)의 역할을 번갈아 자리를 옮겨가며 역할연기(Role Play)를 해본다. 중재에서 역할연기는 우리 스스로 상대방 입장에 서보는 것으로, 상대를 이해하는 데 큰 동기부여가 되기도 한다. 이때 조정자는 경청을 통한 공감으로 당사자들이 신뢰를 갖게 하는 것이 중요하다. 당사자들의 내면에 있는 서로에 대한 기본적인 욕구를 명확히 확인하게 하는 것이 중요하다.

조직에서는 떠도는 오해로 서로 상처를 주는 경우가 허다하다. 그러나 조정을 통해 당사자 간의 욕구를 명확히 알게 되면 그동안의 오해가 풀리는 경우가 많고, 서로 상황을 이해하게 된다.

A(조정자)	안녕하세요? 부서 개선의 여러 의견에 대한 오해와 상충으로 두 분을 모시게 됐습니다. 이에 대해 어느 분이 먼저 말씀하시겠어요?
B	제가 먼저 하겠습니다.
A(조정자)	(C를 보며) 괜찮으세요?
C	네.
A(조정자)	B는 부서에서 시급히 개선해야 할 것이 무엇이라고 생각하세요?
B	저는 회의문화의 개선이 시급하다고 생각합니다.
A(조정자)	아, 회의문화의 개선이 시급하군요. (C에게) A는 어떤 개선이 시급하다고 하셨는지 들으신 대로 말씀해 주시겠어요?
C	네, 회의문화의 개선이 시급하다고 들었습니다.
A(조정자)	(B에게) 맞나요?
B	네.

A(조정자)	C는 부서에서 시급히 개선해야 할 것이 무엇이라고 생각하세요?
C	저는 서로 존중하는 마음을 갖는 것이 시급하다고 생각합니다.
A(조정자)	아, 서로 존중하는 마음을 갖는 것이 시급하군요. (B에게) C가 어떤 개선이 시급하다고 하셨는지 들으신 대로 말씀해주시겠어요?
B	네, 서로 존중하는 마음을 갖는 것이 시급하다고 들었습니다.
A(조정자)	(C에게) 맞나요?
C	네.
A(조정자)	두 분의 이야기를 들어보니 부서가 잘되기를 바라는 마음이 전해오는데 맞나요?
B와 C	네.
A(조정자)	그렇다면 회의문화를 개선하고 존중하는 마음을 가지려면 어떤 대안이 있을까요?
B	네, 회의할 때 충고, 판단, 지적보다는 저번에 강의받은 코칭 식 질문과 피드백 기술을 활용하면 어떨까요?
A(조정자)	(C에게) C의 대안은 무엇인가요?
C	네. B의 생각에 동의합니다. 코칭을 접목하면 서로 존중하는 마음으로 업무에 임하게 될 것 같아요. 가만히 생각해 보니 회의할 때 서로 존중하지 못해 마음의 상처가 많았던 것 같아요.
A(조정자)	네, 감사합니다. 두 분의 회사를 위한 충정에 감사드리고, 이번 일로 부서가 더욱 발전하기를 바랍니다. 화이팅!

이처럼 조정자가 이해관계와 욕구의 이슈를 파악했다면, STOP 코칭을 통해 Options 단계인 대안을 탐색하여 해결방안을 찾는다. 조정자는 해결책을 찾기 위해 "이것을 해결하기 위한 대안이 있나요?" "내가 알게 된 것, 자각한 것을 나누어도 될까요?" "대안 중에 해보고 싶은

우선순위는 무엇인가요?" 같은 질문을 던진다. 당사자들이 직접 대안을 찾게 하고 서로 동의를 이끌어낸다. 이렇게 갈등이 조정되었다 해도 Proceed 단계인 구체적 실행이 잘되고 있는지 살펴보아야 한다.

이런 갈등관리 STOP 코칭 프로세스를 통해 당사자 간 이슈를 끄집어내어(S) 생각하게 하고(T) 해결책을 마련하여(O) 실행 마무리(P)까지 된다면, 효과적인 갈등관리로 어떤 조직이든 갈등을 에너지로 승화시키는 신뢰의 소통조직이 될 것이다.

참고문헌

- 김만수, 손용민. 『크리스천과 함께하는 작전타임 S-TOP 코칭』. 서울: 부크크, 2022.
- 박원우. 『팀웍의 개념, 측정 및 증진방법』. 서울: 서울대학교출판부, 2006.
- 박효정. 『조직 갈등관리 트레이닝북』. 서울; brain LEO, 2020.
- 유경철. 『완벽학 소통법』. 서울: 천그루숲, 2018.
- 박효정 외. 『언컨플릭』. 서울: 북인사이트, 2020.
- 마셜 B. 로젠버그. 『비폭력대화』. 캐서린 한 역. 서울: 한국NVC센터, 2018.
- Pruitt, Dean G. & Rubin, Jeffrey Z. *Social Conflict: Escalation, Stalemate, and Settlement*. McGraw-Hill Humanities, 1986.
- 온라인 심리검사센터 어세스타 TKI 전문가 과정, 2021.

손용민

Ph. D, 알아차림코칭센터 대표코치
PTSA 미주장로회신학대학교 객원교수
한국기독교코칭학회 평생회원(전 부회장)
꿈의교회 장로, 기독교대한감리회 지방행정재판위원 / 사회평신도부 총무
(사)한국코치협회 이사 / Professional Coach(KPC, KPCC)
ICF 국제코치연맹 Professional Coach(PCC)
숭실대학교 교육대학원 커리어코칭 외래교수

전)한국도로공사 지사장, 대한민국 국가산업훈포장 수훈

저서 『크리스천과 함께하는 작전타임 S-TOP 코칭』(공저, 부크크, 2022) 외 1권

11

크리스천 코칭과 코칭 수퍼비전
_ 정희정

선교와 크리스천 코칭

"그리스도께서 내 안에 함께하시고 내가 그리스도 안에 살 수 있는 영적 삶을 통해 기독교수로서 또한 크리스천 코치로서, 크리스천 리더로서 하나님께 영광 돌리는 삶을 살아가도록 매일같이 정진하며 기도합니다. 오늘도 한결같은 사랑과 은혜를 베풀어주신 여호와 하나님께 감사와 영광을 돌리며, 학생들이 하나님의 자녀로 살아가며 성장할 수 있도록 지원하고 복음을 증거하는 삶을 살고, 항상 하나님을 내 안에 모시며 하나님과 올바른 관계를 맺고 하나님께 영광 돌리는 삶을 살아가겠습니다."

이 기도는 기독교수로서 또 크리스천 코치로서의 소명과 선교사로서 역할에 대한 내 부족함을 일깨우며 한 걸음 한 걸음 나아가기 위한 과거, 현재 그리고 미래의 내 다짐과 기도다. 2004년 "한국의 부모를 성경 위에"라는 비전으로 세워진 한국부모코칭센터의 수석연구원으로 코칭을 시작하면서, 코칭 수퍼비전은 내 코칭 역량을 더 성장하게 하는 등불이었다. 사회복지사 1급, 청소년상담사 1급 자격으로 사회복지 현장과 상담 현장에서 수퍼바이저로 활동한 경험, 그리고 크리스천 코치로서 코칭 경험과 코칭 수퍼비전 경험, 코칭 수퍼비전에 대해 연구하고 발표한 자료를 토대로, 크리스천 코칭의 질적 제고와 코칭역량 강화를 위해 크리스천 코칭과 코칭 수퍼비전에 대해 소개하고자 한다.

크리스천 코치의 소명

선교는 예수 그리스도 구원의 복된 말씀을 전하는 일 또는 이 일을 위해 보냄받는 것으로, 파견이라는 뜻을 지닌 라틴어 'missio'에서 따온 종교적 용어다. 선교의 역사는 하나님이 예수 그리스도를 파견하신 것에서 시작되며, 그리스도를 믿고 따르는 사도(使徒)들의 파견으로 이어져왔다. 따라서 선교의 의미 안에는 파견이라는 뜻과 함께 복음 전파의 뜻도 내포되어 있다.

선교의 최고 모델은 하나님께서 세상을 구원하기 위해 예수 그리스도를 이 세상에 보내신 일이다(요 3:16). 예수님도 십자가 구원 사역을 감당하시고 부활 승천하시면서 이 땅의 모든 성도에게 선교사의 사명을 위임하셨다(마 28:18-20; 요 17:18; 행 1:8).

소명(calling)은 일반적으로 특별한 목적을 위해 부름받은 개인의 믿음을 지칭하는 것으로, 삶을 통해 신께 부여받은 메시지를 실현하는 종교적 개념이다. 따라서 기독교적 직업관에 따르면, 직업을 생계수단으로 보지 않으며 하나님의 부르심에 따른 소명으로 이해한다. 기독교적 소명의 관점으로 이러한 역할을 바라볼 때, 기독교 대학교에서 기독교수로 재직하고 있는 나는 교육, 연구, 사회봉사 등 기본 사명을 기독교 신앙과 세계관을 기반으로 성실히 수행하고, 캠퍼스 선교를 위한 통전적인 역할을 담당해야 하며, 소명의식을 가지고 하나님의 동역자로서 사명과 역할을 다해야 한다고 생각한다. 이처럼 신앙과 학문을 겸비하고 대학에서 건강한 기독교 신앙문화를 발전시켜야 하는 존재로서 기독교수의 위상과 역할 또한 매우 중요하다.

그러면 크리스천 코치로서 내 소명과 역할은 무엇일까? 기독교수이면서 크리스천 코치인 나는 크리스천 코치의 소명과 역할을 성경에 기반한 크리스천 코칭을 통해, 하나님의 사랑을 실천하며 예수 그리스도의 복음을 전함으로 그리스도의 제자를 양성하는 것이라 생각했다. 또 크리스천 코치는 소명과 역할을 어떻게 인식하는지에 대한 질문과 호기심으로 한국 등 전 세계에서 활동하는 크리스천 코치에 대해 크리스천 코칭에 대한 인식연구를 진행했고, 이를 통해 크리스천 코치의 소명과 역할, 크리스천 코칭의 나아갈 방향을 이해할 수 있었다.

크리스천 코치가 인식하는 크리스천 코칭

기독교인이 하나님과의 관계 안에서 충만한 삶을 살며 영적 성장의 길을 갈 수 있도록 돕는 방법인 크리스천 코칭의 경우, 기독교적 가치판단과 구성에 초점을 맞추기 위한 구조적 분석과 대안이 모색되고 있다. 국제적으로 활동하는 크리스천 코칭 조직인 CCNI(Christian Coaches Network International)에서는 크리스천 코칭을, 고객과 협력해 고객이 잠재력을 인식하고 변화하고 성장할 수 있도록 성경적 세계관을 통합하는 전문코치의 실천방식이라고 정의하고 있다. 게리 콜린스(2009)는 사람들로 하여금 하나님이 원하시는 목표를 달성할 수 있도록 도와주며 섬기는 리더십을 크리스천 코칭으로 보고 있다.

최근 한국기독교코칭센터, 한국기독교코칭학회 등 협회나 학회의 활동을 통해 크리스천 코칭 문화가 지속적으로 확산되고 있는 시점에서, 한국의 크리스천 코치들이 인식하는 크리스천 코칭에 대한 주관성 연구를 진행하여, 크리스천 코칭에 대한 이론적 정립 및 발전 방향을 제시하였다(정희정, 2022). 이 연구를 통해 크리스천 코치는, 성도들이 하나님이 주신 소명을 인식하고 하나님의 자녀로서 성장을 이루어 하나님께 영광 돌리는 삶으로 나가가도록 도와주는 것으로 크리스천 코칭을 인식했다. 또한 성경을 기반으로 크리스천 코칭을 해야 하며 복음을 증거하는 효과적인 전도와 선교의 수단으로 크리스천 코칭을 인식하고 있음을 알 수 있었다.

크리스천 코칭 문화 확산과 발전을 위해서는 복음증거와 선교를 위해 크리스천 코치가 지속적으로 양성되어야 하며, 성경 기반 크리스천 코칭철학과 코칭역량, 윤리강령 등의 정립이 필요하다. 또 크리스천 코치의 자질과 역량제고를 위한 영성훈련이 필요하고, 크리스천 코칭 수퍼비전 교육체계가 구축되어야 한다.

코칭역량UP: 코칭 수퍼비전

코칭역량

코칭역량은 코치가 역할을 성공적으로 수행하기 위해 필요한 지식과 기술, 태도 및 가치 등의 내적 특징이 드러나는 행동을 의미한다. 코치의 역할을 성공적으로 수행하고, 코칭의 질적 제고에 가장 중요한 요인이 코칭역량이다.

국제코치연맹(International Coaching Federation: ICF)에서는 전문코치로서 갖추어야 할 핵심 코칭역량(Core Competency)을 8가지로 구분해 제시한다.

구분	역량	주요 내용
기초 세우기	1. 윤리적 실천을 시연한다.	코치의 온전함을 증명하기(진실성, 정직성, 민감성, 존중하는 언어), ICF 윤리강령 준수, 핵심가치 지지, 비밀 유지, 다른 지원 분야와 차별성 유지
	2. 코칭 마인드셋을 구현한다.	코치의 지속적 학습 및 개발 참여, 고객의 자율성 인정, 성찰 훈련, 개방적 태도, 인식과 직관 활용, 감정 조절능력 개발/유지, 세션 준비, 외부자원 활용
관계의 공동구축	3. 합의를 도출하고 유지한다.	코칭 관계를 위한 계약, 전반적인 코칭 계획 및 목표에 대한 합의, 세션 목표 및 목적에 대한 합의, 성공척도 정의, 시간 관리, 초점 유지, 코칭 경험 존중 및 관계 종료
	4. 신뢰와 안전감을 조성한다.	안전하고 지원 가능한 환경 조성, 고객을 있는 그대로 존중하기, 프로세스 중 고객의 성취와 알아낸 것 인정하기, 공감, 관심 가지기, 개방성, 투명성 보이기
	5. 프레즌스를 유지한다.	고객에 대한 완전 집중 유지, 공감, 적절하게 반응하기, 호기심, 감정 관리, 자신감 있는 태도, 알지 못하는 영역에서도 편안하게 하기, 침묵/성찰공간 가지기

효과적으로 의사소통 하기	6. 적극적으로 경청한다.	총체적 경청, 고객의 상황, 정체성, 환경 등 고려하기, 반영 및 요약하기, 고객 내면 인식하고 질문하기, 고객의 감정 변화 주목하기, 고객의 언어, 음성 및 신체 언어를 통해 고객에 대한 이해 통합하기
	7. 알아차림을 불러일으킨다.	고객의 경험 고려, 새로운 통찰력을 이끌어내기 위해 질문하기, 관찰 내용을 공유해 새로운 학습지원, 고객의 욕구를 바탕으로 코칭 접근법 조정하기, 관점 재구성 지원하기
학습과 성장 북돋우기	8. 고객의 성장을 촉진한다.	고객의 목표와 행동, 책임측정 방안 설계, 고객의 자율성 존중, 실행 단계에서 배운 것 지지하기, 고객이 지닌 자원, 지원 고려하기, 학습 및 통찰한 것 요약, 고객의 진전 축하하기, 고객과 함께 세션 종료

[표5] ICF 8가지 핵심 코칭역량의 주요 내용

출처: ICF 핵심 코칭역량 신구모델의 비교연구(도미향, 2021) 결과 일부 재구성

8가지 코칭역량은 코치가 고객에 대한 실제 코칭을 수행할 때, 코치로서 자세와 태도를 성찰하고 실천하는 데 중점을 두고 있다. 특히 크리스천 코치는 8가지 핵심역량을 갖추는 것뿐 아니라 영성훈련과 더불어 크리스천 코칭의 질적 제고와 크리스천 코칭역량을 강화하기 위해 지속적인 코칭 수퍼비전을 받을 필요가 있다.

코칭 수퍼비전

● 코칭 수퍼비전의 정의

코칭 수퍼비전에서 '수퍼비전'(supervision)이라는 단어는 라틴어 'supervidre'에서 유래했다. super는 'over'에 vidre는 'to see'에 해당하며 '감독하는 것'을 의미한다. 수퍼비전은 실제로 19세기 사회복

지 영역에서 사회복지사들을 단순히 훈련 감독하는 것에서 시작되었으나, 20세기에는 상담 영역에서 상담자의 훈련에 필수적인 요소로 의미가 확장되어 실행되어 오고 있다. 일반적으로 수퍼바이저는 수퍼비전에서 수퍼바이지보다 경험이 많은 사람으로서 수퍼바이지를 조력하는 사람을 의미하며, 수퍼바이지는 수퍼바이저의 수퍼비전에서 자신이 전문가로서 필요한 기술과 지식을 배우는 사람을 뜻한다.

호킨스(Peter Hawkins)와 스미스(Nick Smith)는 코칭 수퍼바이저와 조력하여 함께 수행하는 구조화 된 공식 프로세스로서, 코칭의 질을 향상시키고 코칭역량을 성장시키며, 코치와 코칭을 지원하기 위한 과정으로 코칭 수퍼비전을 정의한다. ICF에서는 코칭의 발달 그리고 고객과 코치의 이익을 위해 성찰의 대화와 협력의 배움을 갖고자 코치가 주기적으로 자신의 업무 경험을 수퍼바이저에게 전달해 줌으로써 생기는 상호작용으로 코칭 수퍼비전을 정의한다. 또한 유럽 멘토링 및 코칭 협의회(European Mentoring and Coaching Council, EMCC)에서는 코치, 고객 및 조직의 발전과 이익을 위하여 성찰 대화 및 협력 학습에 참여한 멘토 또는 코치가 자신의 코칭 또는 멘토링 경험을 수퍼바이저에게 전달하여 발생하는 상호작용으로 정의하고 있다. 이와 같이 코칭 수퍼비전의 정의를 종합해 보면, 코치는 경험이 더 많은 코칭 수퍼바이저의 코칭 수퍼비전을 통해 코칭 지식과 기술을 제공받고, 코칭 수퍼바이저의 다양한 코칭 경험과 견해, 평가를 통해 코칭역량이 향상되어 코칭의 질을 높이는 것이라고 말할 수 있다.

국내외 코칭기관 또는 조직에 따라 코칭 수퍼비전은 코치 더 코치(coach the coach), 멘토코칭(mentor coaching) 등의 용어와 혼용되고 있으며, 개념정의 또한 코칭 수퍼비전과 명확하게 구분되어 있지 않은 실정이다.

● 코칭 수퍼비전의 목적

수퍼비전의 목적은 크게 수퍼바이지의 성장과 전문성 발달 촉진, 고객의 복지 보호, 수퍼바이지의 역할수행 감독 및 전문직의 문지기 역할, 전문가로서 스스로 역량 강화하기로 구성된다. 코칭 수퍼비전은 코칭의 능력을 개발하고 코칭 전문가가 되기까지, 수퍼바이저는 수퍼바이지인 코치과 함께 코칭의 성공과 실패 경험을 공유하며 성장하도록 도움을 주는 역할을 한다.

코칭 수퍼비전 모델

코칭 수퍼비전은 코치의 지속적인 발전과 코칭연습의 효과를 보장하는 전문적 지원을 위한 과정이다. 수퍼비전 과정에 대한 이론, 개념 및 실행지침을 명확히 하는 데 있어서 코칭 수퍼비전 모델은 매우 유용하다.

다양한 코칭 수퍼비전 모델 중 가장 잘 알려진 모델은 Seven eyed 수퍼비전 모델이다. Seven eyed 수퍼비전 모델은 고객, 코치 및 수퍼바이저 간의 관계에 초점을 맞추고, 더 넓은 시스템 안에서 각 관계와 맥락 간의 상호작용을 고려한다. 수퍼비전에 집중할 수 있는 모든 다양한 측면과 각 초점 영역에 필요한 수퍼비전 스타일 및 기술의 범위가 포함되어 있다. [그림19]는 Seven eyed 수퍼비전 모델의 개념도를 보여준다.

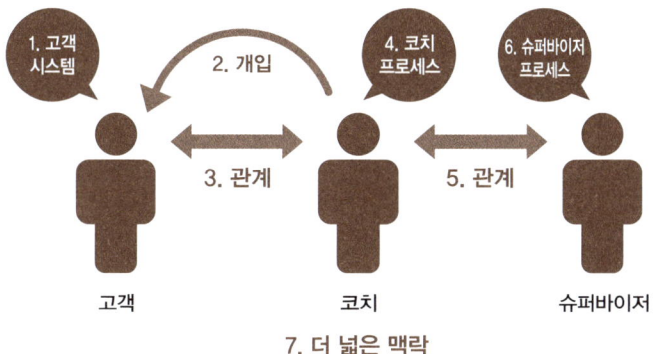

[그림19] Seven eyed 수퍼비전 모델의 개념도

출처 : Diagram taken from Hawkins & Smith (2006) and adapted by Michelle Lucas

Seven eyed 수퍼비전 모델은 고객(Client System), 코치의 개입(Coach's Interventions), 코치와 코치이의 관계(Relationship between coach and coachee), 코치(Coach Process), 수퍼비전 관계(Supervisory Relationship), 수퍼바이저(Supervisor Processes), 더 넓은 맥락(The wider context) 등 7가지 모드로 구성되어 있으며, [표6]은 7가지 모드별 초점내용을 보여준다.

모드	구성 요소	초점 내용
1	고객 (Client System)	고객에 초점을 두고 고객의 상황을 이해한다.
2	코치의 개입 (Coach's Interventions)	코치가 고객에게 코칭하는 전 과정에서 개입하는 상황에 초점을 맞추어 관찰한다.
3	코치와 코치이의 관계 (Relationship between coach and coachee)	코치와 코치이(고객)의 관계에 초점을 두고 그 둘의 관계에 맞추어 이해하고 표현한다.

4	코치(Coach Process)	코치에게 초점을 맞추고 코치의 반응을 탐구한다.
5	수퍼비전 관계 (Supervisory Relationship)	수퍼비전 관계, 즉 코치와 수퍼바이저의 관계 측면에서 일어나고 있는 것에 초점을 맞춘다.
6	수퍼바이저 (Supervisor Processes)	수퍼바이저 자신의 프로세스에 초점을 맞추어 돌아보고 성찰한다.
7	더 넓은 맥락 (The wider context)	고객, 코치 및 수퍼바이저를 포함하여 더 넓은 맥락에 초점을 두고 전체를 바라본다.

[표6] Seven eyed 수퍼비전 모델의 7가지 모드별 초점 내용

코칭 수퍼비전의 질적 제고와 코칭 수퍼바이저의 수퍼비전 수행을 위한 지침으로 외국의 코칭 수퍼비전 모델이 주로 활용되고 있다. 그러나 아직 한국 코칭 실정에 적합한 우리의 코칭 수퍼비전 모델 개발은 미흡한 실정에 있다. 최근 코칭 수퍼비전에 대한 주관성 연구(정희정, 2021)에 기반하여 코칭 수퍼비전 모델 탐색연구를 통해 한국형 코칭 수퍼비전 모델(K4) 개발을 위한 4가지 구성 요소가 제시되었다. 본 연구는 코칭 수퍼비전에 관한 문헌연구와 코칭 수퍼비전 주관성 연구 결과를 토대로 효과적인 코칭 수퍼비전에 대하여 4가지 구성 요소와 34개의 하위 요인을 도출하여, 한국형 코칭 수퍼비전 모델(K4)의 틀을 제시했다.

한국형 코칭 수퍼비전 모델(K4)에 대한 구성 요소는 수퍼바이저, 수퍼바이지, 코칭 수퍼비전 관계 및 코칭 수퍼비전 실행체계이며 이들에 대한 하위 구성 요인은 [표7]과 같다.

구성 요소	하위 요인
1. 수퍼바이저(7)	1. 수퍼바이지의 특성 이해 2. 코칭 수퍼비전 경험 수준 3. 전문적인 지식, 기술, 태도 4. 전문적인 역할 5. 정서적 특성 6. 유연성 7. 문화적 특성 이해
2. 수퍼바이지(11)	1. 고객의 특성 인식 2. 고객에 대한 진단 목표 파악 3. 코칭 스타일 4. 코칭 경험 수준 5. 수퍼비전 적응 능력 6. 수퍼바이지의 자기개방 7. 코칭기술 8. 적극성 및 책임감 9. 정서적 특성 10. 문화적 특성 이해 11. 수퍼바이지의 인지, 행동
3. 코칭 수퍼비전 관계(7)	1. 상호존중과 이해 2. 상호성장 3. 수평적 파트너십 4. 긍정적 의사소통 5. 신뢰관계 형성 6. 자기개방 7. 정직함
4. 코칭 수퍼비전 실행체계(9)	1. 코칭 수퍼비전 윤리 규정 2. 코칭 수퍼비전 기능 3. 코칭 수퍼비전 목적 4. 코칭 수퍼비전 교육체계 5. 코칭 수퍼비전 매칭 시스템 6. 성과관리 시스템 7. 법과 규정 준수 8. 코칭 수퍼비전 과정 9. 문화적 환경요인

[표7] 한국형 코칭 수퍼비전 모델(K4) 구성 요소

이와 같은 한국형 코칭 수퍼비전 모델(K4)은 현재 연구 중에 있는 모델로서, 향후 이를 토대로 더 정교한 한국형 코칭 수퍼비전 모델이 개발되기를 희망하고, 여러 코칭 전문가들의 의견을 반영해 우리나라 코칭 환경에 적합한 한국형 코칭 수퍼비전 모델이 가까운 미래에 개발되기를 바란다.

크리스천 코칭을 위한 코칭 수퍼비전 ──

코칭 수퍼비전은 상호적인 성찰(reflect), 평가, 전문 지식의 공유를 통해 수퍼바이지인 코치가 지속적으로 성장하는 전문적 과정이다. 따라서 코칭 수퍼비전은 수퍼바이지인 코치의 지속적인 배움과 성장을 목표로 수퍼바이지인 코치를 위해 더 경험 많은 코치인 수퍼바이저가 수퍼바이지인 코치의 고객, 코칭 관계, 코칭 개입 등을 성찰하도록 한다.

크리스천 코칭은 성경적 관점에서 고객의 삶을 바라보고, 그리스도의 형상으로 더 많이 변하도록 코칭하는 것으로, 일반 코칭과 달리 하나님을 중심으로 성경에 기반해 하나님이 원하시는 목표를 달성하도록 성령과 코치, 고객이 함께 만들어가는 코칭의 과정이라 말할 수 있다. 따라서 크리스천 코치의 코칭역량은 일반 코칭역량과 더불어 성경적 지식과 하나님과의 관계 정립, 성령 충만한 삶 등 크리스천 코치로서 자질과 역량을 겸비해야 한다. 또 하나님의 동역자로서 사명과 역할을 잘 수행하기 위해 크리스천 코치는 영성훈련과 체계적인 크리스천 코칭 교육이 필요하며, 코칭 수퍼비전을 통해 크리스천 코칭의 질 제고와 역량강화가 이루어져야 한다.

복음증거와 선교를 위한 크리스천 코칭문화 확산을 위해 지속적인 크리스천 코치의 양성도 필요하며, 크리스천 코칭철학과 코칭역량, 윤리강령 등에 대한 정립이 필요하다. 마지막으로 크리스천 코치 양성교육과 크리스천 코칭 수퍼비전 교육체계 구축을 통해 크리스천 코칭에 대한 이해 증진과 크리스천 코치로서의 코칭역량이 향상되기를 기대한다.

참고문헌

- 도미향(2021). "ICF 핵심 코칭역량 신구모델의 비교연구". 코칭연구, 14(1). 71-89.
- 정희정(2021). "코칭 수퍼비전 인식에 관한 연구: Q방법론적 접근". 코칭연구, 14(6). 143-162.
- 정희정(2022). "크리스천코칭에 관한 주관성연구". 2022년 한국기독교코칭학회 학술대회 주제발표.
- 정희정(2021). "코칭 수퍼비전 인식". 국제코칭연맹(ICF), 한국코칭학회 국제컨퍼런스 주제발표.
- 장유정, 정희정, 이제니스 (2021). "기독교수의 소명에 관한 주관성 연구". 생명과 말씀, 제31권. 266-299.
- CCNI(2022). "CCNI: Christian Coaches Network International". https://christiancoaches.com
- EMCC(2022). "EMCC: European Mentoring & Coaching Council". EMCC Guidelines on Supervision, http://www.emccouncil.org
- Gary R. Collins. *Christian Coaching*. Colorado: People Helper's International Inc. 2001
- ICF(2021). "ICF: International Coaching Federation". https://coachingfederation.org
- Hawkins, P. & Smith, N. *Coaching, mentoring and organizational consultancy*. NY: Open University Press, 2006.

정희정

백석문화대학교 교수, 한국기독교코칭학회 학술부원장, 인코칭 전문코치
한국코치협회 프로그램인증 심사위원, 한국코치협회 코칭연구위원회 위원
국제코칭연맹(ICF) 전문코치(PCC), (사)한국코치협회 인증코치(KPC, KPCC)
NLP Master Practitioner

숙명여자대학교 아동복지학(Ph.D), 동국대학교 상담코칭학 박사(수료)
숙명여자대학교 아동복지학(MA)
미국 Urban University PCIT(부모자녀 상호작용치료) 과정 수료
에니어그램 – 리더십강사(The Enneagram in Business) 과정 미국 연수

저서 『청소년 심리 및 상담』(공저, 정민사, 2012), 『가족복지론』(공저, 정민사, 2017) 외 다수
2018년 마르퀴즈 후즈후 인더월드(2018 Marquis Who`s Who in the world) 등재

수상 알버트 넬슨 마르퀴즈 평생공로상
(Albert Nelson Marquis Lifetime Achievement Award)

12

배워서 남 주는 행동하는 인성 코칭
_ 손미향

성공적 인간관계를 위한 소통의 비결, 코칭 ──

코칭은 성공적인 인간관계의 비결이다. 내가 지난 30여 년간의 직장생활로 알게 된 것은 '많은 사람이 가장 힘들어하는 이슈가 바로 소통'이라는 사실이다. 조직을 떠나는 사람도 혹은 누군가와 관계가 좋지 않은 사람도 결국 불통이 원인이었다. 하나님은 서로 사랑하라고 하시지만, 사람들은 어떻게 해야 이웃을 사랑하는지 사실 잘 모른다. 그래서 가장 힘든 것이 바로 인간관계의 어려움이라고 토로한다. 사람과의 관계가 힘들어서 차라리 상대하지 않고 살아간다는 사람도 있다. 그런데 과연 그렇게 고립되는 것만이 해결책일까. 조직뿐 아니라 가정에서도 불통이 이슈인 시대를 살아가며 해결방안이 무엇인지 묻는다면, 나는 자신 있게 '코칭을 시작하라'(Coaching Journey)고 권한다.

코치는 함께 생각하는 파트너(Think together partner)다. 내가 코칭을 시작한 이유는 코칭철학에 매료되었기 때문이다. 코치(coach)는 코칭받는 코치이(coachee)가 창의적이고 자원을 지닌 온전한 존재이기에 그 사람 안에 문제해결의 답이 있다고 믿는다. 그래서 코치는 코치이를 신뢰하고 가치를 실현하는 방법을 '함께 생각하는 파트너'다. 코치는 고통과 고난뿐 아니라 기쁨도 함께 나누는 온유한 동반자이며 곁에 있어주는 사람이다.

박중호 목사는 Trinity Christian Coaching Leadership 수업 중 M. 스캇 펙(M. Scott Peck)을 언급했다. 그는 "고통 받는 사람에게 필요한 것은 고통을 없애려는 시도보다는 옆에 있어주면서 고통을 함께하는 것"이라 했다고 한다. 사실 코치는 진심으로 귀 기울여 듣고 공감하는 적극적 경청가(Active Listener)다. 경청은 단순히 '듣는다'(hear)는 표현만으로는 설명이 충분하지 않다. 답하기 위해 듣는 것이 아니라 진심으로 듣기 위해 들어야 하는 것이기 때문이다. 물론 귀가 있어 우리는 상대의 말을 들을 수 있다. 그러나 생각해 보면 방어하려고 듣기도 하고, 대답을 근사하게 하려고 듣기도 한다. 상대가 어떤 사람인지 그가 무엇을 원하는지 진정성 있게 관심을 가지고 듣는 사람이 과연 몇이나 될까 싶다.

그렇다면 진정한 경청은 무엇일까. 카페에 가면 삼삼오오 혹은 연인끼리 차를 마시며 대화하는 모습을 쉽게 볼 수 있다. 재미있는 광경은 상대를 보는 것이 아니라 다른 테이블을 구경하거나 핸드폰만 보고 있는 이들이 많다는 것이다. 듣는 것은 귀로만 듣는 것이 아니라 눈을 바라보며 집중하고 상대가 말하지 못하는 심정까지 듣는 것인데,

그런 모습은 많지 않다. 바쁜 삶 속에 다른 일을 하며 다른 곳을 보면서 귀로는 듣고 있다고 생각하는 것 같다. 아마 듣고 싶은 것만 듣는 것일 수도 있다. 사람은 사랑에 빠지면 상대의 일거수일투족이 관심거리이기에 상대의 관심사와 흥미가 무엇인지 그리고 무엇을 좋아하는지 집중해 묻고 궁금해한다. 그러나 시간이 지나면서 흥미가 사라지면 건성으로 듣는 척만 하기도 한다.

결혼생활을 잘하는 사람들을 보면 배우자의 이야기에 눈을 마주치며 경청하는 모습을 쉽게 볼 수 있다. 그런데 비즈니스 현장에서는 이익과 권리를 위해 혹은 사태 파악을 위해 듣게 된다. 물론 훌륭한 리더는 그런 세상적인 관계를 넘어서 어떤 상황에서도 상대를 인간적으로 존중하고 공감하는 모습을 보인다.

나도 전문코치로 활동하면서 스스로 완벽할 수 없다는 사실을 받아들이고, 아직도 배울 것이 더 많다는 것을 깨닫게 되었다. 정직과 투명성 및 명확성을 지원하는 진정한 관계를 구축하고자 기꺼이 실수를 인정하면서, 성취에 대해 겸손하게 되었다. 본의 아니게 드러나는 우월성을 암시하는 행동이나 의사소통을 피하고 포괄성, 존엄성, 자긍심 및 인권을 지지하게 되었다. 경청은 궁극적으로 인간에 대한 존중을 보여주는 것이다.

대한민국이 개발도상국에서 선진국으로 향해 가면서 가장 크게 변한 것은 '개인 맞춤형(FIT) 배려'의 중요성을 깨닫기 시작했다는 것이다. 내 기억에 어린 시절 학교교육은 단체생활을 잘해야 한다는 데 집중되어 있었다. 개인의 재능, 특기에 맞는 교육보다는 튀지 않고 전체 속에 잘 맞추어 가는 사람이 칭찬받던 시기였다. 덕분에 남들보다 조금이라도 튀는 사람이 있으면 '왜 저러냐' 하는 반응이었지 창의적이라고 칭찬하지는 않았다. 그런데 최근에는 한류가 전 세계에 소개되어 BTS 등 아이돌이 이슈화 되고 실력 있는 엔터테이너들의 출현으로 상당 부분 달라지고 있다. 개성을 존중하고 오히려 남다름을 능력으로 키워 가려는 움직임이 일고 있다. 그래서 덕업일치를 선호하는 MZ세대에 대한 관심이 집중되고 있다. 압축 성장으로 선진국 반열에 올라선 대한민국은 높은 수준의 생활양식과 다변화로, 획일성 위주의 문화나 보편적 성공이 아닌 자신만의 생각과 취향이 담긴 행복을 추구하게 되었다. 입사 후 1년 이내 이직하는 MZ세대의 워라밸 선호현상과 더불어, 성공과 연봉을 중시하는 사회적 기준 대신 소확행을 선택하는 Z세대가 간절히 원하는 것은 자기 자신에게 '진실한 삶'이다.

소통이 실패하는 이유는 여러 가지가 있다. 미리 판단해서 듣고, 자기 말만 하며, 상대의 말을 자르거나, 다른 일을 하며 듣는 경우 소통은 불가능하다. 경청은 상대의 말을 비판하며 듣거나 평가하지 않는 것이다. 예전에는 어른이 하는 말이 공감되지 않아도 들어주는 척 하곤 했다. 그것은 나이 많은 어르신에 대한 예우였고, 속으로는 자기 의견을 말하지 못해 답답해서 속앓이를 했다.

MZ세대는 그런 듣기를 원하지 않는다. 자신의 목소리도 더하고 싶어하고, 자신의 생각을 나누고 싶어한다. 우리가 그렇게 키웠기 때문이다. 귀하게 존중하며 대화로 키운 아이들이 세상에 나가 그대로 의견을 말하고 있는 것이다.

이처럼 경청이 어려운 이유는 자기 안의 소리(ego)가 많아서 자기를 드러내고 싶기 때문이다. 자기중심적으로 상대를 통제하려 하거나 앵무새처럼 말을 되받는 것은 최악의 듣기 자세다. 그렇다고 겉으로만 맞장구치며 잘 듣기만 한다고 해결될 일은 아니다. 자기의 의견을 내세우기 전에 먼저 상대의 니즈(needs)를 궁금해하는 것이 먼저다. 자기의 힘을 빼고 진심으로 궁금해해야 한다. 더 나아가 크리스천으로서 상대를 향한 하나님의 부르심과 의도를 인식하고, 그 안에서 돕는 관계가 되는 직관적 듣기가 필요하다. 나는 KPC(Korea Professional Coach)이기도 하지만, KPCC(Korea Professional Christian Coach)로서 크리스천 코칭을 하며 훈련이 깊어지기 시작했다. 코칭이 성령께서 함께하셔서 코치이를 돕는 시간임을 알게 되었다. 코치는 상대가 표현하지 않는 감정까지 공감하고, 말하고 있는 사실이나 감정을 헤아리며 내포된 의미를 들어야 한다. 그래야 전체적인 내용의 흐름과 맥락을 이해하며 들을 수 있다.

4차 산업시대의 키워드, 경청과 공감리더십

지난 30년간 직장생활을 하며 나름 듣기를 잘했다 여겼고, 그래서 성과를 내면서 일해 왔다 생각했는데, 새로운 세대를 맞이하며 다른 패러다임이 필요함을 느낀다. 4차 산업시대는 경청과 공감이 키워드가 될 것이다. MZ세대를 이해하려면 경청해야 하고 그들과 진심으로 공감해야 한다. 조직에서도 Z세대가 리더가 될 세상이 오고 있다.

환경과 사회, 공정성이 이슈인 디지털트랜스포메이션 시대는 HR 대상이 MZ세대로 교체되어 HR시스템과 조직 문화가 재구축된다. 팀

단위로 일과 학습이 융합될 것이므로 팀 코칭에 대한 니즈도 증가하고 있다. 무엇보다 HRD 부서는 컨설턴트화 될 것이다. 사람에 의한 그리고 사람을 위한 혁신의 기준을 충족시키고자 ESG 경영철학이 우세할 것이다. 그리고 가성비보다 가심비를 중시하는 Z세대는 소비의 주류가 되며, 비싸더라도 가치관에 부합한다면 기꺼이 값을 지불할 것이다. 더 이상 그들의 말을 들어주지 않고 일방적으로 가르치려고만 한다면 기성세대는 도태될 뿐이다.

뉴러너시대를 살아갈 세대는 자신의 목소리를 분명하게 낼 것이므로, 그들과 소통하려면 일단 들어주기부터 시작해야 한다. MZ세대는 워라밸과 높은 연봉만이 아니라 성장하고자 하는 욕구가 직업과 직장 선택의 기준이 된다. 다양성과 포용성이 삶에 핵심으로 자리하고 있어, 기존의 연봉과 직급은 인재들에게 더 이상 매력을 주지 못할 것이다. 구성원이 진정으로 삶과 일에서 원하는 것에 관심을 가지고 동료들과 함께 실현하도록 지원하는 일이 무엇보다 중요하다. 기업 구성원의 행복과 만족은 결국 높은 성과의 원동력이 되므로 조직은 인재들의 스트레스를 완화하고 즐거움과 행복감을 느끼게 도와야 한다. 그리고 그들이 동료와 힘을 모아 성과를 내는 것에 긍정적인 영향을 미치는 요인을 찾아내야 할 것이다.

경청

제대로 듣기 위한 경청 방법으로는 먼저 몸을 앞쪽으로 기울여 비언어적 표현으로도 상대에 대한 관심을 표명해야 한다. 상대의 말을 반복하거나 다른 말로 표현해 "그러시군요" 하며 공감하고 감정을 반영하는 등 말로 표현해 주어야 한다. 적극적인 경청을 위해 입장 바꾸어 생각해 보거나 질문도 하고, 편견 없이 장점과 잠재력을 찾으려는 노력도 필요하다. 나도 너무 바쁜 상황에서는 시간이 부족해 제대로 된 경청이 어려웠기에 듣고 싶은 말만 급히 들었던 기억이 있다. 빨리빨리 문화가 압도하는 대한민국에서 목표 지향적으로 성과에 몰입하여 바삐 살아온 탓이기도 하다.

마음으로 듣기 위해 상대의 감정과 욕구를 경청하고, 의도를 헤아리며 공감해 주어야 했는데, 남에게 피해를 주지 않는다는 명목으로 나한테만 관심이 있었던 듯하다. 하나님이 그를 부르신 미션에 대해 궁금해하고 공감과 격려로 끌어안는 영성코칭을 미리 알았더라면 상당 부분 많은 것이 달라졌을 것이다. 그래서 나는 요즘 코칭전도사가 되었다.

나는 오래 직장생활을 하며 질주하는 워커홀릭으로 살아오면서, 사람은 미완성이기에 아무리 권력을 가지고 높은 지위에 있더라도 한계가 있음을 깨달았다. 내 비전을 나눌 빅멘토가 사라진 것이다. 그러던 어느 날 멘토코치 덕분에 상상도 못할 기회를 얻었다. 내가 좋아하는 장소에 갔는데 멀리서 누군가 나를 기다리고 있었다. 누구일까 궁금해하며 가까이 다가갔는데 점점 더 가까워지면서 알게 되었다. 그동안 잘해 왔고 앞으로도 잘할 거라며 다독여주면서 빙긋 웃어주는 인생 멘토의 얼굴을 마주하니 눈물이 났다. 상처도 입고 힘들어 쓰러지기도 했던 나를 따스한 미소로 안아주시는 그분은 바로 최고의 경청가 예수님이었다. 제자들의 말을 항상 경청하고 질문하신 분, 하나님과 소통하는 법은 기도라고 가르쳐주신 분, "기도를 들으시는 주여 모든 육체가 주께 나아오리이다"(시 65:2)라고 알려주신 분이다. 바쁜 삶 속에서 내 말에 진심으로 귀 기울여주신 분을 만난다는 것은 행운이었다. 나와 고객 단 둘이 만나는 것이 아니라 성령께서 그 자리에 함께하신다는 것을 알기에, 영성코칭은 내 마음을 터치하며 설레게 한다. 내 존재가 누군가에게 희망이 된다면 얼마나 감사한 일인가.

내 직장생활 가운데 한 걸음씩 걸어온 커리어 개발은 주님이 이끄신 걸음이었다. 서툴러 넘어지기도 했지만 결국 해냈다는 기쁨에 또 다른 곳을 향하며 발전하고 변화된 나 자신을 만날 수 있는 시간들이었다. 돌아보면 내 간구가 나를 그곳으로 이끌었음을 느낀다. 불혹의 나이가 되던 해에는 미션이 명확해지면서 글로벌 인재육성이라는 미션과 비전을 이어나갔고, 감사와 기쁨이 함께하는 삶이 시작되었다. '개발도상국을 지원하는 미션'이 내 마음을 두근거리게 한다는 것을 더 깊이 깨닫게 되었다.

덕분에 외부에서 들리는 남의 말을 듣기도 하지만, 내 안의 소리를 들을 줄도 알게 되었다. 우리는 삶을 살아내느라 너무 바빠서 남의 이야기를 제대로 듣지 못하기도 하지만, 자기 자신의 내면에서 외치는 소리를 들을 수 있는 시간과 여유도 당연히 없었던 것이다. 그래서 이제는 일에 대한 열정과 욕심보다 경청과 공감을 통해 타인과 깊게 소통하면서, 그 안에서 자신의 미션과 비전을 찾아보길 권하고 있다. 진정한 소통을 원한다면 머릿속 주장이 아니라 마음이 감동하고 두근거리는 미션과 비전을 찾아 나서길 바란다. 자신을 잘 안다고 착각하고 살아가고 있기에, 혹은 자기 자신에 대해 관심 둘 시간이 없어서 결국 타인과의 소통도 어려웠을 것이다.

공감리더십

사전적인 의미로 공감은 "남의 감정, 의견, 주장에 대해 자기도 그렇다고 느낌, 또는 그렇게 느끼는 기분"이다. 4차 산업시대에 공감리더십을 지닌 훌륭한 리더는 구성원의 마음을 움직여 목표를 이룬다. 명령하고 강요해서 혹은 어떤 물질적 대가를 주는 것만으로는 장기적인 조직의 목표를 제대로 이룰 수 없는 시대가 오고 있다. 이제 대한민국은 진정한 의미의 선진국이 되어 가고 있고, 국민은 세계 시민으로서 위상을 갖추어 가고 있다. 개인은 서로 존중하고 이해하려는 공감리더십으로 무장해 가고 있다. 자기주장을 강요하는 말하기를 지속하는 사람은 더는 리더의 자리에 설 수 없을 것이다. 우격다짐으로 일관하는 리더는 팬덤의 시대에 더는 팔로워들을 설득할 수 없다. 공감하는 리더는 동정하는 것이 아니라 그리스도의 사랑을 전하는 사람이기에 긍휼의 마음을 지닌 코칭리더십으로 준비되어야 한다.

나는 지난 30년간 글로벌 광고회사, 유엔이 주도한 국제기구 세계본부, 국제개발협력단체, 과학기술단체, 미국 대학 등에서 다양한 자원개발 전문가(Development Professional)로 활동해 왔다. 비영리 조직의 가치를 실현하고자 단체 간 다양한 협력을 통해 사회적 책임을 이루어 공동의 선(Creating Shared Value)을 추구하는 역할을 지원했다. 합력하여 선을 이루고자 마케팅PR 커뮤니케이션을 통해 후원자, 수혜자, 비영리 기관이 함께하는 장(market)을 만드는 역할을 한 것이다.

그러나 관련된 사람들은 각자의 목적과 가치와 관심 이슈가 달랐고, 그 중심에서 좌로나 우로나 치우치지 않고자 조직의 비전과 미션 빌더의 역할을 해야만 했다. 이해 관계자들을 설득하고 충족시키며 타이밍을 놓치지 않고 일을 만들어내는 것은 쉽지 않았다. 각 단체는 추구하는 바도 다르고 원하는 시기나 기대하는 결과도 다르지만, 그러한 관계 속에서도 자랑스럽게 자원개발 활동을 해올 수 있었던 것은 함께 '공동의 선'을 찾았기 때문이다. 때로는 각 조직의 입장에 휘둘리는 상황에 직면하지만 중심을 다시 잡을 수 있었던 것은 비전을 놓지 않고 미션을 간구하는 노력 때문이었다. 비영리 단체는 예산이 부족해 후원사의 니즈에 따를 수밖에 없다. 그런 관계 속에서 흔들리지 않고 비영리 조직의 미션과 비전을 지켜내는 것은 결코 쉬운 일이 아니다. 후원사는 투자의 목적이 있으므로 후원 담당자는 비용대비 효과성을 따져가며 기업의 입장을 고수할 수밖에 없다. 그래서 비영리 조직의 자원개발 전문가는 수혜자의 입장에서 원래의 비전과 미션에 합당한 방향을 수시로 언급하며(Gentle reminder) 함께 나아가야 한다.

콜라보레이션을 해야 하는데 설득커뮤니케이션을 위해서는 상대의 입장을 공감하고 경청하며 존중해야 한다. 이슈를 오픈하고 함께 방향을 잡아가는 과정이 바로 비영리 단체 펀드레이저의 미션빌딩 수행과정 프로세스다. 질문을 통해 상대의 니즈와 마음을 알아차리려 했고, 동시에 비영리 단체의 미션과 비전을 쉽게 설명해 참여하도록 설득해 나갔다. 알고 보니 코칭하듯 경청하며 커뮤니케이션하고 있었던 것이다. 감사한 것은 그러한 과정 속에서 하나님은 시련을 통해 다시 묵상하고 깨닫게 하셨다. 그렇게 일터에서 조금씩 성장하고 성숙해 갔다.

비영리 단체에서 펀드레이징을 통한 자원개발 활동은 경험과 상대에 대한 배려가 있어야 가능하다. 그렇게 조직의 미션과 비전을 잡고 나아가면 일도 원하는 방향으로 흘러가고 성과는 좋지만, 일 중심으로 해나가다 보니 때로는 본의 아니게 놓치는 부분이 있었다. 바로 관계다. 일정에 맞추어 서두르다 보면 서운해하는 사람을 일일이 찾아다니며 설득하거나 위로할 시간은 없고, 결국 일터에서 지쳐버리기 쉽다. 그래서 항상 고민하고 묵상한 것이, 어떻게 하면 시간을 많이 들이지 않고 갈등 없이 이슈를 해결할 수 있을까 하는 것이었다. 어쩌면 문제를 알면서도 바쁜 일정 가운데 일이 우선이다 보니 외면하는 경우도 있었을 것이다. 지금도 각 조직에서 최고 결정권자로 일하고 있는 지인들이 똑같이 고민 중인 딜레마라고 한다.

그렇게 고군분투하던 2015년 어느 날, 그 해결 방법을 만나게 되었다. 한국뉴욕주립대학교 커리어개발 센터장으로서 개발도상국에서 온 국제 유학생들에게 커리어를 개발해 주고, 학점인정 커리어 수업을 준비하게 된 것이다. 국적, 인종, 종교 그리고 문화가 모두 다른 학생들의 커리어를 개발해야 하는데, 교수가 단순히 지식만 전달해서는 안 된다고 생각했다. 그들 내면의 생각과 잠재력을 끌어내고 싶었다.

코칭은 최고의 도구였다. "상대에게 해답이 있고 그 사람은 무한한 가능성을 지녔으며 창의적이고 코치는 그의 파트너"라는 말을 한국코치협회와 국제코칭연맹 코리아 웹사이트에서 발견한 것이다. 그런 생각은 내가 평소에 가지고 있던 철학과 같았으며, 책으로 쓰려고 했던 내용이었다. 그렇게 코칭철학은 코칭을 시작하게 된 계기가 되었고, 지난 8년간 코칭을 좋아하게 만든 에너지의 원천이었다. 사람 사는 세상에는 때로 이해할 수 없는 억울한 일이 즐비하지만, 그럼에도 내가 붙잡고 있는 말씀은 바로 하나님은 우리가 협력하여 선을 이루기를 바라신다는 것이다(롬 8:28).

학생들이 졸업하고 사회생활을 시작할 때까지 부모나 교수가 따라다니며 계속 가르칠 수는 없다. 우리 어른들이 해야 할 일은 그들이 셀프코칭으로 나아갈 방향을 스스로 찾도록 돕는 것이다. 그들이 잘 해낼 수 있도록 도와 세상으로 파송해 주는 것이 우리 어른의 역할이다. 그리고 다음세대가 살아갈 세상을 준비하고 멋지게 지켜내는 것은 그들의 몫이다. 그렇게 세상은 미래 인재 육성을 위한 우리의 선한 행보로 조금씩 변해 갈 것이다.

행동하는 인성 코칭, 배워서 남 주자!

사회생활을 시작하면서 내 꿈은, '전 세계를 다니면서 영감을 주는 연설가(Inspirational speaker)가 되어 하나님을 마케팅PR 하는 것'이었다. 크리스천으로서는 전도라는 표현이 맞겠지만, 세상 사람들이 이해하는 언어로 표현하면서 내 전공을 살려 선포하곤 했다. 무슨 꿈이 그렇게 크냐고 할 수도 있지만 '땅 끝까지 전도하는 기쁨'을 미션이라고 생각했기에, 국제적인 일터에서 일하며 매일 뿌듯하고 행복했다.

아이러니하게도 내가 일한 곳은 모두 크리스천임을 드러낼 수 있는 곳이 아니었다. 좌로나 우로나 치우치지 않아야 하는 국제기구, 국제개발협력단체 그리고 과학기술 단체나 미국 대학 모두 중립적인 자세를 취해야 했기 때문이다. 크리스천이라는 단어를 대신해 오히려 '사랑'(Love in Action)이라는 단어가 하나님의 사랑을 표현할 수 있게 해

주었다. 강요된 종교가 아니라 진정한 사랑으로 설득하고 현장에서 공감할 수 있어 다행이었다.

국제기구에서 업무하던 10여 년 전부터, 개인적으로 재능기부를 통해 휴가를 반납하고 코스타(KOrean STudents All Nations) 강사를 시작했다. 중국 상해를 시작으로 필리핀, 캐나다, 다시 중국 베이징과 한국 등에서 국제 유학생을 대상으로 자비량으로 비전특강을 하게 되었다. 그렇게 전 세계에 하나님을 소개하고 비전을 나누는 꿈을 이룰 수 있게 되어 매일이 행복했다. 무엇보다 청년들의 이야기를 들어주고 공감하며 눈물을 흘리는 감사와 기쁨이 있었고, 꿈과 비전을 선사할 수 있어 행복했다. 워커홀릭이지만 일터에서 일만 하는 것이 아니라, 휴가를 이용해 재능기부 자원봉사를 하는 기회 덕분에 내 삶에 가치가 더해지고 있었다.

그런데 나이가 들어가며 하나님 마케팅PR의 꿈을 비용대비 좀 더 효과적으로 꿀 수 있는 방법이 없을까 고민하게 되었다. 전 세계를 다니려면 비행기값도 많이 들고 무엇보다 시간도 소요될 테니 꿈을 접어야 하나 싶었다. 그런데 코로나19가 시작되며 재택과 온라인 강의가 지속되고, 줌을 이용하는 데 익숙해지면서, 메타버스에서도 만남을 시작했다. 전 세계 한인 사회와 접속하며 온오프라인에서 오히려 비전 나눔의 꿈이 가능하겠다는 확신이 들기 시작했다. 호주, 뉴질랜드, 미국, 캐나다, 필리핀, 아프리카, 인도까지 온라인에서 만나며 다양한 소통 방안이 생겨나기 시작했다.

지금은 한국기독교코칭학회 이사이자 후원이사회 부이사장으로서 새로운 재능기부 프로젝트를 시작하게 되었다. '1사 1코칭 선교사 파송' 프로젝트다. 지난 20여 년간 삶의 10퍼센트 이상을 재능기부로 살아왔기에, 다시 찾은 기쁨과 행복한 에너지가 더해지고 있다.

사람을 좋아해 어울리는 것을 즐기던 나는 랜선 만남을 통해 교통체증 없이 시간을 알뜰히 쓰면서 훨씬 많은 일을 해낼 수 있게 되었다. 그동안 비영리 섹터에서 이어온 커리어 패스(path)가 누군가에게 준비된 나눔으로 도움이 될 것을 확신했다. '재능기부 인성 코칭, 펀드레이징 비전 코칭'이 전문분야인 글로벌 공익과 만나 더 많은 이에게 '준비된 나눔'이 가능해졌다. 하나님은 지금까지 삶 속에서 매 순간 함께 하셨고, 광고 회사와 외국계 기업이라는 커머셜 섹터에서 다시 비영리 섹터로 옮기시고 일할 수 있도록 한걸음씩 이끌어주셨다. 그 뜻에 순종하며 감내하다 보니 지금 이 자리에 서게 되었다. 당연히 처음부터 전문가는 아니었다.

지금도 일터에서 쉬지 않고 주님 안에서 성장해 가며, 다양한 커리어 여행으로 비전과 미션을 소개하고 있다. 글로벌 인재들이 혜택받을 수 있도록 도움을 주고, "배워서 남 주자"는 슬로건 하에 도움받은 그들이 언젠가 성공해 또 다른 재능기부를 하도록 격려하고 있다. 세상 속에서 일하도록 기회를 주시고, 크리스천과 협력하게 하시고, 많은 이에게 행동하는 사랑으로 예수님을 소개할 수 있어 감사하다.

최근에는 자립을 준비하는 청년들에게 청년비상 공익코칭을 시작했다. 한국코치협회 공익코칭 위원으로서, 코칭을 통해 자립을 준비하는 청년들의 오롯한 자립을 전문적으로 지원하는 코칭 프로젝트다. 대한민국 거주 자립준비 청년이라면 누구나 대상이 되며, 코칭을 통해 그들의 삶을 응원하고자 한다.

등산하다 가파른 곳을 만날 때 누군가 손을 내밀어주거나 뒤에서 조금만 받쳐줘도 어려운 난관을 이겨낼 수 있다. 내 편이 한 명이라도 있어 귀 기울여 이야기를 들어주고 응원해 준다면, 우리의 청년들은 희망을 안고 옳은 길로 나아갈 수 있을 것이다. 놀라운 것은 재능기부에 참여하는 코치들이 더 뿌듯해한다는 사실이다. 보호의 울타리를 벗어나 새로운 사회로 발돋움하는 청년들의 안정적인 홀로서기를 돕는 선한 목적이 있기에 수혜자도 코치도 행복하다.

내 삶은 지금까지 누군가를 위해 재능을 기부하는 삶이었지만, 하나님은 그럴수록 오히려 더 은혜롭게 집중할 상황을 만들어주신다. 스스로 홍보하지 않아도 하나님이 보내신 이들(God-sents)과의 코칭과 비전특강이 늘어나고, 함께 선한 일을 도모하게 된다. 그동안 누구보다 다양한 업력을 통해 수많은 셀럽과 일할 수 있었던 것도 대의명분이 분명한 일들이었기에 가능했을 것이다. 개인적인 이득을 위해 돕는 것이 아니라, 함께 비전을 공유하며 도움이 필요한 곳에 나누고 세상을 변화시킬 수 있었기에 오랜 시간 함께할 수 있었다. 우리는 서로 돕기도 하지만 하나님의 프로젝트에 참여하는 영광을 함께 누리는 것이며, 자신을 올바르게 성장시키고 채워가는 축복을 받고 있기도 하다.

팬더믹이 3년차로 접어들면서 IT가 발달하지 못한 최빈국에서는 교육차별이 더욱 심화되고 있다. 사각지대에 있는 학생들에게 티칭을 넘어선 코칭의 계기를 마련해 준다면 학습능력 향상에 도움이 될 것이다.

얼마 전 폴김 교수는 "월간 커넥트"라는 프로그램에서 그가 초중고를 한국에서 나온 후 유학하면서 겪은 코칭 경험을 말한 적이 있다. 음악수업을 들어갔는데 감상문을 써오라는 과제가 있었다고 한다. 당시만 해도 형용사를 잘 몰라 제대로 제출하지 못하자 교수님은 한국어로 다시 써오게 했고, 5페이지 상당의 내용을 적어간 폴김에게 교수는 음악적 감성에 대해 칭찬해 주었다고 한다. "내 수업은 영어시간이 아니라 음악시간이다. 너는 훌륭한 음악적 감성을 지녔으니 A를 받을 자격이 있다"고 했다는 것이다. 당시 교수님은 폴김의 남다른 강점을 코칭해 준 것이었고, 덕분에 그는 현재 미국 스탠퍼드대학교 교육대학원 부학장으로 훌륭한 교육자가 되어 있다.

그는 "자신을 잘 아는 것이 중요하고, 자기가 무엇을 좋아하고 무엇을 할 때 기쁨을 느끼는지 그리고 자기의 한계는 무엇인지 알고 남들에게 No라고 말할 수 있는 용기도 필요하다"고 말한다. 폴김 교수는 "공부 못하는 아이는 없다"는 신념으로 교육 사각지대에 있는 아이들에게 디지털 기술로 교육평등을 이루어 더 나은 세상을 만들고자 한다. 심지어 비행기가 들어가지 못하는 오지에 가서도 교육하고 싶어 직접 파일럿 자격증을 따고 도전하는 코칭형 리더다. 뉴노멀시대는 자기주도적 배우미들이 창직(創職)을 할 줄 알아 공감리더십을 통해 세계 시민이 되는 세상이 될 것이다.

그렇다면 뉴노멀시대의 생존자는 누구인가? 상대를 존중하고 경청하며 배려하는 공감리더십을 지닌 사람이 살아남을 것이다. 무엇보다 비전을 지닌 사람이 되어야 한다. 비전은 어려운 것이 아니다. 사람에게는 누구나 이 세상에 태어나 꼭 하고 가야 할 일이 있다. 그것은 어느 직장에서 무슨 일을 하느냐의 문제가 아니라 어떤 미션을 수행해야 하는지의 질문에 해당한다.

나는 40세가 되면서 개발도상국을 지원하는 것에 사명이 있음을 깨달았다. 살아야 하는 이유와 죽기 전에 해야 할 일이 분명해졌다. 개발도상국을 생각하면 가슴이 두근거리고 눈물이 난다. 하나님이 내게 다양한 재능을 주신 이유는 나만을 위해 살도록 주신 것이 아니라 그 재능을 강점으로 혜택받지 못한 사람들을 도와주라는 것인데, 세상을 살아가느라 너무 바빠 잊고 있었던 것이다. 이 글을 읽는 모든 이들이 일터에서 미션과 비전을 선포하기 바란다.

미션이 창업이념이라면 비전은 미래 자신의 구체적인 모습이다. "출동 시간 5분 단축"은 미국 911 비전이었고, 스탠퍼드대학의 설립 초기 비전은 "서부의 하버드가 되자"였다. 비전은 누구나 알아들을 수 있는 단순 명쾌한 사례다. 거기에 우리의 사명과 재능 그리고 좋아하는 일을 하는 재미까지 더한다면 최고의 인생이 될 것이다.

펀드레이징 비전 코칭으로
코칭선교사 파송 프로젝트를 시작하다 ──

지난 20여 년간 비영리 섹터에서 자원개발, 마케팅PR 펀드레이징 전문가로 일하면서 진행해 온 재능기부 봉사와 스폰서십 후원 프로젝트는 하나님이 주신 선물이었다. 우리는 타고난 재능을 개발해 그것을 강점으로 일터에서 실력을 발휘하게 된다. 그리고 인정받고 성공하면 반드시 혜택받지 못한 이들을 도와 세상을 변화시키는 데 일조해야 한다. 우리의 재능은 그렇게 쓰이기 위해 하나님이 주신 귀한 달란트다. 자기가 받은 달란트가 무엇인지 알기 위해서는 먼저 자신을 알아야 하고, 그 과정에서 자기다움을 발견해 자신에게 어울리는 업(Job)을 선택할 수 있다. 그렇게 잘하는 일을 업으로 삼아야 힘든 상황을 만나도 다시 신명나게 실력을 발휘하게 된다. 내 경우는 사람을 좋아하고 커뮤니케이션을 즐기며, 글로벌한 프로젝트를 선호하면서도 도전을 두려워하지 않았다. 그래서 새로운 사람들과 다양한 프로젝트를 창의적으로 만들어내는 것이 재미있었다.

예산이 부족한 비영리 단체는 조직이나 프로그램 홍보를 진행할 때 후원사가 필요하다. 후원금은 지정되는 경우가 많아 조직의 역량을 키우거나 홍보를 위한 행사지원은 별도의 마케팅PR 파트너십이 필요하기 때문이다. 그렇게 후원사는 마케팅적인 면에서 지원을 시작하지만, 해를 거듭할수록 비영리 단체의 미션을 이해하게 되고, 이벤트가 아니라 조직의 비전에 기부하게 된다. 함께 행사를 진행하는 동안 가랑비에 옷 젖듯 공유하는 단체의 미션과 비전에 감동하여 행사지원의 목적과 마인드가 달라지는 것이다.

행사지원 스폰서십(sponsorship)과 달리 미션에 감동하여 지원하는 기부의 경우, 3회 이상 같은 조직의 미션을 위해 후원하는 이를 도너(Donor)라고 한다. 그래서 펀드레이저는 미션과 비전에 부합하는 목적 사업 등에 후원을 요청하기도 하지만, 스폰서십을 통해 마켓을 형성하고 홍보해서 동참하도록 원윈 상황을 창의적으로 기획하게 된다. 수금(money collection)을 하는 것이 아니라 비전을 소개하는 프렌드레이징(Friend-raising)을 통해 미션빌더(Mission builder)를 소개하고 세워가는 일을 한다. 목적은 단발성 후원이 아니라 궁극적으로는 후원자를 미션빌더로 세우는 것이다.

사람들은 그렇게 기업이나 개인의 관심사와 니즈에 따라 비영리 단체의 선한 미션에 동참하게 된다. 해를 거듭할수록 그 비영리 조직의 철학과 비전에 공감하며 삶의 10퍼센트 혹은 그 이상을 자원봉사나 후원사로 참여하게 되는 것이다. 그러한 과정에 미션을 세우는 펀드레이저(Fundraiser)가 있으며, 그들은 프렌드레이저로서 미션빌딩할 잠재 후원자들을 찾아 나선다. 우리는 그렇게 후원자와 함께 역사의 한 페이지를 써가면서 사회를 선하게 바꾸어 가게 된다.

나는 국제기구에서 펀드레이징 헤드(Fundraising Head)로 활동할 때 명함에 프렌드레이저라고 적어 소개했다. 사람들은 명함을 받는 순간 프렌드레이저가 뭔지 묻게 되므로, 어느 행사에서나 관심의 대상이 될 수 있었다. 첫 만남의 순간에 강렬한 이미지를 갖게 해 기억에 남게 하려는 전략이었다. 프렌드레이저는 한 단체의 비전과 미션을 좋아하는 사람들이 현금, 현물, 재능기부 등 각자 가능한 방법으로 돕도록 격려하는 사람이다. 자랑스럽게도 그 조직을 사랑하는 미션빌더를 찾아내는 자원개발 전문가(Development professional)다.

나는 비영리 섹터에서 함께한 고마운 분들에게 보은의 마음을 전하는 책을 출판하면서, 제목을 『사람이 답이다』라고 정했다. 진부하다는 사람도 있겠지만, 세대를 초월해 진리라고 생각한다. 하나님은 우리가 하나님을 사랑하고 이웃을 사랑하기 원하신다. 내가 오랫동안 직장생활을 하면서 수많은 갈등과 오해 그리고 아픔 속에서도 기쁘게 버텨낼 수 있었던 것은 사람이 있었기 때문이다.

뉴노멀시대에는 각자 잘하는 재능을 강점으로 삼아 끊임없이 배워

가면 된다. 모든 것을 아는 완벽한 사람은 없다. 오히려 자신의 강점을 특화해 전문가로 성장하고, 또 다른 전문가의 전문성을 귀하게 인정해주며 함께 콜라보레이션하는 것이 훨씬 효과적이다. 이제는 그야말로 '찐전문가'가 성공하는 시대가 올 것이다. 그래서 Z세대가 자신의 장점을 살려 자기다움을 지켜내 '일잘러'가 되고 싶다고 외치는 것이다. 기존의 보고라인과 지식전달 방식으로는 빛의 속도로 변해 가는 4차 산업시대의 Z세대 마음을 쫓아가기 힘들 것이다. 부디 혼자 모든 것을 완벽하게 하려 하지 말고 각자의 재능이 필요한 영역에 전문가가 되어, 또 다른 영역의 전문가들과 협업하는 뉴러너가 되기를 바란다.

주님 안에서 기쁨 가득한 커리어

2001년 나는 지미카터 대통령 특별건축프로젝트 홍보실장으로 국제해비타트와 함께 무주택 자들에게 집을 지어주면서 가정을 세우는 일을 시작했다. 전 일터였던 광고회사에서 얻은 노하우로 홍보실장의 역할을 해내는 나를 보며 생각이 많아졌다. 지나고 보니 내가 광고홍보 석사를 수료하고 영문학 석사논문을 프로이드 심리학에 연계해 쓰게 하신 데는 하나님의 계획이 있었던 것 같다. 덕분에 광고회사에 들어가 브랜드PR을 하면서 현장에 대한 감각을 체득할 수 있었다. 광고회사 PR AE로 까르띠에, P&G 그리고 항공사 등 글로벌 브랜드와 일하면서 네트워킹이 가능해졌다. 그래서 각 브랜드의 후원을 받아 마케팅PR 조인트 프로모션으로 비영리 단체를 지원할 수 있는 노하우도 배우게 하셨다.

  나는 그렇게 좋아하는 일터에서 그동안 배운 전공을 바탕으로 누군가를 돕는 즐거움을 알게 되었다. 원하는 일을 하며 기량을 닦는 기회가 생겨 일터와 삶이 분리되기보다 오히려 일터에서 배우고 활용하고 또 배우는 그 과정들이 기쁨이었다. 그래서 나는 지나온 일터를 'Joyful Career'라고 표현한다. 국제해비타트와 지미카터 프로젝트를 해내고 나서 국제기구 IVI의 펀드레이징 헤드가 되면서 펀드레이징을 본격적으로 시작할 수 있었다. 펀드레이징은 영리 섹터의 펀드매니징과 다르다. 비영리 섹터에서 펀드레이저는 커미션을 받고 일하지 않는다. 펀드레이저는 비영리 기관의 비전을 알리고 그 비전을 수호할 미션빌더를 찾아내는 것이다. 이 모든 것을 파이오니어처럼 겪어 배우게 하신 것도 모두 하나님의 은혜다. 기회가 되면 조만간 펀드레이징 비전 코칭 프로그램으로 노하우를 공유하려고 한다. 학교 교장, 기업 회장, 대학 총장 등 단체장은 누구나 조직을 운영하기 위해 펀드레이징의 역량이 필요하다.

  국제해비타트의 3M 펀드레이징 원칙은 3가지 자원(Money, Material, Manpower)으로 분류해 지원하도록 도울 수 있다. 중소기업이나 이제 막 시작하는 스타트업은 재능기부와 현물을 후원하는 것이 훨씬 수월하다. 제품 홍보와 직원들의 재능기부가 팀워크에도 도움이 되기 때문이다. 무엇보다 후원에 대한 세금공제 영수증은 회사 운영에도 도움이 된다. 어차피 내야 할 세금을 기부하면 세금이 공제되고, 홍보를 통해 그들의 선한 행보를 소개하면 또 다른 이들이 참여하도록 독려하는 선순환이 지속된다. 그러나 이미 성장한 대기업은 사회공헌 팀이 있어 주제를 정해 후원하려고 한다. 좀 더 기업 주도적으로 주제를 정해 진행하는 사회공헌의 경우다.

　기업의 역량에 따라 다양한 캠페인을 펼치기도 한다. 예를 들면, 글로벌 기업인 에스티로더 컴퍼니즈 코리아(엘카 코리아)는 글로벌 캠페인을 전개해 온 대표적인 경우다. 여성이 주고객인 회사이므로 "유방암 퇴치를 위해 함께 행동하라"(Take Action Together to Defeat Breast Cancer)는 유방암 의식 향상 캠페인을 전개해, 인지도 제고 및 예방과 근절을 위한 실천의 중요성을 강조하고 있다. 매년 3월 세계 여성의 날이 오면 핑크리본 캠페인과 에스티로더가 떠오른다.

　이처럼 기업은 다양한 사회공헌 활동을 통해 좋은 이미지를 형성하게 되어 지역사회에 공헌하는 착한 기업으로 자리잡게 된다. 분명 착한 기업이 성공하는 시대가 오고 있다. 비전의 중요성은 개인뿐 아니라 기업에서도 중추적인 역할을 한다. 뉴노멀시대에는 디지털 세계관으로 바뀌어야 하며, 이제는 문명 교체기에 도래한 팬더믹까지 감안해야 한다. 이러한 4차 산업시대를 팬덤의 시대라고 표현한다. BTS의 팬덤인 아미를 보면 알 수 있듯, 그들은 단순한 팬클럽이 아니라 가슴에서 감동으로 이어져 있는 팬덤이다. 사람들은 커뮤니티 안에서 브랜드를 선택하기에 기업도 팬덤이 필요하다.

　뉴노멀시대 핵심은 휴머니티, 즉 인간다움이다. 인간의 마음을 사는 것이 성공의 요인이며, 마음을 사로잡아 감동을 주는 시대가 되었다. 마음을 사야 하는 기술 시대의 핵심은 '공감'이 될 것이다. 그런 면에서 정이 많고 마음이 뜨거운 대한민국은 뉴노멀시대 위너가 될 것이다. 이제 우리는 소비자 권력의 시대를 맞이하고 있다. Z세대가 소비의 주류를 이루고, 가치를 소중히 여기는 이 젊은이들의 소신 있는 선택은 가성비가 아니라 가심비로 향하고 있다.

내가 한국뉴욕주립대학교 커리어개발 센터장에 재임 중일 때, 학교 측에서 후원인의 밤(Donors' night) 행사를 개최하며 전 직원을 대상으로 행사명을 공모한 적이 있다. 그때 학교 슬로건을 활용해 "History Maker's night"라는 행사명을 아이디어로 제출해 상을 받았다. 직원들은 서브타이틀로 'Heart beat'라는 글과 함께 심장이 뛰는 그림을 행사 엠블럼에 포함시켰다. 우리는 그렇게 가슴이 두근거리는 비전을 만나 함께 감동했고, 각자의 강점을 가지고 행사를 성공적으로 개최했다. 펀드레이징은 미션을 통한 '감동'이다.

국제코칭연맹은 홈페이지에 글로벌 코칭 리더로서 매일 삶에 반영해야 할 코어 밸류를 4가지로 정하고 있다. 전문가로서의 마음가짐(Professionalism), 지역사회와 콜라보레이션(Collaboration), 공감하고 존중하는 인간애(Humanity), 그리고 상대의 입장을 고려하는 공평성(Equity)이다.

나는 국제코칭연맹 코리아의 공익코칭위원으로도 활동하며, 전 세계적으로 혜택받지 못한 이들의 삶에 도움이 되고자 한다. 코치는 자신을 비우고 상대에게 모든 에너지를 쏟아 코칭을 진행한다. 상대와 깊이 공감할 때 코치이는 알아차림(Awareness)의 순간을 맞이한다. 코칭받는 고객은 본인도 평소에 예상하지 못한 자신의 생각을 만나면서 놀란다. 사람은 자기 자신에 대해 새롭게 깨닫는 순간 동기부여가 되어 도전해 보고 싶은 마음이 생겨나고, 희망이 되어 삶의 에너지를 찾게 된다.

누가 시켜서 한다면 그 에너지는 바로 사라져버릴 것이다. 그러나 모르던 자신을 발견하고 유레카를 외치는 순간, 비로소 자신의 내면에 더욱 관심을 갖게 된다. 자기를 찾는 여행이 바로 삶의 여정으로 누군가와 함께 격려하고 함께 응원할 때 더욱 증폭된 에너지를 얻을 수 있다. 우리는 그렇게 누군가에게 삶의 희망을 찾도록 돕는 코치가 될 수 있다. 세상이 원하는 것에만 맞추어 살아오느라 정작 자신에게 소홀한 우리에게는 그런 파트너인 코치가 필요하다.

나도 직장생활을 하면서 매번 소통의 어려움이라는 똑같은 이슈에 직면하며, 사람에 대한 기대마저 포기하던 때가 있었다. 그러나 하나님은 나를 사랑하시는 것과 똑같이 그 사람도 사랑하신다. 어떻게 살아야 하나 고민하는 사람들이 많다. 갈등 앞에서 쓰러지기도 하고 피해 가기도 하지만, 갈등은 직면해야 함을 잊지 말아야 한다. 상대의 마음을 이해하도록 경청하고 공감하고 기다려주며 열린 질문을 해줄 때, 상대는 놀라운 변화를 일으킨다. 때로 인정과 칭찬의 말을 들으면 쑥스럽기는 하지만 스르르 마음의 빗장이 열린다. 상황에 대한 설명이나 변명도 하겠지만, 내면에서는 자기 자신의 잘못을 먼저 깨닫고 서서히 변하기 시작한다. 코칭 리더는 상대의 입장을 끌어 안아주는 리더이며, 그 사람의 때를 기다려주는 동반자다.

삶의 롤모델이 된다는 것은 그렇게 실수와 실패를 오랜 시간 지켜봐주며 마음으로 기도하고 기다려주는 것이다. 그런 사람을 멘토코치라고 부른다. 스킬을 가르쳐주는 선배가 아니라 힘든 순간에 곁에 있어주기만 해도 좋은 멘토가 된다.

내가 코치가 되면서 어려움에 봉착할 때마다 도움을 준 멘토코치가 있다. 사람은 듣고 배우는 것이 아니라 보고 배운다. 내가 멘토코치에게 감동한 것처럼 후배 코치들에게도 감동을 주고 싶다. 조직에서는 직장 상사가, 가정에서는 부모가, 학교에서는 선배가 코칭 리더십을 발휘한다면 팔로워가 얼마나 행복할까.

글을 마무리하며 20여 년간 비영리 섹터에서 경험한 것을 통해 한 번 더 인성 코칭의 중요성을 강조하고자 한다. 세월이 흘러 모두 변해도 진리는 여전한 것처럼 휴머니티, 즉 인간에 대한 사랑은 변함없는 진리다. 함께 합력하여 선을 이루라는 주님의 말씀을 선포하는 코치가 되기를 바란다. 우리는 하나님의 뜻에 따라 모인 사람들이기에 실력이 부족할 수도 성향이 다를 수도 있다. 그들을 성장시키라고 우리에게 보내신 것일 수도 있고, 부족한 부분을 채워주라고 주신 사람들일 수도 있다. 우리가 계획한 일일지라도 그때를 정해 이루시는 분은 하나님이심을 잊지 말라고 당부한다. 그분 안에서 영감을 주는 코치가 되도록 최선을 다하기를 바란다!

손미향

I. I. M. D(International Institute of Marketing and Development) 대표
PTSA 미주장로회신학대학교 객원교수, World Mission University 겸임교수
Korea Professional Coach(KPC, KPCC)
글로벌 공익코치, 펀드레이징 비전코치, 행동하는 인성 코칭 전문가
한국기독교코칭학회이사 / 후원이사회부이사장, 메트라이프사회공헌재단 이사
국제코칭연맹코리아 공익코칭위원, 한국코치협회 공익코칭위원

전)서울시NPO지원센터 운영위원장, 한국뉴욕주립대학교 연구교수 / 커리어개발 센터장

KOFST과학기술나눔공동체 사무국장 / 어린이재단 자문위원
한국해비타트 상임이사 / 사무총장, 국제백신연구소 IVI Fundraising Head
지미카터 대통령 특별건축프로젝트2001 홍보실장 / 서울시자원봉사센터 이사

저서 『사람이 답이다』(아가페출판사, 2020)
『시대를 초월한 성공의 열쇠 10가지』(도서출판 더로드, 2022)

Epilogue
에필로그

　리더가 구성원의 가치와 목표를 공유하고 그들의 발전을 코칭하는 파트너십이 바로 코칭리더십이다. 코칭리더십은 구성원이 새로운 기술을 습득하고 상황에 적응하며 자신을 발전시키고자 하는 열망을 높이도록 공감하고 격려해 주는 맞춤형 리더십을 의미한다. 이는 구성원과 리더가 수평적 관계를 형성해 구성원의 잠재력을 발휘하도록 이끌어, 유능감과 자율감을 체화하도록 도와준다.

　한국기독교코칭학회 회장인 박중호 목사님은 학회를 세우고 구성원을 격려하며 공감하는 코칭리더십으로 학회를 이끌어오셨다. 2021년 어느 날, 이중직 목사가 늘고 있다는 기사를 보고 가난한 교회를 섬기는 목회자들을 위해 펀드레이징 프로젝트를 시작할 것을 제안하셨다.

　당시 2021년 11월 5일자 국민일보 장창일 기자는 "목사 공급과 수급 사이의 불균형으로 갈 곳 없는 목사들이 제대로 된 준비도 없이 교회를 개척해야 하는 상황이 심각해지고 있다. 설상가상 코로나19까지 겹치면서 결국 이중직에 들어서는 악순환이 반복되고 있다. 예비 목회자만 해도 매년 3천여 명에 기타 교단 신학교 출신까지 합하면 연간 1만 명 가까운 예비 목회자가 배출되지만, 한국 교회는 이들을 수용할 능력이 없다. 그리고 이중직 목사를 위한 지원책과 함께 근본 대책이 필요하다. 직업에 대한 전문성과 정보 부족, 주변 조언을 받지 못한 상태로 구직에 나선다"는 내용의 기사를 올렸다. 전 세계가 팬더믹 상황에서 양질의 직업을 갖기 어려운 형편이고, 목회와 연관성 있는 직업을 찾기 어렵다는 사실이 안타까워 많은 이들이 참여할 만한 방안을 함께 찾기 시작했다.

지난 2009년 6월 〈포춘〉(Fortune)지와의 인터뷰에서 구글의 에릭 슈미트(Eric Emerson Schmidt) 회장은 "Hire a coach"(코치를 고용하라)를 자신이 받은 인생 최고의 조언이라고 말했다. 포춘 500대 기업의 CEO 중 50퍼센트 이상이 코칭을 받고 있다고 한다. 국내에서도 LG, 포스코, KT, SKT 등 대기업과 GE, 듀폰, 시티은행, 화이자 등 외국계 기업에서 도입하고 있다고 한다. 그러한 상황에서 목사님들이 비전과 꿈을 가지고 사역의 현장 속으로 들어갈 수 있다면 좋겠다는 마음으로 우리의 프로젝트는 본격화되었다. 이른바 '1사 1코칭 선교사 파송 프로젝트: 코치를 기용하라'로 프로젝트가 선포되고, 기업 대표들이 하나님의 사랑을 전하는 축복의 통로가 되도록 한국기독교코칭학회 이사님들이 적극적으로 참여하고 지원하여 잠재 후원자들이 늘어나고 있다.

'1사 1코칭 선교사 파송' 프로젝트는 공감리더십을 지닌 목사님들의 참여로 수많은 기회가 열릴 것으로 기대된다. 목회자, 은퇴 선교사님들이 코칭훈련을 통해 코칭 선교사로서 기업에 사목으로 파송되어 비전 나눔을 하게 될 것이다. 불확실한 미래와 치열한 경쟁에 지쳐 가는 현실에서도, 기업의 대표는 세상에서 좌로나 우로나 치우치지 않도록 돕는 파트너를 만나게 될 것이다. 일터의 구성원에게도 코칭을 통해 유능감과 자율감을 부여한다면, 성과와 행복을 모두 얻는 일터를 누릴 수 있을 것이다.

무엇보다 코칭 선교사들이 하나님의 사역자로서 영적 리더십을 세울 수 있도록 섬기고자 한다. 영성코칭을 훈련하고 파송하여 일자리가 창출되니 코칭리더십이 더욱 단단하게 준비될 것이다. 코칭형 리더십은 80퍼센트를 듣기에 집중하는 공감리더로 변화시킨다. 코칭 과정에는 성령께서 함께하실 것이기에 먼저 아는 척 하지 말고, 열린 질문으로 코칭 받는 이들이 스스로 해결안을 말할 때까지 기다린다면 결국 하나님이 일하실 것이다.

한국기독교코칭학회는 PTSA 미주장로회신학대학교, World Mission University와 함께 Master of Spiritual Coaching Leadership 2년 4학기 과정 수업을 준비하고 있다. 코칭에 대한 기본적인 수업을 받고 난 후 코칭자격을 획득하며, 크리스천 코칭리더십을 세우도록 돕고자 준비 중이다.

2022년 학회 이사진 12인의 섬김으로 '크리스천 영성코칭 시리즈' 첫번째 책인 『크리스천 코칭 디스커버리』 교재 집필을 시작했다. 매년 파송을 위한 기도는 계속될 것이다. 하나님께 영광 돌릴 이 교재의 수익금은 한국기독교코칭학회를 통해 장학금으로 사용될 예정이다. 많은 분들의 동역에 진심으로 감사드리며, 주님 안에서 이 모든 발걸음이 합력하여 선을 이루길 기도한다.

손미향
한국기독교코칭학회 이사/후원부이사장

예수께서 이르시되 네 마음을 다하고 목숨을 다하고 뜻을 다하여
주 너의 하나님을 사랑하라 하셨으니 이것이 크고 첫째 되는 계명이요
둘째도 그와 같으니 네 이웃을 네 자신 같이 사랑하라 하셨으니
이 두 계명이 온 율법과 선지자의 강령이니라

_마 22:37-40

크리스천 코칭 디스커버리

초판 1쇄 발행 2022년 6월 6일

지은이	한국기독교코칭학회

펴낸이	곽성종
기획편집	방재경
디자인	투에스북디자인

펴낸곳	(주)아가페출판사
등록	제21-754호(1995. 4. 12)
주소	(06698) 서울시 서초구 효령로8길 5 (방배동)
전화	584-4835(본사) 522-5148(편집부)
팩스	586-3078(본사) 586-3088(편집부)
홈페이지	www.agape25.com
판권	ⓒ한국기독교코칭학회 2022
ISBN	978-89-537-0032-1 (04230)
	978-89-537-0031-4 (세트)

저작권법에 의하여 한국 내에서 보호받는 저작물이므로
무단전재와 복제를 금합니다.

아가페 출판사